KB200742

하나님의 DNA

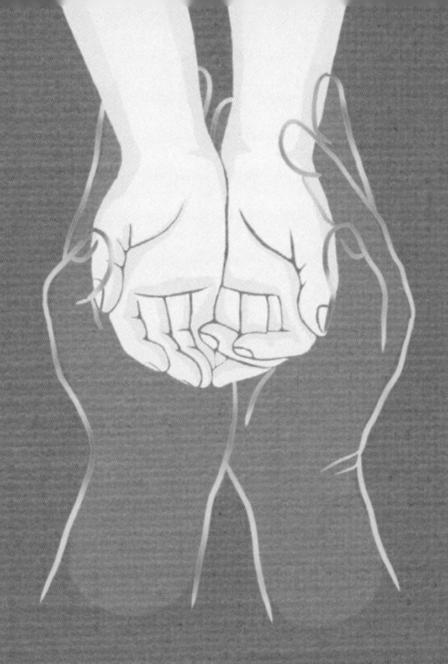

하나님의 DNA

최상훈

DECLARE N ALIGN

규장

추천사

목사님 한 분이 "어떤 계기로 '나는 죽고 예수로 사는 믿음'을 가지게 되었느냐?"는 질문을 하였습니다. 그 질문에 대답하려는 순간, 갑자기 누가 찾아오셔서 대답하지 못하고 자리에서 일어나야 했습니다. 너무 아쉬웠지만, 그 대답은 그 목사님에게만이 아니라 모든 사람에게 하라는 주님의 뜻으로 받아들였습니다.

최상훈 목사님의 《하나님의 DNA》를 추천하면서 그 생각이 났습니다. '나는 죽고 예수로 사는 복음'을 전하는 것은 하나님의 말씀대로 살아야 한다는 생각에서 시작되었습니다. 하나님의 말씀을 알면 알수록 좌절이 컸던 것은 하나님의 말씀대로 살기가 너무 힘들었기 때문이었습니다. 그런데 길이 있었습니다. 하나님의 말씀을 아는 것에서 그치지 않고 정말 믿을 때 그 길이 열립니다. 하나님의 말씀대로 살려면 하나님의 말씀을 분명히 믿어야 합니다.

하나님의 말씀 중에 가장 놀라운 말씀이 '나는 죽고 예수로 사는 복음'입니다(롬 6:3-4 ; 갈 2:20). 처음에는 그 말씀이 이해가 되지도, 믿어지지도 않았고 혼란스럽기만 하였습니다. 그런데 그때 그 말씀은 이해할 수 있는 말씀이 아니라 믿어야 하는 말씀이라는 생각이 들었습니다. 그래서 이 복음을 믿기로 결단하였습니다.

그러나 그저 믿기만 해서는 안 된다는 것을 깨달았습니다. 그래서 담대하게 선포하기 시작했습니다. 말씀대로 믿고 말씀대로 선포하기 시작한 것입니다. 처음에는 나 자신도 혼란스러워 말이 꼬이기도 하였습니다. 그때마다 성령께서 계속해서 저를 격려하시고, 하나하나 진리 가운데로 인도해주셨습니다.

말씀대로 믿으니 말씀대로 살아지는 은혜를 누리게 되었습니다. 그렇게 '나는 죽고 예수로 사는 복음'이 내 삶과 목회 전체를 바꾸게 된 것입니다. 그것을 섬기는 교회 교인들에게 전하고 가르쳤는데, 그것이 제자훈련 교재 《예수님의 사람》이 되었습니다.

최상훈 목사님은 《하나님의 DNA》에서 그 진리를 너무나 놀랍게 증거해주고 있습니다. 그래서 대단히 놀랐고 또 감사했습니다. 이 책에는 예수님이 우리 안에 거하신다는 사실, 그리고 그것이 얼마나 놀라운 은혜인지에 대해 너무나 분명하게 증거하고 있습니다.

최상훈 목사님은 단지 '나는 죽고 예수로 사는 복음'을 알고 있는 분이 아니라 그 진리로 살며 기도하며 예배하며 목회하는 분입니다. 이 책을 통하여 많은 그리스도인들이 자신 안에 거하시는 주님을 만나고, 자신 안에 내재된 하나님의 성품, 능력, 권세를 알고, 그것을 담대하게 선포하여 삶이 근본적으로 거듭나는 은혜를 누리게 될 것을 확신합니다.

이 책은 예수님을 믿고 영접하였으면서도 여전히 두려움과 염려 속에 방황하며 은밀한 죄에 무너지는 그리스도인들에게 하나님의 말씀대로 살게 해주시는 성령께서 주시는 선물과도 같은 책입니다.

유기성 | 위드지저스미니스트리 이사장

무엇이, 어떻게 이런 일을 가능케 할까?

> 여호와 우리 주여 주의 이름이 온 땅에 어찌 그리 아름다운지요 주의 영광이 하늘을 덮었나이다 … 사람이 무엇이기에 주께서 그를 생각하시며 인자가 무엇이기에 주께서 그를 돌보시나이까 시 8:1,4

슬픈 노래가 어울릴 것 같은 가난하고 소심한 한 소년에게 주어진 삶의 무게, 거친 계곡의 좁은 길 같은 순종의 여정, 혹독한 시련의 칼바람 속에서도 어둡고 우울한 곡조가 끼어들 자리가 없고 도리어 깊은 어둠을 부드럽게 걷어내며 떠오르는 아침 빛처럼 어느덧 감사로 가득 찬 햇살 아래 펼쳐진 푸르른 초원 같은 축복으로 가득 찬 생애임을 축하하고픈 충동을 느낍니다.

무엇이, 어떻게 이런 일을 가능케 할까?

주인공 최상훈 목사님은 악과 고통의 어두운 세상에서 죄인으로 태어나 죽음을 운명으로 맞이할 소망 없는 인생, 풀과 같고 그 영광은 풀의 꽃과 같은 우리를 이처럼 사랑하신 하늘의 하나님 아버지의 신비한 비밀을 《하나님의 DNA》로 풀어주었습니다.

우리의 원형은 하나님의 DNA를 품은 하나님의 형상이며, 죄로 깨어진 원형을 독생자 예수 그리스도의 십자가 복음으로 다시 회복하시어 하나님의 DNA에 정렬케 하시고 오직 믿음과 기도로 순종의 복된 승리자가 바로 내가 될 수 있음을!! 한 성도도 그냥 지나칠 수 없는 목자의 심정이, 이 축복을 알뜰히 챙겨 가득 안겨주고픈 아비의 심정으로 전하고 가르치고 권하는 귀한 책을 펼쳐주게 하셨습니다.

모두 함께 이 복을 누리시기를 바라며 축하합니다.

김용의 | 로그미션 대표

최상훈 목사님을 처음 뵌 것은 화양교회를 소개받고 수요예배 설교를 위해 방문했을 때였습니다. 그날 아침, 인도네시아에 있는 아내가 유튜브에서 영상을 보고 은혜를 받은 목사님이라면서 나에게 그 분의 메시지를 듣고 묵상해보라고 글을 보내주었습니다. 바로 그날 오후 나는 화양교회를 방문했고 교회의 주보를 보면서 아내가 아침에 언급한 분을 막 만나고 있다는 사실을 깨닫게 되었습니다.

그때 선물받은 목사님의 첫 책《기도는 사라지지 않는다》(규장)를 읽으면서 많은 공감을 했습니다. 제가 사역지에서 오랜 시간 훈련을 받으면서 경험적으로 배우게 된 것은 하나님이 사용하시기 위해 기름부으시는 사람들에게 주시는 것이 있다는 것입니다.

그것은 바로 주님의 은혜의 흔적과 매력입니다. 최 목사님의 글과 말 가운데 그 자취가 느껴졌습니다. 목사님의 삶에 묻어 있는 주님의 은혜의 흔적이 글에 특별한 매력을 더하며 독자들을 공감하게 하고 이해를 돕고 도전받게 합니다.

첫 번째 책에서 자주 언급되었던 '하나님 안에서의 정체성', '정체성을 확인하고 선포하기', '말씀 안에서 삶을 정렬하기'에 대하여《하나님의 DNA》에 집중적으로, 그리고 쉽게 잘 설명되어 있음을 봅니다.

목사님의 글의 장점은 다양한 은혜의 누림의 시간 가운데 얻어진 다양한 예화가 잘 녹아져서 쉽게 독자들에게 다가갈 수 있다는 것이라고 생각합니다. 아주 중요한 신앙의 핵심 주제를 쉽게 풀어 내주셔서 저도 이 글을 읽으면서 공감하고 도움을 받았습니다. 이 책이 많은 독자들에게 울림과 영감을 줄 수 있기를 기대하며 추천합니다.

이용규 | 자카르타 국제대학교 이사장

자신이 누구인지에 대한 질문은 역사 이후로, 아니 그 이전부터 온 인류에게 가장 중요한 물음이었습니다. 아마도 그것으로부터 사상도, 철학도, 종교도 시작되었을 것입니다. 그러나 그 질문이 지금도 유효하다는 것은 아직 그 답을 찾지 못했다는 것입니다.

이유는 한 가지, 그 질문에 대한 답을 알고 있는 유일한 분에게 질문하지 않고, 아무런 답도 갖지 못한 이들끼리 서로 묻고 있기 때문일 것입니다. 그렇기 때문에 이 책을 단숨에 읽으며 그 질문에 대한 시원한 답을 건져낼 수 있었던 것이 얼마나 즐거운 일이었는지 모릅니다.

최상훈 목사님의 책 속에서 그 답을 반복적으로 이야기해줍니다.

'정체성!' 아비에게서 아들에게로, 세대에서 세대로 유전되는 유전자처럼, 우리 안에 창조주 하나님께서 당신의 거룩한 정체성을 우리 가운데 심어주셔서 당신의 자녀됨을 증명하셨고, 그런 우리가 얼마나 가치 있는 존재인지를 당신의 아들 예수 그리스도의 십자가를 통해 증명하셨으며, 이제는 그런 우리가 그분의 자녀된 정체성을 믿음의 삶을 통해 세상에 증명할 차례가 되었다는 것을 깨닫게 됨으로써 우리의 존재 이유와 목적을 분명하게 확인할 수 있었습니다.

다시 살리심을 받은 존재들인 우리이지만 매일의 삶에서 늘 승리만을 얻으며 살지 못하는 아이러니를 견디기 힘들어하는 이 시대의 많은 이들에게 이 책은 '그럼에도 불구하고' 결코 변하지 않는, 어느 누구도 변하게 할 수 없는 그 DNA처럼 주님이 새기신 거룩한 손자국이 우리의 온 삶에 찍혀 있음을(우리의 온 세포 안에 단 한 곳도 빠짐없이 자리한 그 DNA같이 주님의 도우심은 모든 상황, 모든 순간에 각인되어 있음을) 발견하게 해줍니다.

독생자 예수 그리스도를 우리를 위해 죽게 하시고 다시 살리심으로써 우리를 새로운 피조물이라는 정체성으로 만들어 주신 분이 우리를 사용하기 원하심을 믿으며, 쉼 없이 변하는 이 세상에서 결코 변하지 않는 진리로, 늘 변하는 이들을 영원히 변하지 않는 나라로 인도하기를 갈망하는 모든 이들에게 이 책을 추천합니다. 그들 안에 이미 새겨 넣으신 주님의 자녀 됨의 정체성을 발견하고, 그 자녀 됨의 삶으로 나아가도록 이끄시는 그 거룩한 고됨을 마다하지 않을 이들을 축복하면서 말입니다.

아울러 책의 후반부에 기록되어 있는 기도에 관한 내용들의 충실함이 기도에 관해 목마른 이들에게 실제적인 도움이 될 것을 확신하기에 적극적으로 추천합니다. 기도는 주님이 우리를 만드시고 부여하신 당신의 정체성을 발견하고 회복하는 가장 확실한 길임을 믿기 때문입니다.

말씀은 이렇게 외칩니다.

> 믿음은 … 보이지 않는 것들의 증거입니다. … 보이는 것은 나타나 있는 것에서 생기지 않았음을 깨닫습니다. 히 11:1-3 표준새번역

그렇습니다. 보이지 않는, 볼 수 없는 것 같으나 우리 안에 명징하게 새기신 당신의 거룩한 정체성들을 통해 우리의 삶을 이끌어가시는 주님, 그 주님을 믿음으로 매 순간 바라보게 하

시는 은혜의 그 주님을 찬양합니다!

사실 추천서를 부탁받았을 때 적잖이 놀랐습니다. 제 자신이 그럴 만한 사람이 못 되기 때문일 것입니다. 그럼에도 감사함으로 순종할 수 있었던 것은, 널리 알려지신 분들의 추천서보다 무명의 선교사의 추천서를 요구하게 하시는 주님의 마음에 우직하게 순종하시는 목사님의 모습이, 30년 전 신학교 동아리에서 뵈었던 첫 모습, 그 모습 그대로 변하지 않은 진실하심으로 전해졌기 때문입니다.

임동수 | 파라과이 선교사

프롤로그

나를 진정으로 사랑하는 법,
하나님께서 기뻐하시는 자녀의 삶

가난은 오래전부터 내게 익숙한 것이었다. 한 가지 반찬만 담긴 도시락통, 볼펜 대에 끼워 쓰는 몽당연필, 형의 옷을 물려 입어서 해어진 옷…. 어린 시절 구석구석 흔적을 남긴 가난은 내가 늘 입고 다닌 '결핍의 옷'이었다.

그런데 이 옷이 과감히 벗겨진 사건이 벌어졌다. 중학교 1학년 때, 우연히 간 수련회에서 성령님이 내 안에 임재해주셨고, 무엇보다 나와 함께하신다는 것을 알게 하셨다. 지식적으로 이해하는 수준이 아닌, 주님이 내 안에 계심이 실제가 되었다. 그제야 나는 입고 있던 가난의 옷, 상처의 옷을 벗어던지고 주님이 입혀주시는 빛나는 그리스도의 옷을 입게 되었다.

비로소 나는 내 안에 이미 심겨진 하나님의 DNA의 존재를 깨닫게 되었다. 하나님은 나를 하나님의 형상대로 창조하셨고, 그분과 동일한 하나님의 DNA를 내게도 심어놓으신 것이다.

그리고 그것을 내 삶 가운데 성품으로, 능력으로, 권세로 하나하나 드러내기를 원하신다는 것도 깨닫게 하셨다.

정체성의 선포가 그 시작이다

하나님의 자녀에게는 하나님의 형상, 하나님의 DNA가 내재되어 있다. 이 사실을 알게 된 후로 목회 현장에서 하나님이 어떤 방법으로 역사하시는지 깨닫게 되었고, 성도들에게는 놀라운 삶의 변화가 일어나기 시작했다. 성경을 살펴보면 하나님께서 일꾼 한 명을 세울 때도 가장 먼저 그의 정체성을 선포하셨다. 그것을 믿음으로 받아들이고 순종하기를 원하셨다. 그렇게 정체성을 인식하고 순종의 자리로 나아갈 때, 하나님의 DNA에서 나오는 능력과 성품이 활성화되고, 그에 맞게 정교해지는 과정들을 거쳐서 하나님이 말씀하신 정체성에 일치하는 결과를 보게 되었다.

기드온을 사사로 세우실 때도 하나님께서는 가장 먼저 정체성을 선포하여 이를 인식하게 하셨다.

큰 용사여 여호와께서 너와 함께 계시도다 삿 6:12

그러나 그 말을 들을 당시 기드온은 이에 동의하지 못했다. 자신의 연약한 모습을 볼 때 이 말씀은 현실과 동떨어진 이상적인 말씀으로 여겨졌을 것이다. 그래서 선뜻 동의하지 못하고 자신의 약함을 이야기했다.

> 나의 집은 므낫세 중에 극히 약하고 나는 내 아버지 집에서 가장 작은 자니이다 하니 삿 6:15

그때 주님께서는 기드온에게 큰 용사의 정체성이 이루어질 수밖에 없는 이유를 명확히 말씀해주셨다. 그것은 바로 하나님께서 반드시 함께하신다는 약속이다.

> 여호와께서 그에게 이르시되 내가 반드시 너와 함께하리니 네가 미디안 사람 치기를 한 사람을 치듯 하리라 하시니라 삿 6:16

하나님과 함께 있다는 것을 실제로 인식하는 것이야말로 우리의 정체성을 만들어가는 가장 중요한 영적 원리이기 때문이다.

주님과의 교제를 통해 격려도 받고 훈련도 받아 다듬어져 가는 과정을 통해 우리가 성화되어 가는 것이다. 그러다보면 어느새 우리의 모습이 하나님께서 규정하신 정체성과 놀랍도록 일치되어 가는 것을 현실에서 목도하게 된다.

예레미야를 선지자로 세울 때도 마찬가지이다. 하나님께서는 예레미야에게 먼저 이렇게 선포하셨다.

> 내가 너를 모태에 짓기 전에 너를 알았고 네가 배에서 나오기 전에 너를 성별하였고 너를 여러 나라의 선지자로 세웠노라 렘 1:5

그러나 예레미야 역시 처음에는 약함으로 반응했다. 그는 "하나님, 제 현재 상황을 좀 보세요. 저는 말도 잘 못하는 사람입니다. 저는 아이와 같이 연약한 사람입니다"라고 답하며 자신의 약함을 묵상했고, 주저하는 마음을 품고 있었다. 이때 하나님께서는 그의 언어부터 교정하시고 말씀에 정렬하라고 말씀하셨다(렘 1:7-8).

모세도 마찬가지이다. 모세는 양 무리를 치는 보잘것없는 목동이었다. 게다가 입이 둔하고 더듬더듬 말하는 연약한 사람이었다. 그러나 하나님은 그가 이스라엘 자손을 애굽에서 이끌어 낼 것이라고 선포해주시고, 실제로 말씀하신 정체성의 모습으로 모세를 이끌어 가시고, 그에 맞는 능력도 허락해주셨다.

> 이제 내가 너를 바로에게 보내어 너에게 내 백성 이스라엘 자손을 애굽에서 인도하여 내게 하리라 출 3:10

그러므로 하나님께서 말씀을 통하여 주신 정체성에 믿음으로 반응하고, 그것을 선포하며, 순종으로 나가야 한다. 한 발 내딛는 순종이 있을 때, 그것을 통하여 하나님께서 예비하신 좋은 계획을 열어주시고, 준비해놓으신 하나님의 계획이 열리는 것을 보게 될 것이다.

우리가 우리 자신을 봤을 때 '나는 이런 부분, 저런 부분이 부족하고 약한 편이야'라고 생각될 때가 있다. 그러나 내가 보는 내 모습과 상관없이 하나님은 이렇게 말씀하신다.

> "내가 말한 정체성을 인식하며 훈련하고, 순종하고, 나를 따라오렴."

그리하면 하나님은 말씀대로 우리 속에 심겨진 하나님의 정체성을 이루어 가신다. 이미 우리의 영은 내 안에 계신 성령님과 한 영이므로 동일한 영의 정체성을 가진 존재이다. 따라서 우리가 하나님의 말씀에 정렬시켜 가다보면 그분의 계획을 성취할 수 있고 승리를 맛볼 수 있는 것이다.

넉넉히 이기는 그리스도의 정체성

목회를 하다보면 여러 가지 인생의 문제들을 마주하게 된다. 환경의 가시, 인간관계의 가시, 질병의 가시 등 저마다 가진 인생의 가시로 인해 절망에 허우적거리고, 그로 인해 낙심 가운데 빠진 영혼들을 보게 된다. 그래서 "주님, 이 문제를 해결하게 제발 도와주세요"라고 간구한다. 그러나 이런 말과 생각의 기저에는 '질 수도 있다'는 불안감도 내포되어 있다. 마귀는 이 틈을 놓치지 않고 염려하는 마음, 초조한 마음, 조급한 마음을 넣어주려 한다. 그래서 결국 확증된 승리를 의심하고 약화되게 만드는 것이다.

그러나 우리는 이 모든 것을 넉넉히 이길 그리스도의 정체성을 이미 가지고 있다. 하나님께서는 마귀의 모든 권세를 십자가로 이기셨고 승리하셨다. 따라서 우리도 이미 이 땅을 살아가면서 이긴 싸움을 싸우는 존재들이다. 변화되기를 원하는 것이 아니라 이미 변화된 나를 발견하고 그것을 활성화시켜서 드러내는 것이다.

> 통치자들과 권세들을 무력화하여 드러내어 구경거리로 삼으시고 십자가로 그들을 이기셨느니라 골 2:15

하나님께서는 우리에게 승리의 옷, 능력의 옷을 주셨다. 그리스도의 옷을 입는 방법은 간단하다. 이를 믿음으로 결부시켜 나가면 된다. 그로 인해 그리스도의 능력과 권세가 내 안에 활성화되는 것이다. 하나님의 말씀에 우리의 생각과 말을 꾸준히 정렬하고 연습하며 순종하자. 그리하면 이미 이기신 하나님의 역사를 목도하게 될 것이다.

하나님은 우리가 누구인지 성경 66권에 세세히 적어놓으셨다. 성경에 기록된 정체성에 나를 일치시키기만 하면 된다. 매일 말씀에 나를 정렬하고 선포하고 순종함으로 나아갈 때, 노력으로는 되지 않던 성품의 변화, 생각의 변화, 주변 환경의 변화가 일어나는 응답의 삶, 능력의 삶을 살게 되리라 믿는다. 이것이 진짜 나를 사랑하는 방법이며, 나를 만드신 하나님께서 기뻐하시는 자녀의 삶이다.

이 책을 읽는 동안 이미 내 안에 주어진 하나님의 DNA를 하나하나 발견하는 행복한 발견자가 되기를 간절히 바란다. 끝으로 19년의 선교와 10년의 국내 목회에 든든한 동역자가 되어준 사랑하는 아내에게 감사드리고, 책 출판에 많은 도움을 준 혜인 자매에게도 고마움을 전하고 싶다.

최상훈

CONTENTS

PART 3

하나님의 DNA에 정렬하라

PART 4

삶을 값지게 하는 영적 지혜

PART 1

내 안에 숨겨진 하나님의 DNA

1장

변화의 출발

소심한 아이의 작은 기쁨

어린 시절 나는 소심한 아이였다. 늘 구석진 곳에 웅크려 있다가 누가 찾으면 어디로 숨어버릴 만큼 부끄러움이 많은 아이였다. 아버지는 시골에서 개척교회를 하셨는데 극심한 가난 때문에 늘 안타까워하셨다. 어머니는 여위고 병약한 몸으로 개척교회를 섬기느라 많이 애쓰셨고, 노숙자들에게 숙식을 제공하는 사역까지 병행하며 육체적으로 무리하다가 질병으로 몸져누우실 때도 많았다.

당시 시골에서 개척교회를 한다는 것은 결코 쉽지 않았다. 우리 가족은 형제가 셋이나 되었는데 하루에 보통 두 끼를 먹었다. 나중에는 한 끼도 배불리 먹지 못할 만큼 가난해졌다. 아버지는 이대로 가면 온 가족이 살기 어렵겠다는 결론을 내리셨고, 삼 형제 중 둘째인 내가 다른 집에 맡겨지게 되었다.

어느 추운 겨울날, 그렇게 나는 낯선 집에서 눈을 떴다. 처음 보는 권사님이 밥상을 내오면서 이렇게 말씀하셨다.

"상훈아, 오늘부터 너는 여기서 지낼 거야."

내 나이 네 살, 아직은 엄마 품이 그리울 나이였다. 그런데 하루아침에 어머니와 생이별이라니 심장이 쿵 내려앉는 것 같았다. 나중에 듣게 된 이야기로는 그날 내가 하도 울어서 밥을 먹여주신 권사님이 꽤나 애를 먹었다고 한다.

낯선 숟가락, 낯선 이불, 낯선 향기…. 그렇게 엄마의 빈자리를 느끼며 3년이 흘렀다. 그리고 어느 평범한 날 아침, 내가 살던 집에 어머니가 나타났다. 나는 어머니의 손을 붙잡고 그 집에서 다시 우리 집으로 향했다. 그날 나는 참으로 벅차고 다행스러운 마음이었던 것 같다. 사실 모든 장면이 생생히 기억나지는 않는다. 하지만 집에 간다는 설렘 가득한 나의 발걸음, 그리고 자식을 남의 손에 맡기고 편히 잠들지 못했을 어머니의 눈물이 그렁그렁했던 표정만 어렴풋이 기억난다.

'앞으로 진짜 잘해야지….'

일곱 살이 되던 해에 나는 가족의 품으로 돌아왔다. 다시 찾은 우리 집, 우리 가족이 눈물 나게 좋았다. 두 번 다시 가족을 떠나고 싶지 않다는 간절함에, 나는 어머니를 졸졸 따라다니며 이것저것 잔심부름을 했다. 작은 일이라도 할 수 있다는 것이 기쁘고 뿌듯했다.

일을 찾아서 하다보니 자연스레 집안일이 내 몫이 되었다. 제일 많이 한 일은 부모님이 밖에 나가 계시는 동안 밥을 차리는 것이었다. 형과 동생이 방바닥에 배를 대고 누워 있으면 나는 자연스레 부엌으로 가서 밥상을 차려서 내왔다. 밥을 다 먹은 후에도 조용히 뒷정리를 했다. 누가 억지로 시키거나 떠민 것이 아니다. 뭐라도 할 수 있다는 것이 내 마음에 큰 기쁨이었던 것 같다.

두 살 위인 형은 나와 키가 비슷했고, 동생은 나이 차이가 나서 많이 작았다. 집안 형편이 어려우니까 어머니는 삼 형제에게 옷을 사주지 못하셨다. 명절날만 특별히 새 옷을 사주셨는데, 형과 동생은 빳빳한 새 옷을 사주셨고, 나는 형이 입던 옷을 물려 입고는 했다. 어린 마음에 얼마나 아쉽고 부럽던지, 친척들이 형에게 "너 새 옷 잘 어울린다"라고 칭찬하면 나는 아무 말 없이 방으로 쏙 들어가버렸다.

'나도 새 옷을 입고 싶다. 나도 멋진 운동화 신고 싶다.'

그러면서도 모두에게 옷을 다 사주지 못하는 어머니의 마음이 헤아려져 어린 나이에 나도 마음이 아팠던 것 같다. 내가 집으로 돌아오고 초등학교에 입학할 때도 우리 집은 여전히 가난했다. 같이 놀던 친구들이 학원에 갈 시간이라고 하며 학원으로 들어가면 나는 혼자 뒷걸음질쳐서 샛길로 빠져나왔다. 그리고 친구들이 학원으로 속속 들어가는 것을 멀찍이 구경하다가 집으로 왔다.

가끔은 누가 내 손을 잡아끌면서 "너도 같이 들어갈래?"라고 물어주길 바란 적도 있었다. 특히 피아노 가방을 들고 다니는 친구들이 너무 부러웠다. 피아노학원 앞을 지날 때면 늘 경쾌한 피아노 소리가 들려왔다. 음악 소리에 발이 묶여 몇 분씩 음악을 감상하기도 하고, 어느 날은 아예 학원 앞 보도블록에 쪼그리고 앉아 피아노 소리를 듣다가 오기도 했다.

한 번은 용기를 내어 피아노학원에 다니고 싶다고 말하려고 했지만, 파김치가 되어 돌아오신 어머니를 보니 쉽게 입이 떨어지지 않았다. 어쩌면 나는 다시는 어머니 품을 떠나고 싶지 않다는 마음에, 작은 소원조차 말하지 못하고 눈치만 봤던 것 같다.

그래서일까. 어린 시절 나는 매우 위축되고 내성적인 아이였다. 사람들 앞에 잘 나서지 않았고 조용히 한구석에 앉아 있었다. 항상 어딘가에 소리 없이 쭈그려 있으니까 교회 어른들이 "재는 먹다 남은 떡처럼 조용히 있네"라는 말씀을 하시기도 했다.

그런 내게 힘이 되었던 것은 어머니의 칭찬이었다. 어머니가 하루종일 집을 비우실 때 나는 밥을 차리는 것은 물론 방바닥도 깨끗이 쓸고 닦았다. 녹초가 되어 집에 돌아온 어머니는 집안을 치워놓은 내게 칭찬을 아끼지 않으셨다. 어머니의 칭찬 한마디가 내게는 유일한 기쁨이었다. 누군가에게 도움이 되고, 누군가를 편하게 해준다는 사실 자체가 나를 움직이는 강력한 원동력이었다.

나를 믿어준 그 한마디

제일 두려웠던 순간은 대표기도 시간이었다. 우리 교회는 개척교회여서 대표기도를 할 만한 아이들이 많지 않았다. 그러다 보니 적어도 한 달에 한 번은 기도 순서가 돌아왔다. 그때만 해도 나는 사람들이 한구석에 웅크리고 있던 나를 주목하는 것이 너무 두렵고 떨렸다. 사람들 앞에 서는 것만으로도 긴장이 되어서 목소리부터 염소처럼 떨려왔다. 앞에 나가 대표기도를 하는데, 첫 문장부터 심장이 빨리 뛰었다.

“사랑이… 많으신… 하나님 아버지…”

겨우 입을 열어 기도를 이어 가려는데 갈수록 입술이 파르르 떨려왔다.

"… 우리… 죄를… 용서해… 주시고…"

급기야 쥐고 있던 기도문 종이까지 떨렸다. 긴장감이 극에 달하자 나는 그 자리에서 울어버렸다. 그날 나는 기도를 다 끝내지 못하고 교회학교 선생님 손에 이끌려 내려왔다. 그날 이후 나는 남들 앞에서 말하는 것이 더 두려워졌다. 학교에서도 어쩌다 발표할 일이 생기면 땀이 삐질삐질 났다. 고개를 푹 숙인 채 할 말만 하고 얼른 자리로 돌아왔다. 사람들 앞에 서는 일 자체가 내게 큰 도전이자 부담이었다. 그러면서 나 스스로 이렇게 생각하게 되었다.

'아, 나는 진짜 남 앞에 서는 걸 못 하는 사람이구나….'

그러던 어느 날, 내가 평소 잘 따르던 전도사님이 내게 다가오셨다. 그리고 내 눈을 바라보며 이렇게 말씀하셨다.

"상훈아, 네가 앞에 서면 내가 참 든든하다."

내가 좋아하는 전도사님이 나를 든든하게 여겨주시다니, 마음이 벅차올랐다. 무엇보다도 어린 내가 단번에 매료될 만큼 강렬했던 전도사님의 눈빛이 지금도 생생히 기억난다.

'내가 든든하다고?'

남들 앞에 설 때마다 나는 내가 부끄러웠다. 누가 뭐라고 하지 않아도 스스로 눈치를 많이 보며 지냈다. 사람들 앞에 서면 긴장감이 심해져서 목소리까지 덜덜 떨려왔다. 소심한 성격이 답답하면서도 좀처럼 고쳐지지 않으니 '나는 왜 이렇게 소심할까?' 하고 좌절했던 순간이 많았다. 그런데 이런 내가 든든하다니, 내가 생각하는 나의 이미지와는 너무 상반된 칭찬이라서 신선한 충격으로 다가왔다. 게다가 지금도 내 머릿속에 생생히 각인된 전도사님의 진심 가득한 눈빛은 내 안에 잠재적 용기를 더 북돋아주었다.

처음에는 동의가 되지 않았지만 전도사님의 칭찬을 곱씹을수록 그 말씀이 조금씩 내 마음속에 흡수되었다. 스스로 누군가에게 든든한 존재임을 수용하고 동의하게 되었고, 나중에는 '내가 참 든든한 구석이 있어'라며 뿌듯함을 느끼기도 했다. 그렇게 나에 대한 새로운 정의가 한 가지 생겨났다.

얼마 후 다시 대표기도 순서가 돌아왔을 때, 나는 앞에 서서 잠시 전도사님을 바라보았다. 이번에도 전도사님은 나를 따뜻하게 바라봐주셨다. 그 눈빛은 마치 '네가 참 든든해'라고 말해주는 것 같았다. 나는 한결 차분해진 목소리로 또박또박 기도문을 읽어나갔다.

"사랑의 주님, 감사합니다."

떨리는 마음은 여전했지만, 마음 한편에 알 수 없는 자신감이 있었다. 한 명이 나를 든든하게 여긴다는 것이 놀랍도록 자랑스럽게 느껴졌다.

"… 예수님의 이름으로 기도합니다. 아멘."

'와, 드디어 끝났다!' 속으로 조용한 탄성을 지르고 내려온 그 날, 나는 기도문을 끝까지 읽었다는 사실만으로도 너무나 기뻤다. 그날 이후 나는 사람들 앞에 서는 일에 조금씩 용기를 갖게 되었다. 게다가 누군가 내게 해준 "네가 말하면 이상하게 집중이 돼"라는 칭찬도 나의 두려움을 좀 더 누그러뜨렸다.

무엇이 그 어린 소녀를 바꾸었을까? 지금 생각해보면 특별한 이유가 있었던 것은 아니었다. 성격을 바꾸는 훈련을 하지도 않았고, 말하기 연습을 한 것도 아니었다. 단지 전도사님의 말을 듣고 '아, 내가 그런 사람이구나. 이것을 잘하는 사람이구나' 하고 사실을 받아들였을 뿐이다. 비록 나는 여전히 잔뜩 움츠리고 있지만, 그때마다 전도사님의 말씀에 더 힘을 실었다.

'나는 앞에 나가서 말을 잘하는 사람이야.'

변한 것은 없었다. 다만 전도사님의 진심 어린 말 한마디가 내 안을 강하게 흔들어 깨우는 느낌이 들었다. 마치 주파수가 맞춰진 소리가 증폭되어 메아리치듯, 전도사님의 말이 내 안에서 크고 강하게 울려 퍼지고 있었다. 어쩌면 내 마음 저 깊은 곳에서는 이런 말을 갈망했는지도 모른다. 그리고 훗날 이것이 하나님께서 내 안에 심어놓으신 하나님의 정체성임을 알게 하셨다.

내 인생을 뒤바꾼 결정적 순간

내가 중학생이 될 무렵, 교회에서 수련회를 가게 되었다. 그때만 해도 나는 사람 많은 곳을 그다지 좋아하지 않았다. 수련회에 가서 또 다른 사람들과 어울려야 한다고 생각하니, 선뜻 발걸음이 떨어지지 않아 망설이고 있었다. 그때 전도사님께서 나를 부르셨다.

"상훈아, 수련회 같이 다녀오지 않을래? 하나님께서 너에게 주실 은혜가 있을 거야."

그때만 해도 이 수련회가 내 인생을 뒤바꿀 결정적인 순간이 될 것이라고는 생각하지 못했다. 결국 나는 가까스로 수련회 참가 신청서를 내고 다녀오기로 마음먹었다.

막상 가겠다고 말을 하자 조금씩 사모함이 생겼다. 특히 내가 잘 따르던 전도사님이 방언기도 하는 모습이 부러웠다.

'나도 전도사님처럼 기도해보고 싶다!'

수련회를 몇 주 앞두고 나는 작정기도를 했다. 기도할수록 사모함이 더 커졌던 것 같다.

"하나님, 저 이번 수련회 때 꼭 방언 받고 싶어요!"

중고등부 선생님 한 분이 방언기도 받는 방법도 알려주셨는데, 방언기도를 구하기 전에 회개기도를 계속하라는 것이었다.

그래서 수련회 당일, 기도회가 시작되고 진지하게 내가 지은 죄를 하나하나 되짚어보기 시작했다. 한 시간 가까이 울며불며 떠오르는 죄를 모두 꺼내어 회개했다. 나중에는 더 이상 생각나는 죄가 없는데도 방언을 받고 싶은 마음에 눈을 꼭 감고 회개기도를 계속했다.

한두 시간쯤 지나자 목이 쉬는 듯한 느낌이 들었다. 그때 정말 절묘하게도 책에서 우연히 본 변성기에 대한 글의 내용이 떠올랐다. 변성기일 때 소리를 너무 지르면 목소리가 걸걸해져서 다시는 원상 복구가 되지 않는다는 내용이었다. 그 당시 나는 성가대도 할 정도로 찬양 부르는 것을 좋아했기 때문에 덜컥 겁이 났다.

'이러다가 목소리가 이상해지면 어떡하지?'

온갖 의심과 잡생각이 다 들어왔다. 그러면서도 입으로는 부르짖는 기도를 멈추지 않았다. 몇 주간 작정하며 간절히 올려드렸던 기도로 인해 목소리가 좀 이상해져도 방언을 꼭 받고야 말겠다는 애절함이 생겼던 것 같다. 하나님께서는 그 어린 소년의 간절한 기도를 기쁘게 받으셨다고 믿는다. 그렇게 나는 네 시간 만에 방언의 은사를 받았다. 더 놀라웠던 사실은 예기치 않게 통역의 은사도 동시에 선물로 받게 되었다는 것이다.

나는 방언기도를 통해 하나님과 나만 아는 깊은 대화를 나눌 수 있는 것이 좋았다. 또 시간 가는 줄 모르고 오래 기도할 수 있는 것도 좋았다. 특히 좋았던 점은 내 안에 부어진 성령님의 임재였다. 성령의 임재를 경험한 후 가장 큰 변화는, 주님이 나와 함께하신다는 믿음이 생긴 것이다.

주님이 함께하신다는 믿음이 생각이나 관념이 아닌 실제가 되니 걸을 때도, 잠을 잘 때도, 밥을 먹을 때도, 언제든지 주님이 나와 함께하신다는 것을 인식하게 되었다. 주님의 존재감이 내 삶 구석구석에 나타날수록 주님과 대화를 하지 않을 수 없었다. 내 안에 계신 주님의 존재를 느낀다면 그분과 대화하는 것이 당연한 것 아닌가.

그렇게 더 자주, 더 촘촘히 주님과 교제하게 되었다. 매일매일 대화하면 할수록 주님이 내 안에 계신다는 믿음이 더 확실해졌고, 나중에는 이 믿음이 내게 더 이상 필요하지 않게 되었다. 왜냐하면 주님이 내 안에 계신 것이 실제적인 사실이므로 그것을 믿으려고 하는 노력이 굳이 필요하지 않게 된 것이다.

지금 비가 오는 상태인데, 그것을 믿는다고 표현하지는 않는다. "밖에 비가 오는 것을 내가 믿습니다"라고 하지 않고 그냥 "밖에 비가 와요"라고 이야기한다. 비가 오는 것을 믿는 것이 아니라 그냥 받아들이고, 있는 사실 그대로 보는 것이다.

이처럼 주님의 존재를 실제적으로 경험하면서부터 나의 생각, 나의 성격, 나의 말이 조금씩 변하는 것을 느꼈다. 불안해하고, 염려했던 마음이 사라지고 주님으로 인한 자존감이 생겼다.

스스로 놀랄 정도로 다른 사람 앞에서 말하는 것이 더 이상 떨리지 않았고, 어디서나 자신감을 갖게 되었다. 이후 나는 중고등부 회장으로 섬기게 되었고, 찬양 인도도 기쁨으로 하게 되었다. 일을 해나가면서 하나님께서 주신 지혜와 리더십도 발견하게 하셨다.

성령을 받고 성령님이 내 안에 계신다는 것이 내게 관념이 아닌 실제가 된 이후부터 자연스레 나의 생각, 마음, 말, 모든 영역들이 조금씩 바뀌어가기 시작했다. 주님이 내 안에 계셔서 그분의 능력으로 내게 리더십이 생기고, 권세도 부어지고, 담대함도 생기게 되었다.

먼 훗날 기도하는 가운데 하나님께서 알려주신 것이 있다. 이때 깨달았던 것들이 전부 이전부터 내 안에 내재되어 있던 정체성이라는 것이다. 그리고 이때부터 결정적으로 내 인생이 완전히 바뀌게 되었다.

이제 달라질 것이다

나의 정체성을 깨달은 그 날부터, 나는 그분이 기뻐하시는 자리에만 있겠다고 마음먹었다. 그렇게 선교사로 케냐와 우간다에서 7년, 알래스카에서 7년 그리고 벤츄라 이민 목회를 거쳐 지금의 화양교회로 부임했다.

그동안 워낙 오랜 기간 해외에서 목회를 하여 한국 목회에는 미숙한 것이 많았다. 그때에도 내가 한 것은 오로지 기도였다. 기도의 자리, 예배의 자리에 머물며 지혜를 구했다. 이때 하나님께서 내게 주셨던 목회의 방향이 바로 '영의 정체성'이었다.

하나님이 보시는 내가 누구인지 알게 되고, 그것을 묵상하고, 연구하고, 또 그것을 놓고 오랜 시간 기도하면서 하나님께서 이전에 나의 삶을 통해 역사하셨던 방법이 바로 영의 정체성이었음을 알게 하셨다. 하나님이 규정한 정체성을 붙들고 나아갈 때 그 모든 능력과 이끌어가심이 풀어졌던 것을 발견하게 하셨다.

나는 내 삶을 이끌어준 영의 정체성을 온 성도와 함께 나누었다. 그 결과, 조금씩 변화의 조짐이 보였다. 먼저는 개개인의 성품이 변화되었고, 그로 인해 분위기가 점차 밝아졌다. 사업에 실패하고 낙심에 빠졌던 성도들이 자신이 누구인지 알고 다시 예배를 사모하게 되었다. 부모로부터 폭력을 당하고, 자살과 우울증에 빠져 있던 청년들이 어둠에서 빠져나와 빛의 영성을 회복하였다. 각각의 성도들이 영의 정체성을 깨달으면서부터 삶이 회복되는 것을 보게 되었다. 하나님께서 우리를 어떻게 바라보시며, 우리가 어떤 권세를 가졌는지를 나누는 것만으로도 많은 영혼이 새롭게 변화된 것이다. 나는 이것이 하나님께서 원하시는 복음의 능력임을 깨달았다.

내 삶을 변화시켰던 정체성, 많은 성도들과 청년들의 인생을 바꾸었던 정체성이 이제는 이 책을 읽는 모든 독자들에게도 동일하게 풀어질 것을 기대한다. 하나님께서 우리에게 가장 알려주고 싶으신 정체성이 무엇인지 알게 될 때, 신앙생활은 더 이상 노력하고 발버둥치고 도달해야만 하는 힘겨운 여정이 아니라, 정렬되고 견인되고 완전한 정체성으로 여겨지는 승리자의 여정이 될 줄로 믿는다.

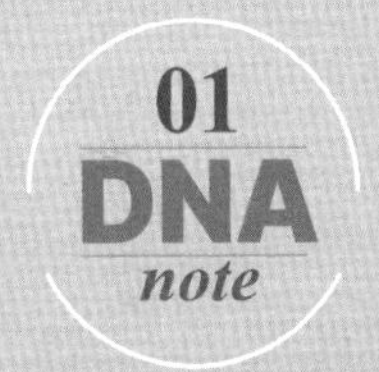

요약문

○ 위축되고 열등감에 빠져 있던 성격을 바꿀 수 있는 힘은 우리 안에 심어놓으신 하나님의 정체성을 아는 데서 나온다.

○ 우리 안에 성령님께서 계시고, 우리와 24시간 함께하신다는 사실을 인식할 때부터 삶의 변화가 시작된다.

선포문

○ 나는 하나님의 형상으로 창조되었습니다. 그러므로 내 안에 하나님의 DNA가 있습니다.

○ 내 안에 실재하시는 성령님으로 인해 나의 생각, 나의 마음, 나의 말 등 삶의 모든 영역이 변화됩니다.

기도문

하나님 아버지, 예수님으로 인하여 내 안에 하나님의 형상이 온전히 회복되게 하심에 감사드립니다. 하나님의 DNA가 내 삶 가운데 풀어져서 나의 생각과 성품, 나의 마음과 말 가운데 온전히 드러나는 승리자의 삶을 살게 하여주옵소서. 예수님의 이름으로 기도합니다. 아멘.

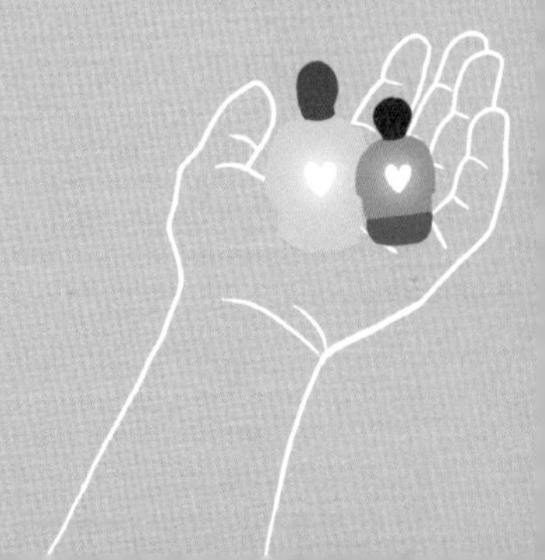

PART 2

첼렘,
하나님의 DNA

2장

관계 정체성

예수 믿는 사람의 스펙

미국에서 이민 목회를 할 때 중학생 자녀를 둔 어머니를 상담하게 되었다. 아이가 아직 중학생인데, 무리하게 명품 옷과 신발, 명품 가방을 사들인다는 것이었다. 나는 아이를 만나 진지하게 물어보았다.

"명품을 사는 이유가 뭐니?"

그러자 아이가 이렇게 말했다.

"멋져 보이잖아요? 다른 친구들이 저를 보는 눈이 달라져요!"

아이의 대답을 듣고 나는 잠시 고민에 빠졌다. 어쩌면 이 아이만의 고민이 아닐 수도 있겠다는 생각이 들었다. 얼마나 많은 사람이 이 아이와 같이 자신의 가치를 높이려고 노력하며 살아가는가. 남들이 부러워하는 것, 멋져 보이는 것을 추구하며 사는 아이와 우리가 크게 다르지 않다고 생각한다.

청년 목회를 하면서 자신의 사회적 가치, 위치를 높이고자 무던히 노력하며 살아가는 청년들을 만날 때가 많다. 흔히 스펙(spec)이라고 부르는데, 취업에 도움이 되는 각종 자격증부터 학벌, 외모, 능력을 인정받기 위해 하루하루 바쁘게 살아가는 모습이다.

그런데 놀라운 사실은, 우리는 이미 브랜드(brand)를 가진 사람들이라는 것이다. 명품으로 스펙으로 우리의 존재적 가치를 증명해야 하는 것이 아니라 우리의 존재 자체가 이미 명품으로 만들어졌다는 것이다.

창조주 하나님께서는 하나님의 형상대로 사람을 창조하셨다(창 1:27). 그저 닮은 형상으로 만드시고 끝낸 것이 아니다. 하나님께서는 사람을 만드시고 나서 보시기에 "심히 좋았더라"(창 1:31)라고 말씀하셨다. 우리가 어떤 정체성을 품고 살아가야 하는지 여기에 명확히 나와 있다. 우리는 하나님의 형상을 닮은, 하나님께서 보시기에 심히 좋게 여기신 존재들이다.

하나님이 우리를 얼마나 사랑하시고 얼마나 가치 있게 보시는지는 그분이 지불한 가치를 보면 알 수 있다. 하나님은 예수님이라는 당신의 하나밖에 없는 아들의 가치를 지불하시고 우리를 구원하시고 우리를 소유하기로 하셨다. 그러면서도 전혀 아깝지 않게, 기쁨으로 예수님과 맞바꾼 존재가 바로 우리다. "너는 내 아들이다", "너는 더 이상 죄의 종이 아니라 내 아들이다" 이렇게까지 존귀한 권한을 주신 것이 정말 이해되지 않지만, 하나님은 하나님이 보시기에 우리의 가치가 예수님보다 못하지 않다고 인정해주셨다. 우리의 지성과 판단으로는 이해할 수 없는 놀라운 은혜이다. 하나님께서는 자기 아들을 아끼지 않았다. 조금도 아까워하지 않았다. 얼마나 가슴 뛰는 사실인가.

> 자기 아들을 아끼지 아니하시고 우리 모든 사람을 위하여 내주신 이가 어찌 그 아들과 함께 모든 것을 우리에게 주시지 아니하겠느냐
>
> 롬 8:32

만약에 어떤 컴퓨터가 100만 원이라고 가정해보자. 컴퓨터의 사양을 볼 때 100만 원이 아깝게 느껴진다면 그 물건은 내게 100만 원만큼의 가치는 아니라고 할 수 있다. 그런데 '와, 이걸 100만 원에 살 수 있다니 완전 대박이네!'라고 생각했다면 그 컴퓨터는 100만 원보다 훨씬 가치 있고 값진 물건일 것이다. 우리 신앙의 근거와 자격이 바로 여기에 있다. 하나님께서 나를 고아와 같이 내버려 두지 않겠다고 하시는 근거도 여

기에 있다.

때때로 '그래도 내가 저 사람보다는 낫지'라고 생각되는 순간이 있다. 그러나 과연 그 마음의 근거가 무엇인지 잘 생각해보아야 한다. 또 언제 내가 열등감을 느끼는지, 언제 내가 자존감이 낮아지는지, 언제 내가 마음이 상하는지, 언제 내가 상처받는지 등 그 가치의 근거가 어디서 나온 것인지 생각해봐야 한다. 좋은 스펙을 가지고 있어서, 돈이 많아서, 외모가 좋아서, 직장이 좋아서, 물론 그것 때문에 든든함을 느낄 수도 있겠지만 하나님은 우리의 스펙이 세상 그 어떤 것도 아닌, 로마서 8장 32절이라고 말씀하셨다. 예수 그리스도만큼 가치 있는 사람, 우리가 바로 그런 존재이다. 이보다 더 높은 가치가 어디 있을까?

우리에게는 "하나님께서 자기 아들을 아끼지 않고 내게 주셨다. 나는 아깝지 않은 사람이다"라는 명확한 가치의 근거가 있다. 이 가치는 오직 그리스도 안에 있을 때만 증명된다. 하나님께서 오직 예수 그리스도 안에서 나를 예수님의 가치로, 높은 가치로 평가하시기 때문에 나는 놀라운 가치를 가진 자가 된 것이다.

우리는 믿을 수 없는 하나님의 은혜를 누리고 있다. 진정한 예수님의 가치를 안다면, 그로 인해 나의 정체성이 얼마나 놀랍고 위대한지에 대해서도 알게 된다. 누군가 나의 가치의 근거를 어디서 찾을 수 있는지 질문한다면, 예수님의 십자가 사건을 통해 나의 가치를 찾을 수 있다고 대답할 수 있다.

'예수님 밖에서' 나의 가치는 열등감도 있고 남들보다 보잘것없고 뒤떨어진다고 생각할 수 있다. 그러나 '예수님 안에서' 나의 가치는 하나님의 아들이신 예수 그리스도의 가치로 규정되기 때문에 그에게서 나온 정체성은 실로 놀랍고 위대하다.

그러므로 우리는 이 땅에서 노력하는 가치가 바뀌어야 한다. 나의 소유의 가치를 높이는 데만 인생을 집중하고 애쓰는 것이 아니라, 나의 존재의 가치를 소중히 여기고 높이기 위해 노력하고 힘쓰는 것이 하나님의 백성의 본질이다.

하나님께서 규정한 나의 존재를 드러내는 것, 이 사실을 내가 인식하고 실제 삶 속에서 이루어 나갈 때 그리스도 안에서 능력이 내 삶을 통해 역사하는 것을 목도하게 된다. 이것이 하나님의 백성이 이 땅에서 선한 영향력을 끼치며 살아가는 방법이다.

하나님의 붕어빵

미국에서 사역할 때 인상 깊게 보았던 책이 있었다. 벤 후퍼(Ben Hooper, 1870-1957)라는 아이의 인생에 관한 이야기였다.

미국 테네시주의 한 작은 마을에서 태어난 벤 후퍼는 어디서 태어났는지, 아버지가 누구인지도 모르는 사생아였다. 이러한 배경을 아는 동네 사람들은 사생아인 그를 비웃고 따돌렸다. 그의 소년 시절은 설움과 외로움뿐이었다.

12살이 되었을 때 그는 마을 교회에 부임한 젊은 목사님의 소문을 듣게 된다. 소문에 의하면 목사님이 가는 곳마다 분위기가 밝아지고 사람들이 격려를 받는다는 것이었다. 이를 들은 후퍼는 호기심에 교회로 향했다. 그러나 사람들의 눈에 띌까 염려하여 늦게 갔다가 제일 먼저 재빨리 예배당을 빠져나왔다.

그러던 어느 날 가만히 머리를 숙여 예배를 드리는데, 하나님이 그의 마음에 잠잠히, 그렇지만 뜨겁게 찾아오셨다. 후퍼는 그날 은혜에 흠뻑 젖어 축도가 끝난 지도 모른 채 앉아 있었다. 뒤늦게 정신을 차리고 나가려 했을 때는 이미 목사님과 악수하려는 성도들이 줄지어 복도에 서 있었다. 사람들 틈에 껴서 얼떨결에 악수를 하게 된 것이다.

드디어 벤 후퍼의 차례가 되었다. 악수를 하려고 손을 건네면서 목사님이 벤 후퍼에게 말했다.

"넌 누구니? 네가 누구 아들이더라?"

순간 주변은 물을 끼얹은 듯 조용해졌다. 후퍼가 사생아임을 아는 마을 사람들은 수군거리기 시작했다. 사람들의 시선을 느낀 후퍼가 고개만 떨구고 있는데, 목사님은 표정이 밝아지더니 이렇게 말했다.

"아, 네가 누구의 아들인지 알겠다! 네가 아버지를 닮아서 단번에 알아볼 수 있었지!"

깜짝 놀라 고개를 든 후퍼를 향해 목사님은 결정적인 말을 남겼다. 이 한마디는 훗날 후퍼의 인생을 완전히 뒤바꾸게 된다.

"넌 하나님의 아들이구나!"

평생을 어딘가에 소속되어본 적도, 누군가의 아들로 살아본 적 없고 항상 혼자라고 느꼈던 벤 후퍼에게 이 말은 망치로 얻어맞은 듯한 충격이었다. 당황한 벤 후퍼는 도망치듯 급하게 그 자리를 나갔다. 허둥지둥 빠져나가는 그의 등 뒤로 목사님은 계속해서 밝게 소리쳤다.

"하나님의 아들! 하나님의 아들답게 훌륭하게 살아라!"

처음으로 "내가 누구인가?"에 대한 이야기를 듣게 된 후퍼는 '난 하나님의 아들이구나. 난 혼자가 아니구나'라는 자부심을 느끼게 되었고, 이러한 깨달음이 그의 삶을 변화시키기 시작했다. 그리고 훗날 테네시주 주지사가 되어 두 번 더 재선에 성공하였으며 크리스천 아내를 만나 하나님을 경외하는 아름다운 크리스천 명문 가정을 이룬 벤 후퍼가 된다. 그는 자서전에 이렇게 남겼다.

"목사님으로부터 '넌 하나님의 아들이야! 하나님의 아들답게 살아!' 그 말을 들은 바로 그날이 테네시주의 주지사가 태어난 날이었습니다."

자기가 누구의 아들인지, 누구를 닮았는지 깨달았을 때부터 비로소 그의 삶과 인생이 달라졌다. 마찬가지로 하나님이 나를 어떻게 규정하는지를 인식하는 순간부터 우리 인생은 완전히 달라진다.

> 하나님이 이르시되 우리의 형상을 따라 우리의 모양대로 우리가 사람을 만들고 그들로 바다의 물고기와 하늘의 새와 가축과 온 땅과 땅에 기는 모든 것을 다스리게 하자 하시고 **창 1:26**

우리가 어떻게 만들어졌는지는 창세기에 나와 있다. 하나님은 많은 피조물들을 창조하셨지만, 그 어떤 동물도 하나님의 형상대로 창조하지 않으셨다. 그런데 특별히 우리 인간은 하나님의 형상대로 창조하셨다고 말씀하신다. "형상"은 히브리어로 ‘첼렘’(צֶלֶם, chellem)이라고 한다. 여기에 여러 뜻이 있지만 그중 “하나님을 닮다”, “하나님의 그림자”, “하나님을 나타낸다”라는 뜻이 가장 중요한 의미가 있다. 우리는 말씀에서 규정하는 대로, 하나님의 말씀 그대로 “나는 하나님이 반영된 존재구나. 나는 그분을 닮은 존재구나” 이것을 인식하는 것이 중요하다.

자녀는 부모를 닮을 수밖에 없다. 나에게 아들 셋이 있는데 교회를 지나다니면 성도님들이 반갑게 인사를 한다. 심지어 교회에 등록한 지 얼마 안 된 새가족 분들도 “너 목사님 아들이구나!”라며 반갑게 인사를 건넨다. 누가 봐도 내 아들이라는 것을 단번에 알아볼 정도로 붕어빵처럼 나를 똑 닮았다. 이처럼 자녀는 부모와 얼굴이나 신체 조건이 비슷한 경우가 많다. 부모의 DNA를 받았기 때문이다.

마찬가지로 하나님의 형상대로 지어진 우리는 하나님의 DNA를 받았다. 그래서 하나님과 닮아 있고 하나님의 능력, 하나님의 성품이 우리 안에 들어 있다. 이제 우리는 “나는 누구인가?”라는 질문에 분명하게 답할 수 있다. 우리는 하나님의 형상을 닮은 하나님의 붕어빵이며 자녀이다. 이 놀라운 관계가 바로 만왕의 왕 되신 하나님과 우리의 관계인 것이다.

달빛 아래 두 그림자

자녀가 부모를 닮듯이 우리는 하나님을 닮은 하나님의 자녀이다(창 1:26). 자녀에게는 자녀만이 누릴 수 있는 특권이 있다. 가끔 주일 예배가 끝나고 목양실 문을 열면 막내가 떡하니 책상 앞에 앉아 밥을 먹고 있다. 만약 내 아들이 아닌 다른 권사님이나 성도님이 내 책상 앞에 앉아 식사를 하신다면 얼마나 당황스러울까? 다른 사람이 아니라 아들이니까 그렇게 행동할 수 있는 것이다.

하루는 예배를 마치고 목양실로 들어왔다. 3시간이나 집회를 인도하면 땀범벅이 되기 때문에 오로지 얼른 사역을 마무리하고 집에 가야겠다는 생각만 든다. 그런데 그날따라 막내 아이가 농구공을 만지작거리며 목양실로 들어왔다. 벌써 밤 11시가 훌쩍 넘은 시간에 농구를 하고 싶은데 같이 해줄 사람이 없다며 나를 흘끔 바라보았다. 시간도 늦었고 체력적으로 힘도 남아 있지 않아서 애써 아이를 달랬다.

“오늘은 시간도 늦었고 밖도 어두운데 농구는 내일 하지 않겠니?”

그러나 아이는 오늘 꼭 하고 싶다면서 혼자 근처 공터 농구장으로 향했다. 나는 목양실에 남아 사역을 마무리했다. 그러다 문득 가난한 어린 시절 남의 집에서 자랄 때 같이 놀 사람이 없어서 혼자 공놀이하던 장면이 오버랩되었다. 외롭게 혼자 공놀이를 할 때 누군가 와서 같이 놀아줬으면 하는 마음이 늘 있었다. 외로웠던 시절의 기억이 떠오르면서, 잠시 일을 접고 아이에게 가봐야겠다는 마음이 들었다.

목양실 한편에 놓여 있던 운동화로 갈아신고 서둘러 농구장으로 향했다. 어둠 속에서 농구공 튀기는 소리와 함께 홀로 공을 튀기는 아이를 발견했다. 나는 반갑게 달려가 외쳤다.

"아빠 왔다!"

사춘기 아이라 큰 반응은 없었지만, 쿨하게 웃으면서도 입꼬리가 미세하게 올라가는 것 같았다. 그 작은 반응에도 아빠로서 기분이 좋았다. 농구장에서 내가 한 것은 정말 자잘한 일이었다. 아이가 공을 던지면 그 공을 주워 오고, 볼 넣는 자세를 사진으로 찍고 싶다고 해서 사진도 찍어주고, 영상으로도 찍어주고, 각도를 달리해서 찍어주고, 다시 밖으로 넘어간 공을 주워 오고…. 그렇게 30분 정도 공놀이를 한 후 아이는 만족스러운 표정으로 "이제 가자, 아빠"라고 말했다. 몸은 피곤했지만 아이가 좋아하니 아빠로서 참 뿌듯했다.

자정이 다 되어가는 고요한 밤, 아무도 없는 그 길을 아이와 단둘이 걸었다. 걷는 내내 마음이 몽글몽글해졌다. 특별한 대화나 표현이 없어도, 사뿐사뿐 함께 걷는 발걸음은 마치 구름 위를 걷는 것처럼 가벼웠다. 나란히 걷는 길 위로 우리 둘의 그림자가 길게 늘어서 있었다.

그와 동시에 하나님의 마음이 느껴졌다. '이렇게 편하게 무언가 부탁하고 함께 걸을 때 하나님도 이렇게 기분이 좋으시겠구나. 이것이 바로 동행이구나' 하고 몸소 깨달았다.

아들이 아빠에게 편하게 공도 주워 오기를 부탁하고, 사진도 찍어달라고 부탁해도 그것이 아빠인 나에게 하나도 무례한 요구가 아니었다. 오히려 나를 그만큼 편하게 대해준 것이 고마웠고, 그것이 아들과의 두텁고 끈끈한 친밀감으로 여겨졌다. 마찬가지로 하나님도 우리에게 그리 멀고, 두렵고, 거리감 있는 분이 아니라 친밀하게 다가갈 수 있는 분이라는 사실이 깨달아졌다.

아침마다 밥을 달라고 부모님에게 싹싹 빌며 애원하는 자녀는 없을 것이다. '오늘은 부모님이 밥을 주시려나' 하고 미리 걱정하지도 않는다. 그냥 편하게 "엄마, 밥 주세요"라고 말한다. 이것이 자녀의 특권이다. 아이가 냉장고에서 물을 꺼내 마실 때도 왜 마음대로 마셨냐고 묻거나 따지지 않는다. 자녀에게는 당연한 것이고, 자녀로서 갖는 권세이다.

이처럼 자녀이기 때문에 가능한 권세가 있다. 이러한 자녀의 정체성은 절대 변하지 않는다. 만약 아이가 꽃병을 깨뜨렸다고 해서 "아빠, 잘못했어요. 제발 저와 관계를 끊지 말아주세요. 다른 집으로 입양 보내지 말아주세요"라고 얘기하지는 않을 것이다. 아이가 잘못했다고 부모와 자식 간의 관계를 끊는 부모가 없듯, 하나님도 마찬가지이다. 우리가 무언가를 잘못했다고 해서 자녀의 정체성 자체가 바뀌는 것은 아니다. 하나님께서는 이미 우리를 죄의 종에서 하나님의 자녀로 영적 입양해주셨다. 이제 우리가 이 사실을 믿어야 한다.

한 가지 분명한 것은 하나님의 자녀라는 정체성이 이제는 죄를 마음껏 지어도 된다는 면죄부가 되어서는 절대 안 된다는 것이다. 하나님의 자녀로 새로 입양되었으면 죄의 종이었던 옛 모습을 버리고, 입양된 새로운 가정에 맞게 살아가야 한다. 이것이 자녀의 도리이다.

혈루증 여인과 옷 술

미국에서 이민 목회를 하던 시절, 안타까운 사연을 가진 한 청년이 있었다.

"목사님, 저는 왜 이렇게 되는 일이 없을까요?"

가정 형편이 어려워 쉬지 않고 일해서 돈을 벌어야만 했던 청년이었다. 평소 성실하게 신앙생활을 해왔지만, 급작스레 아버지가 쓰러지시고 속상한 마음에 나를 찾아온 것이다. 나는 진심으로 청년을 위로하고 기도해주었다. 그리고 잠시 기도했다.

'주님, 어떤 말을 해야 할까요?'

그런데 내 안에서 꼭 들려주고 싶은 이야기가 하나 떠올랐다. 나는 진심을 담아 청년에게 그 이야기를 들려주었다. 이야기를 들은 청년은 깊이 공감하며 새 힘을 얻었다고 눈물로 감사하다고 고백하고 집으로 돌아갔다. 그때 들려준 이야기가 며칠 전 묵상했던 누가복음 8장에 나오는 혈루증 여인의 이야기였다.

혈루증 여인에 관한 이야기라면 교회학교 때부터 익히 들어왔던 성경 예화일 것이다. 여인이 수많은 인파를 뚫고 예수님께 다가가 그 옷자락에 손을 댈 때 혈루증이 즉시 낫는 기적이 일어난다. 열 번도 넘게 설교해서 너무나 익숙했던 이야기인데, 어느 날 유독 의문점 하나가 생겼다.

'과연 여인은 예수님 옷자락의 어느 부분에 손을 대었을까?'

그리고 성경에서 이 사건을 다룬 본문을 찾아보았다. 사복음서를 쭉 살펴보니 "그 겉옷 가"(마 9:20), "그의 옷에"(막 5:27),

"그의 옷 가에"(눅 8:44) 등 다양한 표현들이 있지만, 결국 다 비슷한 단어인 '겉옷' 또는 '옷 가'로만 묘사되어 있었다. 그런데 한글 성경과 달리 헬라어 원문과 히브리어 성경을 찾아보면 '옷 가'라는 단어가 '옷 술'이라는 단어로도 표현되어 있다.

> 이스라엘 자손에게 명령하여 대대로 그들의 옷단 귀에 술을 만들고 청색 끈을 그 귀의 술에 더하라 민 15:38

혈루증을 앓는 여인이 만진 예수님의 옷자락은 바로 "옷 술"이었음을 유추해볼 수 있다. 새번역 성경에서도 "옷 술"이라고 표현된 것을 볼 수 있다. 그리고 옷 술에 손을 댄 자는 모두 병이 나았다고 성경은 말하고 있다(막 6:56, 새번역).

결국 여인이 만진 옷자락은 옷 술이었고, "옷 술에라도 손을 대는 자는 다 성함을 얻으리라" 하신 것을 믿음으로 순종하여 행동에 옮긴 것이다. 즉 예수님의 옷에 손을 대는 것은 하나님께서 예수님과 함께하심을 믿음으로 믿고 행동한 일이며, 예수님과 함께 가겠다는 그 여인의 신앙고백이었던 것이다.

그런데 예수님이 여인을 고치기까지의 말씀과 과정을 면밀히 주목해봐야 한다. 예수님께서 무리 가운데서 굳이 공개적으로 혈루증 앓는 여인을 찾으신다. 예수님은 모든 것을 다 아시는 분이시다. 그러니까 예수님께 손을 댄 자가 누구인지 이미 아셨을 것이고, 여인에게 어떤 일이 일어났는지도 다 알고 계셨을 것이다. 그럼에도 예수님께서는 누가 내게 손을 대었느냐고 물으셔서 사람들의 시선을 주목시키고 군중이 여인을 주목하게 만드셨다.

당시 혈루증을 앓는 여인이 예수님의 옷 술을 만진다는 것은 처벌을 각오해야 할 만큼 위험한 행동이었다. 왜냐하면 옷 술은 구약에서 직계가족들만 만질 수 있는 신성한 것이었기 때문이다. 가족이 아닌 다른 사람이 그것을 만지면 마땅히 벌을 받게 되어 있는데, 더구나 당시 부정한 자로 취급을 받았던 혈루증 앓는 여인이 만졌다는 사실은 그 자리에서 돌에 맞아 죽어도 뭐라 할 수 없는 상황이었다. 그때 예수님은 여인의 일생을 바꾸는 중요한 말씀을 하신다.

> 예수께서 이르시되 딸아 네 믿음이 너를 구원하였으니 평안히 가라 하시더라 눅 8:48

여기서 중요한 부분은 여인의 정체성을 딸이라고 부르신 것이다. 사복음서에 기록된 치유의 사건 중 딸이라고 칭한 경우는 흔치 않다. 아버지가 딸을 사랑스럽게 부르듯, 예수님은 여인을 딸이라고 칭해주심으로써 자녀의 정체성을 공개적으로 확인해주셨고, "네 믿음이 너를 구원하였다"라고 선포해주셨다.

예수님께서 많은 사람 앞에서 딸로 받아주신 순간, 여인은 더 이상 주눅들 필요가 없게 된다. 예수님의 옷 술을 만질 수 있는 직계가족, 친딸로 삼아주셔서 처벌의 대상에서 면제되었기 때문이다. 예수님께서는 여인에게 "너의 정체성은 더 이상 저주받은 사람이 아니야. 너는 내 딸이야"라고 공개적으로 선포해주심으로써 여인뿐 아니라 주변 사람들에게도 그것을 인지시키고 싶으셨던 것이다.

저주받은 여인의 정체성에서 하나님의 자녀의 정체성으로 새롭게 회복시켜주신 것이다. 여인의 병이 나은 것도 감사한 일이지만 하나님의 자녀, 하나님의 딸, 아들로 여겨주신 것 그리고 그 정체성을 인식하고 살아가는 것, 이것이 바로 현실에 낙심하지 않고 힘 있게 새로운 인생을 살아갈 수 있는 가장 중요한 핵심이다.

탕자에게 끼워준 반지

돌아온 탕자의 일화에 대해 한 번쯤은 들어본 적이 있을 것이다. 누가복음 15장을 보면 아버지의 유산을 가지고 집을 나섰다가 돈을 탕진하고 초라하게 집에 돌아오는 탕자의 이야기가 나온다. 그런데 여기서 우리는 아버지의 반응을 주목해서 보아야 한다.

> 이에 일어나서 아버지께로 돌아가니라 아직도 거리가 먼데 아버지가 그를 보고 측은히 여겨 달려가 목을 안고 입을 맞추니 눅 15:20

"아직도 거리가 먼데", 아들을 발견한 아버지는 멀리서부터 달려가 아들을 맞이한다. 탕자의 이야기에서 아버지는 하나님을 비유한 말씀이기도 하다. 성경을 살펴보면 하나님이 조급하신 적은 없다. 그런데 원어로 보면 여기서 아버지가 급하게 달려갔다는 의미가 '전쟁 상황에서 달려가는 급박한 상황'으로 해석이 된다. 좀처럼 급하신 적 없던 하나님이 이렇게 묘사된 이유가 무엇일까?

그 이유는 바로 구약시대의 법 때문이었다. 당시 패역한 아들이 불순종하여 말을 듣지 않으면 그 성읍의 지도자들이 그 아들을 돌로 쳐서 죽일 수 있었다(신 21:20-21). 아버지는 성읍의 지도자들이 아들을 보기 전에 누구보다 빨리 달려가서 아들을 구해야만 했다. 아무리 불효자식이라도 입맞춤으로 아들을 덮어주고 싶어 하는 것이 아버지의 마음이었다.

"입맞춤"은 헬라어로 "깨끗하게 하다", "씻겨준다"라는 의미가 있다. 여기서 중요한 부분은 아직 아들이 돌이켜 회개했는지 알 수 없지만, 아버지는 조건 없는 사랑으로 아들의 허물을 덮어주었다는 것이다. 이런 아버지의 모습은 우리가 아직 죄인 되었을 때 우리를 사랑하신 하나님의 모습을 연상케 한다. 우리의 회개 때문에 아버지의 선하심이 나타나는 것이 아니라 하나님의 선하심 때문에 우리가 회개하게 되는 것이다.

> 아버지는 종들에게 이르되 제일 좋은 옷을 내어다가 입히고 손에 가락지를 끼우고 발에 신을 신기라 눅 15:22

아버지는 아들의 손가락에 반지를 끼워주고, 아들을 상징하는 옷을 입히고, 신발을 신겨주는 것으로 아들이라는 정체성을 회복시켜주었다는 사실을 보여준다. 돼지우리에서 가축들과 지내던 그는 존귀한 아버지의 아들이라는 정체성을 회복하면서 권세도 회복하게 된다.

탕자에게 반지를 끼워주시는 장면은 우리에게도 큰 울림을 전해준다. 왕이신 하나님께서는 죄의 종이었던 우리에게 왕족의 옷을 입혀주셨다. 그리고 죄의 종이었던 신분에서 자녀의 신분으로 회복시켜주셨다. 탕자에게 급히 달려가 아들의 정체성을 회복시켜주고 싶어 했던 아버지의 마음처럼, 하나님은 지금도 우리의 정체성을 되찾아주기를 원하신다. 나의 정체성을 분명히 알게 될 때 그에 따른 권세 또한 회복되기 때문이다.

요약문

- ○ 우리의 존재 가치를 증명하는 것은 학벌, 외모, 능력 등의 스펙이 아니라 우리 안에 심겨진 하나님의 형상이다.
- ○ 하나님께서는 그분의 형상(첼렘)대로 우리를 창조하셨다. 즉 우리 안에 이미 하나님의 반영, 하나님을 닮은 모습(성품, 능력 등)이 내재되어 있다.
- ○ 하나님은 우리를 자녀 삼아주셨다. 이러한 자녀의 정체성을 인식하면 자연스레 하나님을 닮아갈 수 있다.

선포문

- ○ 나는 하나님의 형상을 닮은 하나님의 자녀입니다.
- ○ 나는 자녀의 권세를 가진 자입니다. 하나님의 권세가 곧 나의 권세가 되었음에 감사드립니다.

기도문

하나님 아버지, 나를 하나님의 자녀로 선택해주셔서 감사합니다. 자녀가 부모를 닮듯, 아버지 되시는 하나님의 DNA가 내 안에 이미 있으니 하나님을 닮은 성품과 능력이 나타날 줄 믿습니다. 하나님께서 규정하신 자녀의 정체성이 날마다 내 삶 가운데 더욱 인식되고 드러나게 하옵소서. 예수님의 이름으로 기도합니다. 아멘.

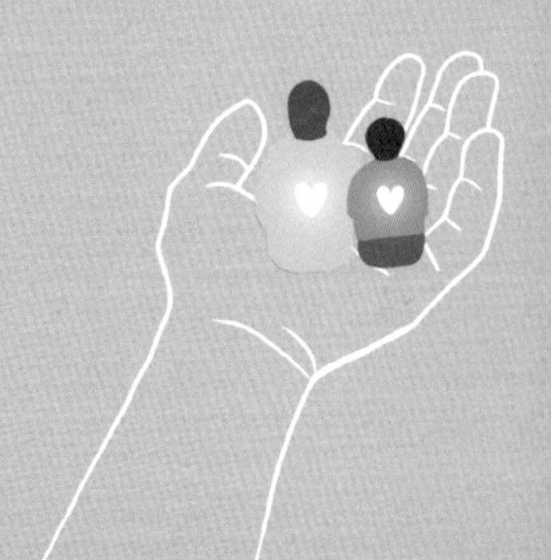

3장

권세 정체성

잃어버린 아이디 찾는 방법

언젠가 그동안 사용했던 카드사에서 특별이벤트 기념으로 리조트의 VIP 라운지를 이용할 기회가 생겼다. 라운지를 이용하기 전, 막내 아이가 화장실을 다녀온다고 해서 "그럼 화장실 갔다가 라운지로 들어오렴" 하고 먼저 들어가서 아이를 기다렸다. 그런데 한참을 기다려도 아이가 오지 않았다. 알고 보니 라운지에 들어오지 못하고 입구에서 서성거리고 있는 것이었다.

나는 입구에 서 계신 직원분에게 다가가서 "안녕하세요, 이 아이는 제 아들입니다"라고 말했다. 그러자 직원은 "아, 그렇습니까? 그러면 아드님도 함께 라운지에 들어갈 수 있습니다"라고 대답하며 아이를 들여보내주었다. 막내 아이는 내 손을 잡고 라운지에 들어와 진열된 스낵과 음료수를 둘러보았다. 그리고 상기된 표정으로 물었다.

"아빠, 여기 있는 거 먹어도 돼?"

"그럼! 여기 있는 건 다 먹어도 된단다."

아이는 잔뜩 신난 표정으로 간식을 가져다 먹으며 행복해했다. 아빠의 마일리지 혜택 덕분에 아이도 함께 VIP 혜택을 누릴 수 있게 된 것이다. 나는 이 일을 통해 다시 한번 생각하게 되었다. 자녀 혼자만의 자격으로는 VIP 혜택을 누릴 수 없다. 그러나 부모님의 마일리지 혜택 덕분에 자녀도 그 혜택을 동일하게 누리게 된 것이다.

우리 또한 하나님의 권세를 위임받은 자녀이다. 우리 자신의 노력이나 자격이 아닌, 하나님의 자녀이기 때문에 하나님과 함께 누리며 먹고 마시고 기쁨을 누릴 수 있는 것이다. 자녀이면 또한 아버지의 상속자가 되기 때문이다.

> 자녀이면 또한 상속자 곧 하나님의 상속자요 그리스도와 함께 한 상속자니 우리가 그와 함께 영광을 받기 위하여 고난도 함께 받아야 할 것이니라 롬 8:17

토요일 아침, 여느 때와 같이 교회로 가려는데 유독 아이의 표정이 밝지 않아 아내에게 슬쩍 물었다.

"오늘따라 아이가 풀이 죽은 것 같은데…. 무슨 일이 있나?"

"아이디를 까먹었는데, 며칠째 못 찾고 있다네요."

아이가 몇 년 전부터 사용한 게임 아이디 비밀번호를 최근에 바꾸고는 까먹어서 못 찾고 있다는 것이었다. 나는 아이에게 위로를 건네며 이렇게 말했다.

"그냥 아이디를 새로 만드는 건 어떻겠니?"

그러자 아이가 단호하게 말했다.

"그건 안 돼요, 아빠."

"왜?"

"제 경험치랑 아이템이 거기 다 들어 있단 말이에요."

그러면서 떠오르는 모든 숫자와 알파벳을 조합해 비밀번호를 열심히 생각해냈다. 며칠 뒤 끈질긴 노력 끝에 아이는 결국 비밀번호를 찾아냈다. 그날 저녁, 나는 세상에서 가장 행복한 아들의 웃음을 볼 수 있었다. 밥을 먹어도, 숙제를 하면서도 내내 싱글벙글한 아이를 보니 나도 덩달아 기분이 좋아졌다. 그리고 방에 들어와 설교를 준비하는데 '아, 이게 아이디의 힘이구나!' 하고 깨달아졌다. 바로 우리의 정체성에 담긴 권세이기도 하다.

하나님께서는 우리를 그분의 형상대로 만드셨다. 하나님의 형상, 하나님의 반영이 우리 안에 하나님의 DNA로 들어 있는

하나님께서는 우리를 그분의 형상대로 만드셨다.
하나님의 형상, 하나님의 반영이
우리 안에 하나님의 DNA로 들어 있는 것이다.

것이다. 그런데 DNA 안에 내재된 권세의 가치를 모르면 사용하지도 못하고 방치하게 된다.

하나님은 자녀의 신분과 함께 자녀에게 맞는 권세도 주셨다(요 1:12). 성경은 자녀에게 권세를 주셨음을 분명히 기록하고 있다. 여기서 중요한 것은 우리는 이미 그 크고 넓고 좋은 모든 속성을 가진 하나님의 자녀이고, 하나님의 상속자라는 것이다. 이런 하나님께서 나의 아버지가 될 때 주어지는 것은 바로 '하나님의 충만'이다.

> 너희도 그 안에서 충만하여졌으니 그는 모든 통치자와 권세의 머리시라 골 2:10

하나님께서는 하나님의 충만을 우리의 충만으로 이미 부어주셨다(골 1:19). 충만한 것은 넘치게 되고 나아가 흐르게 되는 것이 자연스러운 일이다. 이것이 지금 내 안에 임하고 있다는 것을 알아야 한다. 예수 그리스도께서 우리 안에 계시기 때문이다.

예수님이 내 안에 계신다는 말은 내 안에 계시는 상태로 그냥 이름만 머무르는 것이 아니라 예수님께 속해 있는 속성, 성품, 권세, 모든 능력이 나에게 동일하게 나타날 수 있다는 것이다. 이 놀라운 사실을 믿음으로 인식했던 사도 바울에게 하나님의 충만한 능력이 머물렀던 것이다.

우리가 하나님을 아빠 아버지라 부를 때, 아버지와의 관계로 인하여 우리는 하나님의 권세를 누릴 수 있고, 하나님의 능력이 주어진다는 것, 동일한 효과가 나타난다는 사실을 믿어야 한다. 이 모든 것이 인지된 상태에서 믿음으로 기도하게 되면 내 안에 있는 그리스도의 영이 더욱 강력하게 풀어지는 역사가 나타난다. 그리고 그 말씀이 순종으로 연결되면 하나님의 역사로 나타나는 것이다.

암소 열두 마리의 주인공

한 의사가 아프리카의 외진 마을에서 의료봉사를 하게 되었다. 그 마을에는 최고 권위자인 추장과 그 아들이 있었다. 아들은 당시 외국의 명문 대학에서 공부 중이었다. 얼마 후 차기 추장 후보인 추장의 아들이 공부를 마치고 돌아오자 다들 그가 누구와 결혼할지 궁금해했다. 추장의 아들과 결혼하면 여성 최고 권위자로 신분이 상승할 수 있었기 때문이다.

그러던 어느 날, 추장 아들이 암소를 끌고 어디론가 향하고 있었다. 당시 그 마을에는 여성에게 청혼하러 갈 때 암소를 선물로 가져가는 풍습이 있었다. 대부분의 처녀는 암소 두세 마리를 받았고, 간혹 인기가 많은 여성의 경우 암소 다섯 마리를 받기도 했다.

그런데 추장의 아들은 암소를 열두 마리나 끌고 가고 있었다. 이를 본 마을 사람들이 웅성거렸다. "대체 어떤 여성이길래 저렇게 많은 암소를 데려가는 거야?" 어느새 많은 사람이 줄지어 그를 따라가고 있었다. 그런데 그가 도착한 곳은 놀랍게도 다 쓰러져가는 볼품없는 초가집이었다.

"추장 아들이 외국에 갔다 오더니 정신이 어떻게 되었나보다."

"저런 여자한테 암소 열두 마리나 가져가다니."

마을 사람들은 자기들끼리 쑥덕대기 시작했다. 초가집의 여성은 수군대는 사람들의 소리를 듣고 부끄러워서 문 밖으로 나오지도 못하는 소심한 사람이었다. 부족 사람들은 한동안 이 일로 떠들썩했다. 그렇게 추장 아들의 결혼 소식을 듣고 나서 의사는 다시 자기 나라로 돌아왔다.

오랜 세월이 흘러 의사가 다시 그 마을을 방문했을 때 추장의 아들이 최고 권위자인 추장이 되어 있었다. 그런데 추장의 옆에 서 있는 여성은 예전에 봤던 볼품없고, 초라하고, 위축된 모습이 아니었다. 당당하고 유창하게 영어를 구사하는 세련된 여인이 되어 있었다. 의사가 놀라서 추장이 된 추장의 아들에게 어찌 된 영문인지 묻자 그는 이렇게 답했다.

"사실 청혼할 당시 암소를 많이 받을수록 그 사람의 가치가 높아진다는 사실을 저도 잘 알고 있었습니다. 저는 제 사랑하는 아내가 평생 자신을 암소 한두 마리의 가치로 여기는 것을 원치 않았기 때문에 열두 마리를 선물했습니다. 결혼한 후에도 저는 아내에게 공부하라거나 외모를 꾸미라고 요구한 적이 없습니다. 다만 지금 있는 그대로의 당신을 사랑한다고 이야기했을 뿐입니다. 그런데 아내는 자신이 암소 열두 마리의 가치가 있다는 것을 깨달은 것 같습니다. 그 후로 자연스럽게 점점 더 아름다워지고 지성을 갖춘 여성으로 변화되었습니다."

볼품없던 여인이 당당하고 품격 있는 여인으로 바뀔 수 있었던 것은 남편의 "실력을 쌓으라", "외모를 꾸미라"는 말 때문이 아니었다. 자신이 암소 열두 마리를 받을 만한 여자라는 가치를 알게 된 순간부터, 그 가치에 걸맞게 행동하게 된 것이다. 이것이 진정한 자신의 가치를 알 때, 즉 자신의 정체성을 알면 자연스레 이어지는 행동의 결과이다. 암소 열두 마리를 받는 여자가 되려고 노력하는 것이 아니라, 이미 그런 사람으로서 가치를 인정받았기 때문에 그에 맞는 당당한 말투와 교양 있는 태도가 나오게 되는 것이다.

천재가 된 바보

지그 지글러(Zig Ziglar)가 쓴 《정상에서 만납시다》라는 책에 보면 17년 동안 저능아로 살았던 빅터 세르브리아코프라는 아이가 나온다. 이 책의 주인공 빅터가 학교에 다닐 때 선생님은 빅터에게 "너는 왜 이렇게 엉뚱한 생각만 하니? 너는 머리가 나쁘고 하는 행동들도 이상하다. 넌 저능아야. 공부는 글렀다. 너는 학교도 졸업하지 못할 거야. 그러니 당장 학교를 그만두고 가서 장사라도 배워서 먹고살도록 해"라고 말했다.

빅터는 마음속으로 그것을 믿었다. 그래서 학교도 중퇴하고 무려 17년 동안 단순노동을 하고 저능아 소리를 들으며 저능아처럼 행동하고 살았다. 그런 그가 32살에 아이큐 검사를 하게 되는데, 놀랍게도 빅터의 아이큐는 173이었다.

자신이 천재였다는 놀라운 사실을 안 후로 빅터는 자신을 천재로 믿고, 천재의 삶을 살기로 했다. 그 후로 빅터의 삶은 완전히 달라진다. 책을 출판하기도 하고, 특허권을 따내기도 하고, 탁월한 머리로 사업에 성공하고, 전 세계에서 뛰어난 지능을 가진 사람들의 모임인 멘사의 회장까지 하게 된다.

빅터가 어렸을 때 그를 규정했던 자기 정체성은 "나는 저능아야", "난 머리가 나빠", "난 뭘 해도 안 돼"와 같은 부정적인 정체성이었다. 하지만 사실 빅터는 높은 아이큐를 가진 사람이었다. 그러나 그것을 모르고 살아갈 때 그는 정말 안타까운 인생을 살아간 것이다.

신앙적으로 이것이 중요한 포인트이다. 우리도 빅터와 같이 안타까운 인생을 살고 있지는 않은지 돌아봐야 한다. 사실 우리도 하나님의 속성이 내재된 하나님의 자녀이다. 따라서 우리는 하나님의 속성에 주목할 필요가 있다. 하나님은 열등감도 없고, 시기 질투도 없고, 연약함이 없는 완전하신 분이다. 그런 완전하신 하나님이 바로 당신의 형상대로 우리를 창조하셨다.

따라서 우리는 우리가 하나님의 형상임을 믿고 하나님의 형상으로서 삶을 살아야 한다. 우리가 이 사실을 분명히 인식하는 것이 정말 중요하다. 이것이 우리의 삶을 전환하는 엄청난 시작점이 되기 때문이다. 하나님이 나를 어떻게 규정하시는지 인식하는 순간부터 우리 인생은 완전히 달라지게 된다.

요약문

- ○ 자녀가 부모의 권세를 위임받듯, 우리는 하나님의 자녀로서 하나님의 권세와 성품을 위임받았다.
- ○ 하나님의 상속자는 하나님의 충만함이 이미 우리에게 부어졌음을 믿어야 한다.
- ○ 하나님의 충만이란, 곧 하나님의 성품, 권세, 능력이다. 이것이 우리 삶에 동일하게 나타날 수 있다.

선포문

- ○ 하나님께서 나를 보시는 대로, 나도 하나님의 시선으로 나를 보겠습니다.
- ○ 내 삶에 하나님의 충만이 있습니다. 하나님의 속성과 성품, 권세가 내 안에 있음을 선포합니다.

기도문

하나님 아버지, 하나님을 "아빠 아버지"라고 부를 수 있고, 하나님의 자녀로서 하나님의 권세를 위임받게 하시니 감사합니다. 하나님의 충만이 나의 충만이 되어 하나님의 속성, 성품, 권세, 능력이 내 삶에 풀어짐을 믿습니다. 하나님이 주신 모든 것을 잘 사용할 수 있는 지혜를 주시고 승리하는 삶을 살게 하옵소서. 예수님의 이름으로 기도합니다. 아멘.

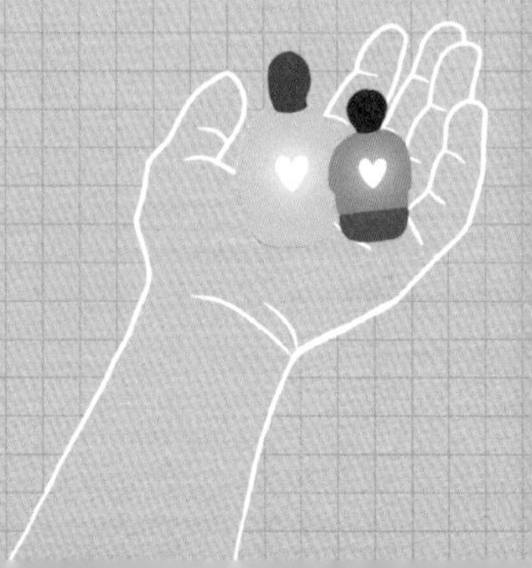

4장

영의 정체성

하나님의 생기를 불어넣은 존재

이처럼 내가 누구인지 알기 위해서는 나와 동일한 형상을 가지신 하나님을 알아야 한다. 하나님은 어떤 분이신가? 성경은 하나님에 대해 이렇게 말하고 있다.

> 하나님은 영이시니 예배하는 자가 영과 진리로 예배할지니라 요 4:24

하나님은 영이시기 때문에 우리가 하나님을 대면할 때는 육이 아닌 영으로 만나게 된다. 그래서 예배를 드릴 때도 영과 진리로 예배드리는 것이다. 또한 하나님은 거룩한 영이시기 때문에 우리도 거룩한 영으로만 하나님과 교제할 수 있다(벧전 1:16).

그렇다면 우리는 과연 하나님과 대면할 수 있는 거룩한 영을 가진 존재일까? 사실 하나님이 우리를 만드셨던 그 창조의 원형은 훼손된 적이 있다. 우리가 죄를 지었기 때문이다. 우리는 죄를 지음으로써 더 이상 거룩하신 하나님과 교제할 수 없게 되었다. 하나님은 그 단절을 너무나 괴로워하셨고 우리와의 관계를 회복하고 싶어 하셨다. 그러나 이미 훼손된 우리의 영은 하나님을 만날 수 없었다. 단 의로우신 예수님만이 훼손된 영을 창조의 원형으로 회복시켜주실 수 있는 분이셨다. 그래서 예수님께서 이 땅에 오셔서 십자가를 지심으로써 우리 죄의 대가를 대신 지불하셨고, 그로 인해 우리의 영이 새롭게 되어 우리의 영을 예수님의 영으로 간주해주시는 말도 안 되는 은혜를 주신 것이다. 이처럼 우리는 예수님 덕분에 하나님의 창조의 원형으로 다시 회복되었다.

어느 옛날 드라마에서 남자 주인공이 여자 주인공에게 "내 안에 너 있다"라고 하는 대사가 있었다. 그런데 이 대사가 성경에도 기록되어 있다. 말씀을 찾아보면 하나님께서 사람을 지으실 때 땅의 흙으로 사람을 지으시고, 그 코에 하나님의 숨결을 불어넣어주셨다고 기록되어 있다.

> 여호와 하나님이 땅의 흙으로 사람을 지으시고 생기를 그 코에 불어넣으시니 사람이 생령이 되니라 창 2:7

하나님께서 우리에게 생기를 불어넣음으로써 우리는 영이신 하나님과 교제하며 살 수 있었다. 하나님께서는 우리를 너무나 사랑하셨고 함께 교제하고 산책하며 늘 영적으로 연결되어 있기를 원하셨다. 그런데 선악과의 사건을 통해 죄가 들어오면서 하나님과 우리 사이가 단절된다. 즉 하나님과 영적으로 분리되고, 우리는 영적인 죽음을 맞이하게 된다. 하나님께서 아담에게 선악과를 따먹지 말라고 하신 이유가 바로 여기에 있다.

> 선악을 알게 하는 나무의 열매는 먹지 말라 네가 먹는 날에는 반드시 죽으리라 하시니라 창 2:17

아담은 영의 죽음 이후에도 육으로는 930살까지 살았다. 그러니까 반드시 죽는다고 하신 죽음은 영적인 죽음을 의미한다. 영이 죽어 제 기능을 하지 못하자 인간은 영이 아닌 인간의 생각과 감정으로 판단하게 되었고, 하나님이 기뻐하지 않는 죄를 짓게 된 것이다. 즉 하나님과 분리되어 하나님이 처음 만드신 온전한 모습으로 기능하지 못하는 상태가 된 것이다.

그런데 예수님의 십자가 죽음과 부활하심으로 인해 우리는 다시 새롭게 되었다. 모든 죗값을 예수님께서 다 짊어지셨기 때문에 우리는 다시 의롭게 되었고, 예수님은 승천하셔서 우리 안에 성령을 보내주셨다. 성령님께서 임하여 새 영을 부어주셨기 때문에 우리는 창조의 원형으로 회복되었다.

내가 그들에게 한마음을 주고 그 속에 새 영을 주며 그 몸에서 돌 같은 마음을 제거하고 살처럼 부드러운 마음을 주어 겔 11:19

여기서 성경은 더 충격적인 사실을 알려주고 있다. 주님이 우리 안에 계실 뿐만 아니라 우리와 하나가 되었다고 말씀하신다.

주와 합하는 자는 한 영이니라 고전 6:17

하나님은 영이시고 우리는 하나님과 한 영이 되었다. 한 영인 동시에 그리스도로 옷을 입은 자이다(갈 3:27). 어떤 옷을 입었느냐 하는 것은 신분을 의미한다. 경찰복을 입으면 경찰의 역할과 권세를 갖게 된다. 교통경찰이 아무렇게나 길거리에 누워 있는 것을 본 적은 없을 것이다. 경찰복을 입는 순간 그 사람의 태도는 완전히 달라진다. 아무리 나이가 많아도, 사회적 지위가 높아도 사람들은 경찰의 권위에 따르게 되어 있다. 옷이 곧 그 사람의 권세와 태도를 결정하기 때문이다.

주와 합한 영, 그리스도로 옷 입은 자라는 것은 하나님의 성품과 능력과 권세로 옷 입고, 그것과 하나가 되어 권세를 누릴 수 있고 능력을 나타낼 수 있다는 것이다. 믿음으로 결부시키기만 하면 하나님의 DNA에 담긴 모든 것들이 우리 삶 가운데 풀어지는, 말도 안 되는 놀라운 존재로 규정된 것이다.

서점에서 만난 작가

2023년 5월, 《기도는 사라지지 않는다》가 출간되었다. 하나님의 은혜로 첫 번째로 낸 책이 베스트셀러가 되었다. 그러나 사역이 바빠서 한 달이 넘도록 서점에 가보지 못했다.

그러던 어느 날 시내에 나갔다가 대형 서점에 들렀다. 종교 코너에서 내 책을 발견했다. 베스트셀러에 진열되어 있어서 신기하고도 감사했다. 그 자리에서 진열된 책을 살짝 보고 있을 때 어떤 형제가 다가오더니 그 책을 집어들었다. 그리고 책장을 슬쩍 넘겨보더니 10분간 책을 한 장 한 장 읽어나가는 것이었다. 나는 하도 신기해서 그 형제의 얼굴을 살짝 보았다. 그도 나의 시선이 느껴졌는지 나를 살짝 보고는 다시 책을 읽어나갔다.

"'그 책을 쓴 사람이 저예요!'라고 얘기해볼까? '책이 어떤가요?'라고 물어볼까?" 마음속에서는 이미 많은 생각과 갈등이 생겼다. 그러나 그 형제가 나한테 먼저 말을 걸지 않았는데, 내가 먼저 말을 거는 것은 너무 어색하고 웃길 것 같아 그냥 발길을 돌렸다. 그렇게 서점을 나서는데 문득 마음속에 이런 감동이 들었다.

'주님이 내 옆에 계셔도 내가 지금처럼 모를 수 있겠구나.'

눈에 보이지 않는다고 주님이 내 옆에 안 계신 게 아닌데, 항상 나와 함께 계시는데, 나는 많은 순간 그분을 인식하지 못하고 내 마음대로 하지 않았는지 다시 한번 돌아보게 되었다. 때때로 순간순간 주님이 나를 부르신 적이 있었을 텐데…. "상훈아, 나 여기 있어. 나랑 의논을 좀 할래? 그 문제를 나랑 같이 이야기 좀 해볼 수 있겠니?"라고 말씀하시지 않았을까? 이 마음을 계속 묵상하다가 그 자리에서 가슴에 손을 얹고 주님을 불러보았다.

"주님, 여기 계시지요?"

그때 내 마음속에 말할 수 없는 감동이 밀려왔다. 만약 자녀가 바로 옆에서 부모인 나를 알아보지 못한다면, 내 목소리를 듣지도 못한다면 어떨까? 마치 부모님이 없는 것처럼 늘 불안과 염려로 가득 차 있고, 어디를 가나 두려움과 외로움으로 위축되어 있을 것이다. 이를 지켜보는 부모는 속이 타들어갈 것이다. 그런데 영적으로 보면 우리가 그런 모습일지도 모른다. 우리 안에 예수님이 생생히 살아 계시는데, 주님의 존재를 인지하지 못할 때가 얼마나 많은가. 하루 종일 한마디도 걸지 않고, 문제가 생겨도 도움을 구하지 않고, 혼자 불안해하는 것이다. 이를 지켜보는 아버지 하나님의 마음은 얼마나 안타까울까?

예수님께서 이 땅에 오신 이후 우리는 하나님과 항상 함께할 수 있게 되었다. 그냥 함께 계실 뿐 아니라 내 안에 들어오셨고, 그것도 모자라 나와 하나의 영으로 합체되셨다는 것이다. 예수 십자가의 이유는 단 하나, 우리와 동행하고 하나가 되기를 원하셨기 때문이다.

> 보라 처녀가 잉태하여 아들을 낳을 것이요 그의 이름은 임마누엘이라 하리라 하셨으니 이를 번역한즉 하나님이 우리와 함께 계시다 함이라 마 1:23

우리와 한시도 떨어지지 않으려고 하나님께서는 예수님을 십자가에 달려 죽게 하셨다. 예수님이 부활하시고 승천하신 후에도 함께하시려고 친히 보혜사 성령님을 보내주셨다. 이제는 우리 안에 성령님께서 24시간 우리와 항상 함께 계신다는 뜻이다.

한번 상상해보자. 유명한 연예인이 내 얼굴을 한번 보겠다고 내 집 앞에서 하루 종일 손꼽아 기다리고 있다면 얼마나 기대되고 설레는 일일까? 실제로 수십조의 자산가 워런 버핏과 식사 한번 하려고 줄을 서는 사람이 무수히 많다는 이야기를 들은 적이 있다. 밥 한 끼 먹는 데 수십억이 든다 해도 그와의 식사 자리 한번 갖기를 바라는 사람들이 많다는 것이다.

그런데 하물며 만왕의 왕 되신 하나님께서 나와 함께하고 싶어서 매일 기다리신다니, 참으로 놀랍고 가슴 뛰는 일이다. 이러한 사실이 마음속 깊이 인식되고 실감되어지면, 우리 삶은 완전히 달라질 것이다. 주님이 우리 안에 계심으로써 나의 주인이 되시는 것이고, 주인 되신 주님으로 인해 모든 생활 방식과 방향이 바뀌게 된다. 우리의 성품과 언어와 분위기가 완전히 달라지는 것이다.

어린 소년의 열렬한 팬심

막내 아이는 몇 년 전부터 유명한 축구선수 손흥민의 팬이다. 팬심이 얼마나 간절한지 평소 만화책을 즐겨 읽던 아이가 손흥민 선수의 자서전이 나오자 사달라고 하더니 글씨 빼곡한 두꺼운 책을 집중해서 몇 번이고 정독했다. 팬심이 정말 대단하다고 감탄할 정도였다.

그러다가 몇 년 전 손흥민 선수가 소속한 팀이 내한하여 경기한 적이 있었다. 아이가 평생소원이라고 하길래 어렵게 표를 구해 함께 가서 경기를 관람하게 되었다. 그런데 하필 그날 비가 꽤 많이 왔다. 게다가 워낙 인기가 많은 경기인지라 경기장에 들어가기 전부터 차들이 밀려 앞뒤로 꽉꽉 막혀 있었다. 그러다보니 입구를 찾는 데 30분 가까이 헤맸다. 경기가 시작되지도 않았는데 이미 진이 다 빠진 것만 같았다.

경기가 시작되고, 선수들이 경기장으로 들어오자 아이는 흥분을 감추지 못했다. 땀에 흠뻑 젖은데다가 습하고 끈끈한 여름 날씨 때문에 투정을 부릴 법도 한데, 아이는 마치 천국에 온 것처럼 밝은 미소로 2시간이나 되는 경기를 관람했다.

모든 경기를 끝내고 선수들이 다 관중석으로 걸어왔다. 그런데 아이가 갑자기 자리에서 일어나더니 2층 맨 앞, 펜스가 있는 곳까지 내려갔다. 사람들이 많이 몰릴 경우를 대비해 일부러 출구 쪽에 자리를 잡았는데 펜스까지 걸어 내려간 것이다. 혹시 선수가 자기 쪽을 한번 봐줄까 생각했던 것 같다. 멀리서도 보일 만큼 아이는 있는 힘껏 손을 흔들었다.

아이의 간절함이 통했는지, 그 선수는 진짜 2층을 올려다보았고 아이를 향해 손을 흔들어주는 것 같았다. 그렇게 선수들이 모습을 감춘 후에야 아이는 함박웃음을 지으며 자리로 돌아왔다.

"그렇게 좋으니?"

황홀해하는 아이를 보며, 또 선수가 자기를 봤다며 뿌듯해하는 아이를 보고 아빠로서 흐뭇하게 바라보는데 내 안에 잔잔한 감동이 들었다.

'좋아하는 선수와 눈 한번 맞추는데도 이렇게 행복해하는데….'

문득 내 안에 계신 예수님 생각이 났다. 나는 심지어 사랑하는 예수님과 함께 있고, 예수님과 대화도 하는데, 그런데도 이 아이만큼의 감격을 느끼지 못하는 것이 참 부끄러웠다. 경기장에서 다시 차를 끌고 나오는 내내 내 안에 성령님께서 '똑똑' 하고 마음의 문을 두드리시는 것 같았다.

다니엘의 세 친구는 예수님이 옆에 계신 것만으로도 풀무

불에서 머리털도 그을리지 않고 불탄 냄새도 없이 보호받았다. 다윗은 여호와를 항상 내 앞에 모신다고 고백했다. 우리 주님은 곁에 있는 것만으로도 우리를 보호하시고 평강 가운데로 우리를 인도해주신다. 그런데 하물며 그 주님이 우리 안에 계시는 것이다. 보이지 않고 느껴지지 않는다고 계시지 않는 것이 아니라, 믿음으로 결부시키며 한 영으로 내 안에 거하시는 주님을 계속해서 인식하고 교제할 때 그분의 살아 계심이 날로 선명해져 가는 것이다.

제가 진짜 의인인가요?

한번은 성도님이 내게 이렇게 물었던 적이 있다.

"목사님, 제가 의인이 되었다고 하시는데, 사실 저는 목사님이 모르시는 죄가 많아요. 죄에 걸려 넘어질 때도 많아요. 그런데도 제가 죄인이 아닌가요?"

회개와 의인의 정체성은 엄연히 다르다. 의인이 되었다고 해서 회개를 하지 않아도 된다는 뜻은 아니다. 우리는 죄를 지었을 때 날마다 회개해야 하고, 회개함으로 정결하게 되어야 하고, 회개함으로 죄를 이기는 능력을 받아야 한다. 그래서 끊임없이 나를 돌아보고 회개하는 것이 당연하다. 성도님의 말씀처럼 우리가 죄를 지었고 그것을 인지하고 있다면 그 죄를 가지고 반드시 하나님 앞으로 가져가 회개해야 한다.

또한 그 회개기도가 우리가 느끼는 죄책감에 면죄부를 주는 도구가 되어서는 안 된다. 하나님과 사랑하는 관계라면 하나님의 마음을 아프게 했다는 것을 기억하고 진정으로 회개할 수 있어야 하고, 그것이 아버지와 자녀의 진정한 관계가 되는 것이다.

이처럼 죄를 지었으면 회개함으로 주님 앞에 나오는 것이 맞지만, 죄를 지었다고 해서 우리의 의인 된 정체성까지 소멸하는 것은 아니다. 우리가 원래 의인이 되었던 자격은 애초부터 나에게 있지 않았기 때문이다. 나의 어떠함 때문에, 나의 어떤 행위에 근거해서 하나님이 나를 의인이라고 칭해주신 것이 아니다. 오로지 주님의 십자가 보혈의 은혜로 의인이라고 칭해주셨다.

사람이 의롭게 되는 것은 율법의 행위로 말미암음이 아니요 오직 예수 그리스도를 믿음으로 말미암는 줄 알므로 우리도 그리스도 예수를 믿나니 이는 우리가 율법의 행위로써가 아니고 그리스도를 믿음으로써 의롭다 함을 얻으려 함이라 율법의 행위로써는 의롭다 함을

얻을 육체가 없느니라 갈 2:16

감리교의 창시자였던 존 웨슬리(John Wesley, 1703-1791) 목사님은 구원의 확신이 없어서 오랫동안 방황했다. 그는 죄책감의 문제를 해결하기 위해 정결한 삶을 살아보기도 하고 행위에 힘쓰기도 했다. 그러나 그 어떤 행위도 죄책감의 문제를 해결해주지 못했다. 그러던 그는 올더스게이트 거리에서 로마서 서문을 듣던 중 마음이 뜨거워지면서 구원의 확신을 갖게 된다. "예수 그리스도 안에 있는 믿음으로 의롭다 함을 얻은 우리는…." 구원의 확신은 자신의 신앙적 노력이 아니라 오직 믿음으로만 얻는다는 것을 깨닫게 된다.

의로움의 자격은 오직 예수 그리스도의 보혈의 능력을 믿는 것에 있다. 지금 우리는 용서받은 죄인의 상태가 아니라 용서받은 의인의 상태가 되었음을 믿어야 한다는 것이다(롬 4:25).

물론 나도 스스로가 의인이라는 사실에 대해 동의하지 못했던 때가 있었다. 우리는 왜 이 사실을 온전히 믿지 못할까? 자신만 아는 죄에 대한 죄책감이 있기 때문이다. 너무 과분한 마음에 의인이 아닌 죄인 된 정체성에 머무르려는 것이다. 예를 들어 "나 같은 죄인 살리신 주 은혜 놀라워"라는 찬양을 부를 때도 '죄인'에 포커스를 맞추기보다 죄인을 '살려주셨다'라는 사실에 포커스를 맞춰야 한다. 우리는 이미 예수 그리스도 보혈의 능력으로 말미암아 의인이 되었기 때문이다.

많은 성도님이 "목사님, 모르셔서 그렇지 사실은 제가 지은 죄가 많습니다"라며 의인의 정체성을 거부한다. 그러나 성경이 말하는 의인의 개념은 도덕적으로 흠이 없거나 죄를 전혀 짓지 않는 사람이 아니라 믿음을 통해서 의롭다고 인정받은 사람이다. 하나님께서 나에게 의로움을 주시기 위해 소중한 아들의 죽음을 불사하셨다는 것을 인정한다면 믿음으로 그 진리에 동의하는 것이 얼마나 중요한지 알 것이다.

> 복음에는 하나님의 의가 나타나서 믿음으로 믿음에 이르게 하나니 기록된 바 오직 의인은 믿음으로 말미암아 살리라 함과 같으니라
>
> 롬 1:17

자녀의 신분은 행실로 인해 변하지 않는다. 우리가 반드시 회개해야 하지만 우리가 잘못했다고 해서 "너는 잘못했으니 지금부터 내 아들이 아니다"라고 하지 않으실 것이다. 이처럼 우리의 신분은 상황이나 사건에 따라 바뀌는 것이 아니며, 하나님께서 약속하신 언약에 근거한 영원한 자격이다.

요약문

○ 죄로 인해 훼손된 우리의 영은 예수님의 십자가 죽음과 부활로 인해 새롭게 되었고, 비로소 하나님과 단절되었던 관계가 온전히 회복되었다.

○ 성령님께서 내 안에 계심으로 인해 우리는 그분과 한 영이 되었고, 그리스도의 옷을 입게 되었다.

○ 주인 되신 주님이 내 안에 계심을 믿고, 반복적으로 인식하고 교제할 때, 주의 영이 내 안에 계심이 점점 실감될 것이다.

선포문

○ 나는 용서받은 죄인이 아니라 용서받은 의인입니다.

○ 주님이 내 안에 계시기에 나의 모든 생활 습관과 언어는 변화되었습니다.

기도문

하나님 아버지, 예수님을 통해 나를 구원하시고 주와 합한 한 영이 되게 하심에 감사드립니다. 내 안에 함께하시는 성령님을 더욱 인식하고 존중하며 교제함으로써 깊은 친밀감으로 나아가게 하옵소서. 나의 모든 생각과 언어가 하나님의 말씀에 온전히 정렬되기를 원합니다. 예수님의 이름으로 기도합니다. 아멘.

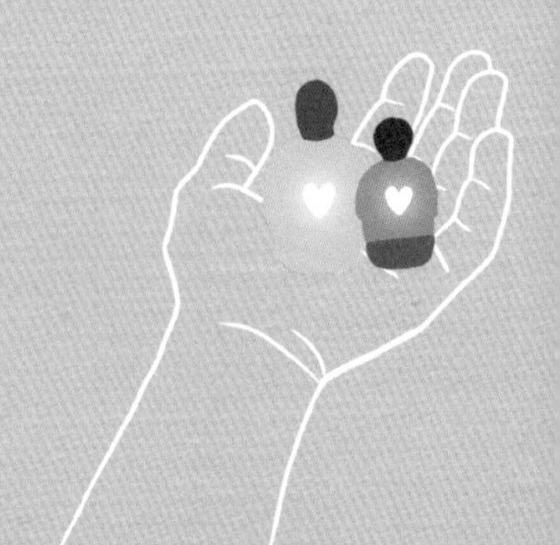

PART 3

하나님의 DNA에 정렬하라

5장

감정 정렬

심장이 뛰는 것을 느껴라

미국에서 이민 목회를 하시는 어떤 목사님의 이야기를 들은 적이 있다. 어느 날 이분이 갑작스레 심장마비가 왔다고 한다. 가까스로 골든 타임 내 병원에 도착하여 다행히 건강을 회복하셨다. 몇 주 만에 다시 살아 돌아온 목사님이 다른 목회자들이 모인 자리에서 간증할 기회가 있었는데, 그 앞에서 가슴에 조용히 손을 얹고 이렇게 말했다.

"저는 매일 아침 일어날 때마다 이렇게 심장에 손을 대봅니다. 심장이 뛰는 것을 확인할 때마다 신기하고 감격스럽습니다. 이전에는 이것이 당연한 것인 줄 알았는데, 이 사건을 겪고 나니 하나님께서 하루하루 살아가게 하신다는 것을 실감하고 감사하게 됩니다."

이야기를 들으면서 나는 눈물이 핑 돌았다. 내가 바로 이 이야기의 주인공이라는 생각이 들어서였다. 우리는 예수님의 십자가 보혈의 은혜로 새 영으로 살게 되었다. 거룩한 영이신 하나님과 교제하며, 하나님의 DNA에 담긴 권세와 능력을 누리며 살아가는 존재가 된 것이다. 심장을 새로 이식받은 것보다 더 놀라운 기적의 주인공이 바로 우리이다. 그런데 과연 매일 아침 심장이 뛰는 것을 선명히 느끼며 뜨겁게 감사함으로 살아가고 있는지 생각해보니 얼굴이 붉어졌다. 당연한 하루가 아닌 예수님의 목숨값을 치르고 얻게 된 얼마나 소중한 하루인가!

우리의 영은 새롭게 되었다. 그러나 안타깝게도 우리의 생각과 감정의 영역은 새롭게 되지 못한 상태이다. 영의 소욕과 육신의 소욕이 치열하게 전쟁하고 있다. 이것이 영적 세계에서 일어나는 영적 전쟁이다(갈 5:17).

우리의 영은 예수님과 같은 새 영, 예수님과 합한 영이지만 생각의 영역, 감정의 영역은 아직 예수님과 같지 않다. 그래서 연약한 부분들을 반복적으로 훈련해야 한다. 계속해서 하나님 말씀을 정체성의 기준으로 삼고 우리의 삶을 정렬하며 자라가는 것에 힘쓰는 것이다.

하나님께서는 하나님의 권세가 내 권세가 되는 놀라운 정체성을 우리에게 주셨다. 그런데도 지금 나의 현실을 봤을 때는 여전히 하나님의 권세가 내 것이 아니라고 느낄 때가 있다. 아직 병들어 있고, 원하는 무언가가 없고, 결핍이 있고, 불안하고, 염려가 가득 차 있다고 느낄 수 있다. 그러나 그것은 진짜 하나님의 권세가 없어서가 아니다. 원래 하나님이 합법적으로 우리에게 주셨는데, 누가 그것을 불법적으로 빼앗아 간 것이다.

만약 누군가 내가 보는 앞에서 내 지갑을 훔치고 있다면 내 것을 가져가지 말라고 강력하게 주장할 것이다. 세상의 것도 빼앗기면 내놓으라고 권한을 주장하는데, 하물며 영적인 것은 어떠한가? 우리가 가지는 권한을 더 강력하게 주장할 수 있어야 한다. “그거 내 거야!”, “건강은 내 거야!”, “하나님께서 주신 평강은 내 거야!” 하고 되찾을 수 있어야 한다.

결국 이것은 우리의 정체성과 연결된다. 내가 누구인지 더 분명해져야 무엇을 가지고 있는지를 인식하고 주장할 수 있기 때문이다. 이 믿음과 인식으로 무장하게 될 때, 우리를 공격하던 사탄은 결국 떠나갈 것이다.

“목사님, 하나님께서 이미 다 계획해놓으셨는데 우리가 몸부림친다는 게 무슨 의미가 있나요?”

어떤 성도님이 이런 질문을 한 적이 있다. 만약 하나님의 은혜를 비에 비유한다면, 비는 하나님이 내려주시는 것이지만, 빗물을 받는 것은 우리의 노력이 필요한 것이다. 빗물을 더 많이 받으려고 열심히 통을 준비한 사람은 많이 받지만, 그렇지 못한 사람은 조금밖에 받지 못하게 된다.

우리는 예수님과 이미 한 영이 맞다. 새로운 영을 받아 우리의 영은 하나님께 정렬되어 있다. 그러나 이 땅에 발을 딛고 살아가는 우리의 옛 습관들, 생각, 감정, 가치관, 행동 등 우리의 육과 혼은 다르다. 그러므로 우리의 모든 습관, 생각, 감정, 가치관, 행동까지도 주님 앞에 교정받고 예수님에게까지 자라나야 한다. 이를 '성화의 과정'이라고 한다.

영이신 하나님은 지금도 우리에게 영으로 말씀하신다. 주님을 더욱 갈망함으로 지식과 인식이 더 새롭게 되면 영으로 말씀하시는 하나님의 말씀이 더 명확하게 들린다. 정확하게 하나님의 말씀을 듣고 깨닫고 분별할 수 있게 되는 것이다. 이것이 바로 우리의 정체성을 인식할 때 나타나는 변화의 시작이다.

잘못 온 택배 처리법

하루는 외출하려는데 초인종 소리가 났다. 밖에 나가보니 택배 상자가 놓여 있다. 송장을 보니 이름도, 주소도 우리 집이 아니었다. 알고 보니 옆 동의 택배가 잘못 배송된 것이다. 약속

시간도 늦었고, 빨리 외출을 해야 해서 일단 경비실에 갖다놓아야겠다고 생각했다. 그런데 잠깐 고민이 되었다.

'혹시 급히 필요한 물건이면 어쩌지?'

시간이 얼마 없어서 얼른 가져다주고 가기로 마음먹고 적힌 주소대로 옆 동으로 건너갔다. 초인종을 누르니 누군가 대답했다.

"누구세요?"

"저 택배가 왔는데요. 저는 옆 동에…."

"아니 왜 이렇게 늦게 오셨어요! 문 앞에 두고 가세요!"

앙칼진 목소리와 함께 인터폰이 툭 끊겼다. 순식간에 일어난 상황이 당황스러웠다. 그러나 약속에 늦을 것 같아 더 이상 해명하지 않고 일단 주차장으로 발걸음을 옮겼다. 걸어가면서도 속으로 성령님께 물었다.

'주님, 조금 서운한 마음이 듭니다. 그냥 참고 가야 할까요? 아니면 해명을 해야 할까요?'

그러자 성경 구절 하나가 떠올랐다.

오직 성령의 열매는… 온유와 절제니 이같은 것을 금지할 법이 없느니라 갈 5:22-23

떠오르는 말씀을 곰곰이 묵상해보았다.

'그래, 성령님께서 내 안에 계시니까 성령의 열매인 온유함도 내 안에 이미 있을 거야.'

그리고 말씀을 소리내어 몇 번 읊조렸다.

"나는 온유한 자입니다. 나는 온유한 자입니다!"

그러자 불편했던 마음이 가라앉고 평안함이 찾아왔다. 잠깐의 당황스러운 감정에 휘둘리지 않고 마음을 지킬 수 있어서 감사했다.

'주님, 이웃 간에 서로 감정 상하지 않고 운전대를 잡을 수 있어서 감사합니다.'

찬양을 통해 평안과 기쁨이 더해지는 듯했다. 운전하는 동안 찬양과 감사 기도를 올려드렸고 약속에도 늦지 않게 도착했다. 내가 주 안에서 죽고 내 안에 계신 성령님을 인식할 때, 성령의 열매가 드러날 수 있음을 깨닫는 시간이었다.

성경을 살펴보면 감정 때문에 죄의 열매를 맺게 된 사건들이 있다. 인류 최초의 살인자인 가인도 하나님께서 동생 아벨의 제사만 받으셨다고 생각하여 서운한 감정이 훅 들어오게 된 것이다. 가인에게 들어온 속상함의 배후에는 사탄이 있었다. 사탄이 정체를 속이고 가인의 마음속에 들어가 서운함, 분노, 억울함, 시기, 질투의 부정적 감정을 넣어준 것이다. 결국 가인은 동생을 살인하는 끔찍한 죄를 짓고 축복의 땅에서 쫓겨나는 결말을 맞게 된다. 인류 최초의 살인 사건은 사소한 감정 하나에서 시작된 것이다.

누구에게나 서운한 감정이 잠깐 지나갈 수는 있다. 그러나 그 감정이 내 안에 계속 머물게 해서는 안 된다. 이를 쉽게 보고 방심했다가 감정이 눈덩이처럼 불어나 돌이킬 수 없는 죄의 결과를 낳을 수도 있기 때문이다. 그러면 부정적인 감정이 들어올 때 어떻게 해야 할까? 감정을 향해 입 밖으로 소리내어 꾸짖는 것이다. 객관적으로 자신을 3인칭으로 바라보는 연습을 해야 한다.

사탄은 우리가 우리 자신을 바라볼 수 없도록 아주 작은 틈을 파고들어 논리적으로 공격해오기 때문이다. 예를 들어 서운한 감정이 불쑥 찾아올 때, 마귀는 '너 이런 거 서운하잖아', '너 방금 무시당했잖아'라며 우리 마음에 속삭인다. 그럴 때 잠시 그 생각에서 떨어져 나와 감정을 바라보고, 그 감정을 향해 외쳐야 한다.

"이 감정, 내 것이 아니야!"

"이 속상한 감정, 하나님께서 창조하신 원래 모습이 아니야!"

"서운한 감정아, 떠나가! 넌 내 친구가 아니야! 넌 내 안에 들어올 수 없어!"

그리고 우리에게 내재된 창조의 성품을 생각하는 것이다. 하나님께서 만드신 사람의 태초의 성품, 감정의 원형은 어땠을까? 하나님께서는 받은 은혜에 감사하고 감격하며 살아가는 통로로 우리의 감정을 만드셨다. 하나님을 마음껏 찬송하고, 주신 은혜에 감사하고 기뻐하라고 감정을 주신 것이다. 그런데 사탄이 속이는 영을 넣어주어 감정을 가지고 죄를 짓게 만드는 것이다.

의지만으로는 우리가 서운한 감정을 이겨낼 수 없다. 그런 감정을 계속 떠올리거나 억지로 참아내려 하지 말고, 오히려 모든 시선을 하나님께 돌리고 살아 계신 하나님을 꾸준히 찬송해보자. 그런데도 계속 연약한 부분이 있을 때는 성령님께 아뢰고 도움을 청하며 성령님을 꾸준히 의지해보자. 그러면 내 생각과 감정이 점점 하나님의 말씀으로 정렬된다. 이것이 바로 구원을 이루어가는 과정이다.

왜 이런 가시를 주셨어요?

군대에 있을 때 사사건건 시비를 걸고 나를 괴롭히는 선임이 있었다. 늘 같은 공간에서 같이 생활하다보니 스트레스가 이만저만이 아니었고, 억울한 일이 생길 때마다 속상해하고 낙심했던 적도 많았다. 나중에는 만성 두통에 시달리기도 했다.

유일하게 마음이 평안했던 시간은 한 시간 남짓 되는 예배 시간이었는데, 하필 예배 시간 직전에 기합을 받는 바람에 예배 시간이 훌쩍 지나서 교회로 가게 되었다. 헉헉거리며 교회에 도착했을 때는 이미 말씀이 다 끝나고 축도 직전에 부르는 찬송가의 마지막 4절을 부르고 있었다. 그때만큼은 찬송가가 4절이나 되는 것이 너무 다행이라는 생각이 들었다. 예배를 놓쳤다는 아쉬운 마음에 마지막 한 절을 있는 힘껏 부르며 울었던 기억이 난다. 괴롭힘당하는 기간은 힘들었지만, 그로 인해 하나님을 더 많이 의지하고 더 간절히 기도의 자리로 나아갔던 것 같다.

우리는 인생을 살면서 예상치 못한 상황을 마주할 때가 있다. 예기치 않게 내 삶에 박혀서 나를 찌르는 가시처럼 지속적으로 고통을 주는 존재, 친구가 될 수도 있고, 직장 동료, 교회 사람, 심지어 가장 가까운 남편이나 아내, 부모나 자녀가 될 수도 있다. 아무런 이유 없이 나를 괴롭히는 사람을 만나기도 하고, 내 일을 방해하거나 나의 의견에 지속적으로 반대하는 사람들을 만나기도 한다.

사람뿐만이 아니다. 상황에 의한 고통, 육체적인 질병의 고통, 경제적인 고통이 될 수도 있다. 이때마다 우리는 쉽게 절망하고 낙담하며 희망의 끈을 놓아버리게 된다.

가시 같은 상황에서 낙심하는 가장 근본적인 이유는 지금 겪고 있는 가시를 나의 정체성과 동일시해버리기 때문이다. 만약 경제적으로 어려운 상황이 있었는데 1년이 가고, 2년이 가고, 5년이 흘러도 나아지지 않았다고 가정해보자. '언젠가 나아지겠지' 하는 희망의 불씨조차 꺼져버리면 결국 우리 안에 하나님으로부터 오지 않은 음성들이 가득 차게 된다.

'나는 이것밖에 안 되나봐.'

'이렇게 살아서 뭐 하나?'

'하나님은 왜 내게 응답하지 않으실까?'

'왜 우리 가정만 이렇게 힘든 거지?'

이런 부정적 상황들을 날마다 생각하고, 묵상하고, 그것 때문에 위축되고, 우울감에 빠지는 것, 이것이 내게 지속적으로 박힌 가시가 되는 것이다.

그렇다면 영의 정체성을 가진 우리는 삶의 가시를 어떤 관점에서 바라보아야 할까? 하나님께 크게 쓰임 받았던 사도 바울은 육체적 가시를 가지고 있었다. 우리가 생각하기에 바울은 굳이 가시가 없어도 우리보다 훨씬 겸손한 사람으로, 가시가 필요 없는 사람이라고 느낄 수 있다. 그러나 하나님께서는 그런 바울에게도 가시를 주셨다. 그로 인해 사도 바울의 능력은 더 풍성하게 역사하게 되었다. 극심한 고통 속에서도 가시와 자신의 정체성을 분리했기 때문에 그에게 능력이 머무를 수 있었다. 따라서 우리는 다른 사람의 가시의 이유를 함부로 판단해서는 안 된다. 나의 가시나 남의 가시를 가지고 함부로 해석하거나 정죄해서도 안 된다.

하나님의 큰 그림에서 바라보면 가시는 나를 교만하지 않게 하는 장치와도 같다. 영적인 관점에서 보면 절망하고 낙심하는 것보다 더 위험한 것이 교만이다. 하나님은 교만한 사람을 통해서는 역사하지 않으신다. 눈에 보기에 더 잘 되는 것처럼 보여도 결국은 한계에 부딪히게 되고, 아름다운 영향력이 흘러가지 못하게 된다. 교만하지 않고 오직 하나님만 의지하고 하나님의 은혜를 갈망할 때 그리스도의 능력이 머물게 되는 것이다.

> 나에게 이르시기를 내 은혜가 네게 족하도다 이는 내 능력이 약한 데서 온전하여짐이라 하신지라 그러므로 도리어 크게 기뻐함으로 나의 여러 약한 것들에 대하여 자랑하리니 이는 그리스도의 능력이 내게 머물게 하려 함이라 고후 12:9

나도 처음엔 가시가 있을 때마다 "하나님, 가시를 없애주세요"라고 기도했다. 그런데 하나님의 관점에서 가시를 바라보고 초점을 맞추어 생각할수록 기도의 내용이 바뀌게 되었다. 가시를 제거해달라는 기도보다 내가 다른 사람에게 가시 같은 존재가 되지 말자고 다짐하게 된 것이다. 혹시 내가 누군가의 가시는 아니었을지 돌아보며 더욱 예수님의 겸손한 성품만 드러나기를 구하게 되었다. 그리고 이러한 기도의 전환이 오히려 내 문제가 풀어지는 계기가 됨을 깨닫게 되었다. 이것이 내가 깨달은 가시를 해결하는 영적 원리였다.

환경의 가시

미국 역사상 가장 존경받고 상징적인 인물로 손꼽히는 미국의 16대 대통령 에이브러햄 링컨은 사실 어마어마한 가시를 가진 사람이었다. 그는 두 번이나 신용불량자로 낙인찍혔고, 빚을 갚는 데 무려 17년이나 걸렸다. 힘들게 일해서 번 돈을 무려 17년 동안이나 고스란히 다른 사람에게 바쳐야 한다면 얼마나 절망스러운 삶이었을까. 아마 도중에 포기하는 사람들도 많았을 것이다.

그의 비극은 거기서 끝나지 않았다. 9살 때 어머니가 돌아가시고, 19살에 누나가 죽었다. 결혼해서 얻은 자식 4명 중 2명은 태어난 지 얼마 되지 않아 죽었고, 남은 2명 중 1명도 18살 때 죽었다. 부모는 죽은 자식을 평생 가슴에 묻고 고통스러워한다고 하는데, 자녀를 세 명이나 잃은 링컨은 얼마나 고통스러웠을지 상상도 되지 않는다.

시간이 흘러서 링컨이 대통령이 된 후 기자가 물었다.

"당신이 성공한 원인과 사람들로부터 존경을 받는 이유가 뭐라고 생각하나요?"

"저는 다른 사람들보다 실패를 많이 맛보았습니다. 그런데 실패할 때마다 실패에 집중하지 않고, 실패에 담긴 하나님의 사랑과 하나님의 계획을 깨닫고 그 실패를 내 인생의 징검다리 삼아 다시 일어났습니다. 그때마다 사탄은 저에게 와서 속삭였습니다.

'이제 너는 끝장이야. 더 이상 희망이 없어.'

'너는 노력해도 될 수 없어.'

'너의 미래는 없어.'

그런데 하나님께서는 이렇게 말씀하셨습니다.

'내가 너를 여전히 붙들고 있다.'

'내가 너를 여전히 사랑한다.'

저는 사탄의 속삭임보다 하나님의 음성에 반응했습니다."

나는 이것이 우리가 가시를 대하는 태도가 되어야 한다고 생각한다. 사탄은 우리를 눈물의 현장에 가두어놓으려고 한다. 상처를 거듭거듭 생각하고 주목하게끔 한다. 그러나 하나님은 우리가 창조된 원형의 모습에 주목하기를 원하신다. 하나님이 얼마나 우리를 사랑하시는지, 얼마나 크고 선한 계획을 갖고 계신지 알기를 원하신다. 이것이 실제적인 내 영의 정체성이기 때문이다.

지금도 하나님은 우리가 절망하고 있는 그곳에서 나오라고 말씀하신다. 아침에 눈을 뜨자마자 나를 괴롭히는 가시를 묵상하고 생각하기를 원치 않으신다. 머릿속이 온통 가시에 관한 생각으로 가득 차 있으면 하나님께서 일하시기가 어렵다. 왜냐하면 그 순간 이미 이런 생각이 들기 때문이다.

'하나님은 나를 생각하지 않으시나봐.'

'노력한다고 다 되는 건 아니야. 나이도 들고, 환경도 좋지 않고, 스펙도 이것밖에 안 되는걸.'

'노력해도 한계가 있겠지.'

하나님께서는 우리가 이런 가시의 상황에 마음을 빼앗기지 않고 그 생각에서 빠져나오기를 원하신다. 생각의 늪에 빠져들기 전에 선제적으로 영의 정체성을 선포하라고 하신다.

"나는 여전히 하나님이 기뻐하는 자입니다."

"나는 여전히 사랑받는 자입니다."

이를 의도적으로 여러 번 반복해야 한다. 한두 번으로 그치지 말고 부정적인 생각과 감정이 떠나갈 때까지 반복해서 선포해야 한다. 그때마다 보이지 않는 영적 세계에서 빛이 비치게 된다. 빛이 비치면 어둠이 사라지고 어둑한 곳에 숨어 있던 벌레 같은 것들이 견디지 못하고 떠나게 되는 것처럼, 하나님의 빛으로 인해 우리는 다시 풀과 꽃처럼 피어나고 회복되는 역사를 경험할 것이다.

처음에는 연습해도 잘 안 될 수 있다. 그러나 나의 연약함을 도우시는 성령님이 계시기에 도움을 요청할 수 있다. 이미 성령님께서 우리의 연약함을 도우신다고 약속하셨다. 그분께 겸손히 도우심을 구하며 기도로 나아가야 한다.

> 이와 같이 성령도 우리의 연약함을 도우시나니 우리는 마땅히 기도할 바를 알지 못하나 오직 성령이 말할 수 없는 탄식으로 우리를 위하여 친히 간구하시느니라 롬 8:26

인간관계의 가시

목회하면서 셀 그룹을 만들고 리더를 세우면 때때로 이런 불만의 소리를 듣기도 한다.

"목사님, 우리 셀에는 너무 힘든 사람만 있어요. 다른 셀에는 좋은 사람들도 많은데…."

리더를 맡은 한 청년이 같은 고민으로 나를 찾아왔다. 나는 천천히 이야기를 들어준 후 '아둘람 공동체' 이야기를 풀어주었다. 청년은 공감한다는 듯 고개를 끄덕였다. 그리고 자신도 다윗과 같이 리더의 사명을 감당하리라 다짐하고 돌아갔다. 실제로 아둘람 공동체의 고백은 많은 성도들에게 나누었던 은혜이자 나눌 때마다 내게도 깊은 깨달음과 도전이 된다. 돌이켜 보면 아프리카 선교사 사역을 하며 리더를 세울 때에도, 또 목회 현장에서도 적용하여 큰 교훈을 얻은 말씀이었다.

아둘람 굴은 다윗이 사울을 피해 도망 다니다가 머물렀던 굴의 이름이다. 당시 다윗이 아둘람 굴에 있다는 소식을 듣고 다양한 사람들이 거기에 모여들었다. 사무엘상 22장에 보면 환난 당한 자, 빚진 자, 마음이 원통한 자 등 여러 사연의 사람들이 무려 400명 가까이 모여들었다고 한다(삼상 22:2).

마음이 원통한 자, 스트레스가 많고 연약한 자, 소외되고 상처받은 자 등 저마다 다른 사연을 가지고 모인 400명. 참으로 이해되지 않는 부분이다. 하나님께서 다윗을 이스라엘의 왕으로 부르셨으면 그가 왕이 될 때까지 그를 든든하게 지켜줄 지원군, 어려움을 함께 극복하기에 도움이 될 만한 사람들을 붙여주셔도 모자라는 판에 도리어 아무 도움도 되지 않는 사람들만 가득했다는 것이다. 뛰어난 재력가나 권력자도 없다.

몇몇 성도만 마음이 달라도 이렇게 신경이 쓰이는데 다윗은 무려 400명이나 되는 사람들을 일일이 알아주고 품어주고 이끌어야 했다. 정말이지 말로 표현 못할 인내의 시간이었을 것이다.

그런데 여기서 반전이 일어난다. 다윗에게 붙여주신 오합지졸의 사람들이 하나님의 은혜로 한 명 한 명 다듬어지면서 결국에는 훗날 다윗에게 충성을 다하는 충신이 되었다. 오랜 인내의 시간은 다윗이 왕이 되기 위해 지녀야 할 이해심과 겸손함과 너그러움이 길러지는 시간으로, 다윗이 왕이 되기 위해 반드시 거쳐야 할 주님의 놀라운 계획이었던 것이다.

한번은 알래스카에서 목회할 때 어떤 집사님이 내게 상담을 요청했다. 그런데 그날따라 컨디션이 좋지 않았다. 몸살 기운처럼 오한이 나고 몸에 힘이 없었다. 그렇지만 애써 기운을 차리고 상담을 했고, 최대한 아픈 티를 내지 않으려고 열심히 경청했다. 집사님은 놀랍게도 내게 말할 시간도 주지 않고 꼬박 4시간이나 본인 이야기를 하셨다. 그런데 4시간 내내 말을 쏟아내더니 "이제 됐어요. 속이 다 후련하네요" 하고 기도를 받고 돌아가셨다. 목회자인 내가 뭔가 명쾌한 해답을 드리거나 방향을 제시한 것도 아닌데, 모든 것이 해결되었다고 하셔서 조금 당황스럽기도 했다.

돌이켜보면 아둘람 공동체에 있었던 다윗의 마음도 이렇지 않았을까 하고 생각하게 되었다. 마음이 원통한 사람, 상처받은 사람들에게는 말을 들어주는 것부터가 위로의 시작이다. 말씀을 통해 리더 다윗의 마음이 내게도 부어지니 붙여주신 한 사람 한 사람을 더 많이 품어주고, 그의 말을 들어주고 이해할 수 있는 여유가 생기게 되었다.

나는 다윗과 아둘람 공동체의 말씀을 잠잠히 묵상하며 큰 깨달음을 얻었다. 하나님께서는 내게 힘이 되고 마음이 잘 맞는 사람을 붙여주시기도 하지만, 때때로 내가 감당하기에 버거운 사람을 붙여주시기도 한다. 그럼에도 낙심하지 않을 이유는 바로 아둘람 공동체의 교훈이 있기 때문이다. 다윗이 아둘람 굴에서 그들을 양육시키고 함께 성장해 나가면서 변화되어 가는 '축복받는 교회의 모형'을 완성한 것처럼 우리도 하나님의 큰 그림을 완성시킬 원석들이기 때문이다.

다윗에게는 아둘람 공동체뿐 아니라 가장 큰 가시였던 '사울'이 있었다. 그러나 결론적으로 사울의 존재 때문에 그는 늘 깨어서 기도하기를 멈추지 않았고, "나는 기도다"라고 고백할 만큼 기도하는 사람이 되었다. 가시가 있기에 하나님과 끊임없이 교통했고, 덕분에 하나님과 날로 친밀해져 갔다.

가시가 있다 하더라도 하나님이 나를 뭐라고 규정하시는지 그 말씀에 따른 정체성을 붙들어야 한다. 주님의 영이 내 안에 있으며, 그분의 속성은 사랑이시다. 따라서 하나님의 사랑의 속성이 내 안에 있음을 믿음으로 선포해야 한다. 뱀에 물렸으면 뱀을 잡으러 다닐 것이 아니라 먼저 내 안에 있는 뱀독을 뽑아내는 것이 중요하다는 말이 있다. 가시에 집중하지 말고 생각과 마음을 빼앗기지 말아야 한다. 우리는 누군가를 계속 미워하면 근본적으로 행복할 수 없도록 만들어진 존재이다. 그러므로 예수님의 말씀처럼 내 손에 들린 돌을 내려놓고 주님께 모든 억울함과 미움을 맡겨 드려야 한다. 그리고 가시로 인해 괴로울 때는 다윗처럼 가장 먼저 깨어 기도하는 법을 배워야 한다.

너희 중에 고난 당하는 자가 있느냐 그는 기도할 것이요 즐거워하는 자가 있느냐 그는 찬송할지니라 약 5:13

하나님은 분명히 우리가 가시의 순간에 성령님을 의지하기를 원하신다. 지금도 성령님께서는 우리를 돕기 원하신다. 그러니 가시가 내 안에 있을 때, 그것을 부정적으로만 생각하지 말고 하나님의 큰 그림을 바라보는 연습을 하자. 모든 것이 서로 합력하여 선을 이루시는 하나님께서 더 좋은 것들을 예비해놓으시고, 반드시 우리 삶에 풀어주실 것이다.

상처의 가시

알래스카에서 목회할 때의 일이다. 다른 교회 집사님의 심방 요청을 받게 되었다. 집사님에게는 어린 아들이 있었는데, 교통사고로 6개월이나 병원 신세를 질 만큼 크게 다쳤다. 심방 예배를 드리고 싶은데 출석하는 교회에 아직 목사님이 새로 오시지 않아 담임목사 자리가 공석이었고, 지인을 통해 내게 예배를 부탁한 것이었다.

처음에는 기도만 해드리겠다고 말씀드리고 부탁을 완곡히 거절했다. 나 역시 가정에 힘든 일을 겪은 지 한 달도 되지 않은 시점이라 아직 다른 사람을 심방할 입장이 아니었다. 그런데 자꾸 성령님께서 이렇게 말씀하시는 것 같았다.

'작은 일이라 할지라도 네가 순종하기 원한다.'

잠잠히 기도하다가 결국 가기로 결정하고 집사님 댁으로 갔다. 어린아이가 크게 다친 일로 마음이 아프셨던 집사님은 하나님에 대한 의문과 원망이 가득한 상태였다. 하나님이 살아 계신다면 왜 우리 아이를 보호하지 않았느냐는 불평불만이 끊임없이 이어졌다. 나 또한 마음이 힘들었다. 하지만 잠자코 이야기를 들어드렸다. 그렇게 한 시간가량 말씀하시더니 그제야 나에게 질문을 던지셨다.

"목사님은 아이가 있나요?"

"…"

갑작스러운 질문에 뭐라 답해야 할지 몰라 잠시 고민에 빠졌다. 내가 아무 대답도 하지 않자 집사님이 눈치를 살피며 다시 물으셨다.

"목사님?"

잠시 머뭇거렸지만 나는 담담하게 답했다.

"한 달 전에 사고가 있어서, 하늘나라에 갔습니다…."

잠시 정적이 흘렀고 집사님은 고개를 숙이고 조용히 흐느끼며 눈물을 흘리셨다. 그렇게 한참을 울기만 하셨다. 집사님이 잠잠해질 때까지 나는 계속 묵묵히 기다렸다. 집사님은 떨리는 목소리로 이렇게 고백하셨다.

"저희 아이가 살아 있는 것만으로 감사합니다."

이후 집사님은 다시 믿음을 회복하고 다니는 교회의 여선교회 회장으로 세워져 귀하게 쓰임 받는 하나님의 일꾼이 되셨다.

하나님께서는 나 하나 돌보기도 버거운 절묘한 타이밍에 다른 사람을 돌보아야 하는 역할을 맡기실 때가 있다. 아직 내 상처도 채 아물기 전인데 사명을 맡겨주시는 것이다. 그런데 하필 그때 하나님께서 사명을 주시는 이유는, 내 안의 상처를 치유하고 주변의 상처까지 치유하시려는 놀라운 하나님의 은혜가 준비되어 있기 때문이다.

다윗이 아둘람 공동체를 만났을 당시, 그는 다른 사람들을 돌볼 만한 환경이나 여건이 아니었다. 사울에게 쫓기고 있고 자기 몸 하나 건사하기 힘든 상황이었다. 그런 상황에서 미성숙한 400명의 이야기를 일일이 들어주고 돌봐주어야 하는 사명이 주어진 것이다. 그러나 여기서 만났던 아둘람 사람들이 먼 훗날 다윗이 왕이 되었을 때, 목숨을 다한 충신으로 세워지게 된다. 하나님께서 맡겨주신 일에 충성을 다하고 부르심에 순종해야 할 이유가 여기에 있다.

하나님은 버거운 순종을 통해서 예기치 않은 은혜와 사랑을 주실 뿐만 아니라 나의 신앙의 성장을 이루신다. 사명을 맡을 때 내게 버겁고 힘든 사람을 주시는 것은 나를 성장시키려는 깊은 계획하심과 나의 지경을 넓히려는 하나님의 축복된 계획이 있다. 나는 순종만 했을 뿐인데 놀라운 은혜를 누리게 되는 것이다.

그렇다면 다윗은 어떤 방법으로 자신의 사명에 끝까지 순종하며 아둘람 사람들을 돌볼 수 있었던 것일까? 순종의 비결은 그가 가진 정체성에 있다. 다윗은 어떤 환난과 고난 속에서도 그의 정체성을 분명히 했다. 쫓기는 상황에 주목하고 억울한 감정을 묵상한 것이 아니라 “내 마음이 확정되었고 확정되었다”(시 57:7)라고 고백하며 하나님께 찬송을 올려드렸다. 다윗의 유언을 보면 그가 자신의 정체성을 무엇으로 여기며 살아왔는지 알 수 있다.

> 이는 다윗의 마지막 말이라 이새의 아들 다윗이 말함이여 높이 세워진 자, 야곱의 하나님께로부터 기름 부음 받은 자, 이스라엘의 노래 잘하는 자가 말하노라 삼하 23:1

그는 주변에서 말하는 자신, 자신이 판단하는 자신이 아닌, 하나님의 관점에서 바라보는 것으로 자신을 정의했다. 이처럼 자신의 정체성이 분명하면 내가 아무리 힘든 아둘람의 골짜기 속에 있을지라도 그것을 통해 축복을 얻고 성장을 이루는 모델로 만들 수 있다. 좌충우돌이었던 아둘람 공동체 사람들이 결국은 다윗 왕조에서 중심적인 역할을 감당하게 된 것은 다윗 한 사람이 굳게 붙든 말씀의 정체성에서 시작되었던 것이다.

내 삶에도 여전히 가시와 같은 상황이 지속될 수 있다. 그러나 이제는 그 상황에 머물러 있지 않는다. 대신 내가 가시를 바라보는 관점이 변화되게 해달라고 기도한다.

'하나님이 내가 더 겸손하라고 이런 가시를 주셨구나. 나를 더 정교하게 다듬어가시는구나.'

그때 내 안에 나를 힘들게 하는 마음이 하나님의 말씀으로 정렬되고 평안해진다. 먼저 자신을 보고 초점을 다르게 할수록 숨겨진 영적 가치를 깨닫게 된다. 이때 우리의 신앙도 훨씬 업그레이드되고 깊어질 것이다.

그럼에도 불구하고 '하나님은 언제 이 가시를 거두어 가시는가?'라는 생각이 들 수도 있다. 그러나 하나님은 내게 더 이상 그 가시가 필요 없을 때 자연스럽게 가시를 거두어 가실 것이다. 그러니 내게 주어진 가시와 나를 분리시키자. 그리고 하나님께서 규정하신 나의 정체성 붙들기를 연습하자. 모든 터널을 통과한 후에 신앙이 부쩍 자라난 모습을 발견하게 될 것이다.

얘야, 마음껏 기뻐해!

어느 날 아주 특별한 선물을 받게 되었다. 헤어 샵에서 일하는 한 청년이 유명 축구선수가 고객으로 오게 되어 선수의 친필 사인을 받았는데 내 아이 생각이 났다고 한다.

'목사님 막내 아이가 그렇게 축구를 좋아한다는데….'

어렵게 받은 친필 사인이었을 텐데, 그것을 내게 직접 가져다주었다. 나는 청년에게 감사 인사를 하고, 친필이 적힌 사인지를 소중히 가방에 넣었다. 집에 가는 길에 구겨지면 안 되니까 파일에 끼워 넣고, 그것을 다시 책으로 감싸서 가방에 챙겨두었다. 아이가 기뻐할 생각을 하니 퇴근하기 전부터 마음이 설레었다.

어느 때보다도 가벼운 발걸음으로 퇴근길에 올랐다. 아이를 깜짝 놀래켜주려고 일부러 아무 말도 하지 않았다. 현관문을 힘껏 열고 외쳤다.

"아빠 왔다!"

평소에는 문 앞에서 기다리기도 하고, 품에 안기기도 하던 아이가 웬일로 어기적어기적 천천히 걸어 나왔다. 그리고 기어들어 가는 목소리로 "다녀오셨어요…" 하더니 다시 자기 방으로 들어가는 것이다. 나는 대충 옷을 갈아입고 슬쩍 아이 방으로 들어갔다. 그리고 아이에게 말했다.

"아빠가 뭘 가져왔는지 알면 기뻐할 수밖에 없을걸? 마음껏 기뻐해!"

내가 잔뜩 신난 목소리로 뜸을 들이니까 아이는 겨우 몸을 돌려 나를 바라봤다. 나는 "짠!" 하고 사인 종이를 건넸다. 축 처져 있던 입꼬리가 슬며시 올라가는 것이 보였다.

"네가 좋아하는 축구선수의 친필 사인이야!"

그러자 아이는 눈빛을 반짝이며 그것을 소중히 받아들었다. 주변을 두리번거리더니 어디서 찾았는지도 모를 조명 두 개를 사인 종이 옆에 세운다. 순식간에 골방 전시회가 펼쳐진 것이다.

"아빠, 감사해요!"

아이의 밝은 미소를 보니 절로 웃음이 지어졌다. 분주하게 움직이며 사인 종이를 이리저리 돌려보는 아이를 뒤로하고 조용히 문을 닫고 나왔다. 어떤 피로 회복제보다 더 힘이 나는 순간이었다.

사람은 누구나 기쁨을 갖기를 원한다. 그런데 보통 우리는 기쁜 일이 생겼을 때, 어떤 결과가 나타날 때, 외부에서 기쁨의 조건이 충족될 때 우리가 기쁨을 느낀다고 생각한다. 그런데 성경이 말하는 기쁨의 이유는 조금 다르다.

주 안에서 항상 기뻐하라 내가 다시 말하노니 기뻐하라 빌 4:4

또 여호와를 기뻐하라 그가 네 마음의 소원을 네게 이루어 주시리로다 시 37:4

성경의 많은 곳에서 이렇게 기뻐하라고 말하고 있다. 그것도 권유나 청유형이 아닌 명령형이다. 그런데 우리가 살다보면 인생에 기쁜 일만 존재하지는 않는다. 하루에도 몇 번씩 기쁨과 슬픔을 오가는 것이 우리의 삶이다. 기쁘지 않은데 어떻게 말씀처럼 항상 기뻐할 수 있을까?

성경이 말하는 기쁨은 우리의 어떤 상황이나 결과물로 기뻐하는 것이 아니라 말씀에 순종해서 기뻐하는 것을 말한다. 하나님으로부터 오는 기쁨을 선택할 것인지, 하나님으로부터 오지 않은 것을 선택할 것인지 정하는 것이다. 이것이 바로 신앙이라고 볼 수 있다. 그런 의미에서 믿음과 신앙은 결국 선택이다. 하나님께서 기뻐하라고 하셨으니까, 나의 어떤 상황과 감정과 기분에 상관없이 하나님의 말씀을 선택하며 기뻐하는 것, 그것이 신앙이다.

그런데도 내가 기쁘지 않은데 이런 말씀을 받으면 나도 모르게 의문이 들 수 있다.

'주님, 지금 내 감정이 기쁘지 않은데 왜 자꾸 이런 명령을 하시나요?'

그러나 이 말씀은 우리에게 순종을 강요하는 명령이 아니다. 일을 행하시는 주도권은 하나님께 있다. 믿음으로 기쁨을 선포하면 결국 현실 속에서 실제로 기쁨을 맛볼 수 있다. 내가 자꾸 기쁨을 고백하면 주님이 나를 기쁨의 자리로 이끌어가신다는 놀라운 영적 원리가 숨어 있는 것이다.

오병이어 사건에서도 감사의 기도를 먼저 드렸을 때 하나님이 감사할 수 있는 조건으로 만들어 가셨던 것처럼(눅 9:16) 기쁘지 않은 순간에도 하나님을 찬양하고 "내 마음이 확정되고 확정되었사오니 주님을 높여드립니다"라고 고백하면 주님께서 우리를 기쁨으로 이끄신다.

명절에 할아버지가 손주에게 세배하라고 할 때는, 세배하면 주실 세뱃돈을 이미 준비해놓고 시키는 것이다. 기분이 안 좋아 보이는 아이에게 "아들아, 너 기뻐하고 기뻐하렴" 이렇게 말할 수 있는 이유는 '네 기분이 안 좋아도 억지로 기뻐해! 내 명령이다' 이런 것이 아니라 '네가 기뻐할 만한 것을 내가 이미 준비해놓았으니 날 믿고 기뻐하렴' 이런 마음이라는 것이다.

결국 하나님께서 우리에게 기뻐하라고 하신 말씀은 그럴 만한 이유와 약속이 있다는 것이다. 그러니 현재 우리의 상황, 기분, 감정 때문에 하나님의 말씀을 뒤로하지 말고, 믿음을 가지고 주도적으로 기쁨을 선포해야 한다. 말씀에 순종하며 기쁨의 자리를 이끌어 가시는 하나님의 계획을 신뢰해야 한다. 이 믿음으로 기쁨을 선언할 때 우리는 소망과 힘을 얻게 된다.

> 내 영혼아 네가 어찌하여 낙심하며 어찌하여 내 속에서 불안해 하는가 너는 하나님께 소망을 두라 그가 나타나 도우심으로 말미암아 내가 여전히 찬송하리로다 시 42:5

시편에 여러 번 나오는 이 말씀은 다른 사람, 타인이 아닌 나 자신에게 하는 고백이다. 우리의 이름을 넣어서 읽어보면 말씀이 더 직접적으로 다가올 것이다.

"상훈아, 네가 왜 불안해하느냐? 왜 네가 낙심하느냐? 오히려 하나님을 찬송하고 하나님을 높이고 기쁨을 표현해라."

우리의 기분이 하나님의 말씀보다 앞설 때마다 말씀을 선포하자. 계속해서 하나님의 것을, 하나님께서 기뻐하시는 것을 선택해보는 것이다.

십자가로 확증된 하나님의 사랑

미국의 한인 교회 목사님이 쓴 글을 읽어본 적이 있다. 하루는 한 집사님이 목사님께 이렇게 말했다고 한다.

"목사님, 하나님이 저를 너무 사랑하시나봐요."

"오 할렐루야! 어떻게 그런 생각을 하게 됐나요?"

"남편이 저를 위해 멋진 선물을 사왔더라고요. 하나님이 정말 저를 사랑하시나봐요!"

우리는 흔히 좋은 일이 일어났을 때, 하나님이 나를 사랑한다고 생각한다. 남편이 승진해서, 고급 레스토랑에서 맛있는 음식을 사줬다고 사랑받는다고 느낀다. 물론 특별한 선물이나 이벤트도 다 좋지만 그것만이 사랑받는다는 증거는 아니다. 만약 이런 일들로만 하나님의 사랑을 증명한다면, 특별한 일이 없을 때는 하나님이 나를 사랑하지 않는 것이 되어버리는 것 아닌가.

나에게 일어나는 좋은 일들은 내게 감사할 거리가 되고, 기쁨의 에너지를 가져다주는 일이 될 수 있다. 하지만 그것으로 하나님이 나를 사랑한다는 근거를 삼아서는 안 된다. 그것이 본질은 아니기 때문이다. 그러면 본질은 무엇인가? 비록 우리에게 좋은 일이 일어나지 않더라도 우리는 이미 사랑을 확정받았다. 하나님의 사랑은 십자가의 사랑으로 이미 확정되었다.

따라서 십자가만으로도 우리는 늘 빛이 나고 은혜가 넘치는 천국 백성의 정체성으로 살아갈 이유가 충분하다.

주님은 십자가의 죽음으로 우리에게 전부를 주셨다. 그렇기 때문에 그 사랑을 더 이상 증명할 방법도, 증명할 필요도 없다. 이미 십자가의 사랑으로 확증하셨고, 그 말씀은 변하지 않는 진리이기 때문이다. 따라서 예수님을 믿는 사람이 가장 기뻐할 이유도 십자가 사랑이다. 십자가 때문에 기뻐할 수 없다면 세상 그 어떤 것으로 기뻐할 수 있을까? 십자가의 사랑만으로 충분하다는 마음이 있어야 하나님께서 우리를 통해서 깊이 역사하신다.

눈에 보이는 것으로 사랑을 판단하고, 육신의 정욕과 탐심으로 인해 하나님이 나를 얼마나 사랑하시는지 깨닫지 못하고 의심할 때가 얼마나 많은가. 그러므로 우리 눈에 보이는 것이 아닌 하나님 말씀에 기준을 두고 판단해야 한다. 성경은 하나님의 뜻에 대해 명확히 이야기하고 있다.

> 항상 기뻐하라 쉬지 말고 기도하라 범사에 감사하라 이는 그리스도 예수 안에서 너희를 향하신 하나님의 뜻이니라 살전 5:16-18

비록 우리의 현실은 기뻐할 수 없고, 우리의 감정은 슬프고

짜증이 나도, 하나님 말씀에 동의하여 기쁨을 택하는 것이 하나님의 뜻을 이루어 나가는 것이다.

한 해를 돌아보며 감사한 제목들을 발견해보자. 범사에 감사하면 하나님께서는 내 삶 가운데 감사의 내용들을 채워주신다. 또한 기뻤던 것들을 생각하며 하나님의 말씀에 계속 동의하여 나아가면 하나님은 내 삶 가운데 기쁨의 요소들을 채워주신다. 이처럼 하나님의 뜻에 순종하기 위해서 우리는 하나님께서 주신 말씀에 계속 동의하는 훈련들을 해야 한다.

우리는 하나님나라의 시민권자이며 천국 백성이다. 이것이 우리의 정체성이다. 비록 우리의 육신은 이 땅에서 살아가고 있지만, 우리를 주관하는 방식은 하나님이 정해놓으신 법을 따라가는 것이다. 우리는 하나님의 규칙을 따르며 천국이라는 목적지를 향해 달려가고 있는 사람들이다. 우리가 지금 천국 가는 기차에 타고 있다면 어떤 상황이 주어지더라도 낙심할 필요가 없다. 오직 여호와로 인하여 즐거워하리라는 믿음으로, 이미 말씀으로 확증된 하나님의 사랑을 바라보자. 그 사랑을 마음에 새기며 천국 백성의 정체성을 인식할 때, 상황을 뛰어넘는 근본적 기쁨과 평안이 찾아올 것이다.

주도적으로 기쁨을 선택하라

결국 신앙생활도 선택이다. 내게 어떤 말씀이 떨어졌을 때, 그 말씀을 강압적인 의무나 율법적으로 생각하지 말고 대신 내가 스스로 선택하고 그것을 취한다는 능동적인 관점으로 보는 것이다. 내가 어떤 상황에 부딪혔을 때 의무적으로 '내가 기뻐해야지!', '기뻐해야 해!'라고 하는 것이 아니라 '여러 선택지가 있는데 그중에 기쁨을 선택할 거야!', '나는 기뻐하기로 결심할 거야'라고 생각하는 것이다.

예를 들면 엄마가 아침마다 야채를 먹으라고 하면 '야채 먹기 싫은데 꼭 먹어야 하나?', '매일 아침 이렇게 맛없는 것을 꼭 먹어야 하나?'라고 생각하는 것이 아니라 '건강한 몸을 위해 나는 야채를 먹기로 선택한다!' 이렇게 생각하는 것이다. 억지로 하느냐, 아니면 능동적으로 선택하느냐의 차이로 나의 태도가 완전히 달라질 수 있다.

예전에 교회에 등록한 새가족 중에 암 환자 분이 계셨다. 수술을 받게 되어 기도를 해드렸는데 그 분이 이렇게 말씀하셨다.

"제가 예수님을 믿기 전에 이런 수술을 받았으면 불안, 걱정, 염려 때문에 견디지 못했을 거예요. 저는 원래 불안이 많고, 상처도 잘 받고, 되게 민감한 성격이었거든요. 그런데 예수님을 믿고 나니 수술을 앞두고 있는데도 주님이 함께하신다는 확신이 들고 주님이 함께해주셔서 오히려 기쁨이 넘쳐요."

그리고 마지막에 이 말을 덧붙이셨다.

"수술이 잘 되도 감사하고, 혹시 잘못되더라도 가장 최악이 천국 아니겠어요?"

그렇게 기쁜 표정을 지으며 수술실로 들어가던 집사님의 모습을 아직도 잊을 수가 없다. 다행히 수술이 잘 되고 신속히 회복되어 기쁨 안에서 신앙생활을 하고 계신다.

내가 먼저 믿음으로 기쁨의 상황을 그리며 선언하는 것이 중요하다. 주님께서는 우리의 정체성을 빛으로 규정하셨다. 이미 우리는 빛이기 때문에 그 빛이 드러날 수밖에 없다. 이것을 표현하는 것이 기쁨이고, 이것이 바로 빛의 영성이다. 빛의 영성은 기쁨을 쟁취하는 것이고, 기쁨을 선포하는 것이며, 이미 내 안에 있는 기쁨이 드러나는 것이다.

사탄은 우리를 우울하게 하고, 짜증스럽게 하고, 섭섭하고 원망하는 마음을 심어주고, 그것을 표현하도록 요구한다. 감정에 휩쓸리다보면 사탄에게 속고 있는 상황이 얼마나 많은지 모른다. 그럴 때 우리는 하나님의 속성, 기쁨을 택할 수 있어야 한다.

그런데 더 쉬운 방법이 있다. 내 안에 성령님이 계신 것을 믿는 것이다. 내 안에 성령의 열매가 있다는 것을 믿는다면, 이미 기쁨(희락)을 가지고 있다는 것도 자연히 믿게 된다. 이런 인식을 가지고 기쁨을 선언하고 기쁨으로 찬양하게 될 때, 선제적으로 선포한 기쁨이 내 안에서 역사하기 시작하고, 그것이 나의 일상을 움직이기 시작한다. 이것이 성령님의 역사이며 복음의 능력이다. 기쁨을 선언하고 감사를 고백할 때 기쁨과 감사의 자리로 이끌어주시는 주님을 경험하게 될 것이다.

요약문

- ○ 우리는 하나님의 형상대로 지어졌다. 부정적인 감정이 들어올 때, 이것이 하나님의 형상이 아니므로 내 것이 아님을 인식해야 한다.
- ○ 인생을 살면서 예기치 못한 가시를 만날 수 있다. 그때마다 가시에 집중하다가 생각과 마음을 빼앗기지 말아야 한다. 하나님이 규정하신 정체성을 지속적으로 묵상하자.
- ○ 내 안에 부정적인 감정이 올라올 때, 의지적으로 말씀을 선택하고 선포하자. 소리내어 선포한 말씀대로 주님은 우리를 기쁨과 감사의 자리로 이끄실 것이다.

선포문

- ○ 나는 하나님의 형상으로 지음 받았습니다. 부정적인 감정은 내 것이 아님을 선포합니다.
- ○ 현실은 기뻐할 수 없다고 할지라도, 말씀에 의지하여 기쁨을 선포합니다.
- ○ 하나님께서 나를 기쁨의 자리로 이끄심을 믿습니다.

기도문

하나님 아버지, 빛들의 아버지께로부터 오는 좋은 것만 취하기를 결단합니다. 세상의 논리나 감정을 틈타고 들어오는 것들을 잘 분별하는 지혜를 간구합니다. 말씀에 의지하여 날마다 기쁨을 선택할 때, 나를 기쁨의 자리로 이끄시는 주님을 온전히 신뢰합니다. 예수님의 이름으로 기도합니다. 아멘.

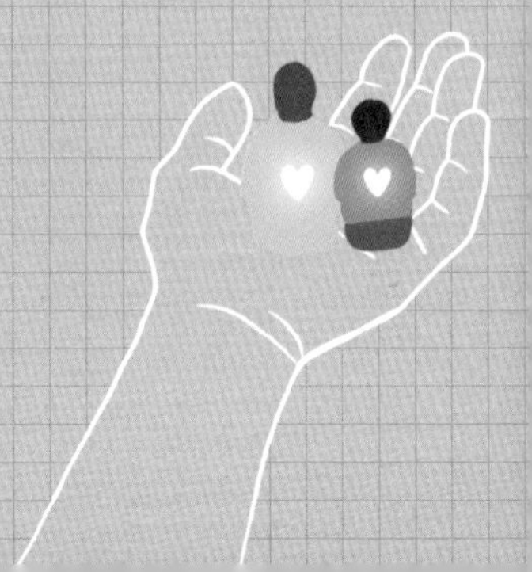

6장

생각 정렬

생각의 새로고침

우리 집은 항상 아내가 전자기기나 가구를 조립한다. 내가 도와준다고 해도 혼자 하는 것이 편하다고 거절해서 그냥 아내에게 전부 맡기곤 했다. 어느 날 아내가 창고에 보관해둔 선풍기를 꺼내 부품을 분해해서 하나하나 깨끗이 씻고 다시 조립하기 시작했다. 나는 깨끗해진 선풍기 앞에서 더위를 식혔다. 그런데 언제부터인가 바람이 생각보다 시원하지 않은 것처럼 느껴졌다. 아무리 강풍을 선택해도 미풍 정도의 바람 세기로 느껴졌다. 알고 보니 날개가 반대 방향으로 꽂혀 있었다.

아내는 당황해하며 그동안 덥지 않았는지 물었다. 그런데도 며칠 동안 선풍기를 쓰면서 별다른 이상함을 감지하지 못했다. 날씨가 선선해서 약한 바람이라도 좋다고 여겼던 것일까. 분명한 것은 선풍기가 잘 돌아가고 있다는 생각만으로 이미 시원함을 느끼고 있었다는 것이다.

'생각하는 것만으로도 이렇게 다를 수가 있다니….'

생각은 우리를 착각하게 만들기도 하고, 더 나아가 신체의 변화를 일으키기도 한다. 거짓말 탐지기의 작동 원리도 이와 같다. 몸에 전극 같은 것을 붙이고 말하면, 생각하는 것에 따라 뇌파, 심박수, 생체 신호 등 몸의 컨디션이 전반적으로 다르게 나타난다. 이런 신체의 변화를 기준으로 거짓말인지 아닌지 판가름하는 것이다.

상상임신도 마찬가지이다. 임신했다고 생각하는 것만으로도 실제 임신한 사람처럼 임신 호르몬이 분비되는 등 신체적인 반응이 나타난다고 한다. 결국 우리가 느끼는 자극이나 신체적 변화와 행동은 생각으로부터 출발한다는 것을 알 수 있다.

내 생각은 내가 아니다

생각은 모든 것의 시작점이기 때문에 결국 어떤 생각을 하느냐에 따라 결과도 열매도 달라지게 된다. 지금도 우리의 머릿속에는 출처가 불분명한 생각들이 마구잡이로 들어온다. 그리고 끊임없는 주도권 싸움을 벌인다. 그러다가 어느 한 생각이 주도권을 잡게 되면, 그 생각에 꼬리에 꼬리를 물고 더 묵상하게 되고, 삶으로 이어지게 된다. 따라서 영적 세계에서 생각은 중요한 시작점이다. 영적인 생각을 하며 하나님께서 창조하신 목적대로 견인될 수 있고, 때로는 사탄이 우리를 속이고 미혹하는 틈이 될 수도 있다.

우리 교회는 어린이 대공원과 무척 가깝다. 작년 3월, 어린이 대공원에서 얼룩말이 탈출하여 광진구를 돌아다녔다는 기사를 본 적이 있다. 다행히 몇 시간 만에 포획되어 무사히 공원으로 돌아갔지만, 한동안 거리를 활보하는 얼룩말 인증샷이 각종 사이트와 SNS에 올라올 정도로 흥미로운 이슈였다.

얼룩말이 시내를 지나다닌다면 우리는 어떻게 해야 할까? 그냥 얼룩말이 지나간다고 하고 끝낼 것이 아니라 얼른 신고하고 다시 동물원에 데려다놔야 한다고 생각할 것이다. 얼룩말이 그냥 시내 한복판을 돌아다니도록 내버려두어서는 안 된다. 마찬가지로 내 마음 한복판을 마음대로 돌아다니게 내버려두면 안 되는 생각도 있다. 그 생각은 반드시 사로잡아야 한다.

'아, 이거는 하나님으로부터 온 생각이구나. 아, 이건 사탄으로부터 온 생각이네?'

바로바로 분별할 때도 있지만 그렇지 못한 경우도 있다. 때로는 그 출처를 알아도 이미 그 생각이 머릿속을 장악하여 완전히 지배당하는 경우도 있다.

예수님을 팔았던 가룟 유다가 비극적 결말을 맞게 된 이유도 생각의 싸움에서 패배했기 때문이다(요 13:2). 처음에는 그도 예수님과 같이 지내며 예수님을 스승으로 따르던 제자였다. 그런데 예수님에게 향유를 드린 여인에게 왜 그것을 비싼 값에 팔아 가난한 자들에게 주지 않고 허비하느냐고 했을 때 예수님은 가룟 유다를 책망하시고 그 여인이 한 일을 칭찬하셨다. 이때 유다는 예수님이 자기 편을 들어주지 않은 것에 대해 서운함을 품게 된다.

'왜 제자인 내 의견을 들어주지 않고, 공개적으로 이 여인의 편을 들어주나….'

사실 서운한 마음은 유다의 것이 아니었다. 사탄이 유다에게 '서운해라, 서운해라' 하고 생각을 넣어준 것이다. 그리고 이때 생겨난 생각이 계속 이어져서 결국 예수님을 팔려는 생각으로 확장된다.

여기서 유다가 놓친 사실은, 지금 예수님에 대해 품고 있는 서운한 생각이 자신이 아니라는 사실을 알지 못했다는 것이다. 많은 사람이 '나는 원래 화를 잘 내는 사람이야', '나는 비관적인 사람이야', '내가 좀 욱하는 편이야'라며 자신이 가진 생각과 감정에 주인의식을 갖는다. 그것을 나와 하나라고 여기는 태도로 살아가는 것이다.

그러나 하나님께서는 이러한 우리의 생각을 새롭게 하라고 말씀하셨다(롬 12:2). 이것은 하나님이 원래 창조하신 원형의 생각과 성품이 내 안에 있음을 받아들이라는 것이다. 반대로 하나님으로부터 오지 않은 생각과 마음은 자신이 아니라는 것을 깨달아야 한다. 이것이 바로 말씀에 입각하여 하나님이 만드신 형상을 명확하게 분별하는 것이다.

> 사랑하는 자들아 영을 다 믿지 말고 오직 영들이 하나님께 속하였나 분별하라 많은 거짓 선지자가 세상에 나왔음이라 요일 4:1

만약 유다가 생각을 자신과 동일시하지 않고 분리하여 그 생각이 사탄으로부터 온 것임을 알았다면 결과는 어땠을까? 아마 예수님을 배반하는 불행한 결과를 맞지는 않았을 것이다. 이처럼 하나님으로부터 오지 않은 생각이 내 생각인 척 들어와 머릿속을 지배하면 나도 모르는 사이에 생각과 감정이 부풀려지게 된다. 외부로부터 들어온 영을 내 것으로 받아들였기 때문에 '생각해보니 열 받네. 나를 무시하나?', '생각해보니 자존심 상하네'라는 결과가 나타나는 것이다.

따라서 우리는 생각이 들어왔을 때 이를 객관적으로 보는 분별력을 가져야 한다. 무작위로 들어오는 생각들을 막을 수는 없지만, 그 생각이 더 커지지 않도록 할 수는 있다. 그러려면 가장 먼저 내 생각이 내 존재 자체가 아님을 인식해야 한다. 영의 정체성을 인식하는 방법은 여기서부터 시작된다.

예수께서 사랑하시는 그 제자

설교를 하다보면 가끔씩 '오늘은 설교가 힘들었다. 원하는 대로 잘 안 됐다'라고 생각할 때가 있다. 성도들에게 더 좋은 말씀을 전해주고 싶은 마음은 큰데, 전달자인 내가 부족해서 잘 전달되지 않았다는 생각이 들면 속이 상한다. 그럴 때 한없이 초라해지고 내가 주님 앞에 제대로 서 있지 못한 것 같은 자책감이 들기도 한다.

그날도 목양실에 들어와 혼잣말로 중얼거렸다.

"오늘은 설교가 잘 안 된 것 같아."

그리고 한숨을 푹 내쉬는데 어디선가 익숙한 목소리가 들려왔다.

"괜찮아, 그럴 수도 있지."

"깜짝이야! 너 거기 있었니?"

막내 아이가 폰을 하며 앉아 있었다. 아이는 여전히 시선은

폰에 고정한 상태로 한마디를 툭 던졌다.

"아빠, 똥 싸는 데도 법칙이 있잖아."

이해할 수 없는 말을 하는 것 같은데, 한편으로 아이의 말이 무척이나 기발했다.

"어제는 똥이 잘 나왔는데, 오늘은 잘 안 나올 수도 있어. 인생은 그런 거야."

그 순간에는 황당했지만, 아이의 말이 작은 위로가 되었다. 이런 날도 있고 저런 날도 있을 수 있다. 상황은 늘 변하지만, 예수님은 여전히 날 사랑하시고, 나와 함께하시고, 나를 통하여 일하신다는 것을 끝까지 놓치지 않고 믿는 것이 중요하다. 설교를 못했다고 해서 '예수님이 오늘 나와 함께하지 않으셨나?'라는 의심을 가져서는 안 된다. 그런 순간마다 더 예수님은 여전히 날 사랑하시고 나를 통해 일하신다는 사실을 붙들고 고백해야 한다. 이런 고백들이 모여서 우리의 정체성을 더욱 굳건히 할 수 있다.

자신의 정체성을 잘 알았던 사람이 요한이다. 그는 자기 자신을 표현할 때마다 "예수께서 사랑하는 그 제자"라고 말했다.

베드로가 돌이켜 예수께서 사랑하시는 그 제자가 따르는 것을 보니 …

요 21:20

다른 제자들에게는 붙이지 않는 표현을 자기에게만 붙이는 것이 조금은 독선적으로 보이기도 하고, 황당하게 느껴지기도 한다. 그러나 주님은 자기의 정체성을 정확히 고백하는 요한을 기뻐하셨다.

에덴동산에서 아담과 하와는 옷을 입지 않고도 수치심을 느끼지 않았다. 오직 하나님만 바라보고 그분의 말씀만 믿고 살았다. 하나님께만 집중했던 아담과 하와는 아침에 일어나면 하나님과 산보하고, 하나님만 생각하고, 그 무엇도 부끄럽지 않고 행복했다. 그런데 선악과를 따먹으면서 눈이 밝아져 자기 자신을 바라보게 되고, 판단하게 되고, 부끄러움을 알게 되었다. 죄가 들어오니 하나님을 바라보지 않고 자신을 바라보며 수치를 느끼게 된 것이다. 이처럼 사탄은 우리가 하나님의 말씀이 규정하는 정체성을 바라보지 못하게 한다.

결국 우리가 붙들어야 할 것은 우리가 우리 자신을 바라보는 시선이 아닌 하나님의 시선이다. 하나님께서 사람을 만드시고 가장 처음으로 하신 말씀은 "보시기에 심히 좋았더라"(창 1:31)였다. 그러나 사탄은 자꾸 하나님의 말씀이 아닌 자기 자신을 바라보게 하고, 다른 사람들과 비교하고 판단하는 시선을 우리에게 심어줌으로써 정체성을 흔든다. 정체성이 흔들린다는 것은 결국 하나님에게서 멀어진다는 것이다.

영적 전쟁터에서 살아남기

어떤 성도님이 이런 질문을 했다.

"목사님, 아예 생각을 멈추면 영적 싸움도 멈추지 않나요?"

안타깝게도 그렇다고 해서 영적 싸움이 멈추지는 않는다. 전쟁터에서 총을 쏘지 않고 가만히 있으면 그대로 총에 맞을 수밖에 없는 것처럼, 우리의 생각과 감정은 가만히 두면 유지되지 않고 변질된다. 육의 소욕을 따라 살려고 하는 본능이 우리 안에 자리 잡고 있기 때문이다. 출처도 모르는 생각들이 들어와 우리 마음을 지배하고 분탕질하도록 내어주지 않으려면 생각을 하나님의 말씀에 정렬하기 위한 반복적인 연습이 필요하다.

우리는 이미 승리하신 예수님으로 인해 하나님의 형상을 회복하였고, 그로 인해 상속자의 권세, 다스림의 권세가 회복된 존재이다. 무겁게 누르는 감정, 우울한 감정까지도 다스릴 수 있는 권세를 받았다. 이미 결말을 아는 영화를 볼 때 마음이 편한 것처럼 이미 승리한 싸움 앞에서는 두려워할 이유가 없다. 우리가 수시로 느끼는 수만 가지의 생각들이 내 것이 아닌 외부에서 들어온 것이며, 영적 싸움이라는 사실을 인지하고 있으면 된다. 그럴 때 우리 안에 영으로 계신 성령님께서 생각을 분별할 수 있는 지혜와 능력을 주신다.

또한 내 안에 하나님으로부터 오지 않은 생각들이 있다면 제거하는 작업이 필요하다. 하나님이 기뻐하시지 않는 생각들이 아무런 제약 없이 돌아다니게 해서는 안 된다. 생각은 결국 마음과 행동을 조정하는 기능을 가진다.

> 하나님 아는 것을 대적하여 높아진 것을 다 무너뜨리고 모든 생각을 사로잡아 그리스도에게 복종하게 하니 고후 10:5

그래서 성경은 생각을 멈추라고 하지 않고 "사로잡으라"고 표현한다. 하나님이 기뻐하시지 않는 생각이 더 이상 내 안에서 활동하지 못하도록 사로잡으라는 것이다. 이때 선포의 원리를 적용하면 생각을 말씀에 정렬하는 데 도움이 된다.

예를 들어서 "이 생각은 내 것이 아니다!"라고 선포하고 하나님의 생각을 선포하는 것이다. 어떤 사람에게 갑자기 시기와 질투의 생각이 들어오면 "시기는 내 것이 아니다" 혹은 "시기야, 너는 내 친구가 아니야. 내게서 떠나! 시기야, 꺼져버려!" 이런 식으로 직접 하나님으로부터 오지 않은 생각 자체를 꾸짖는 선포를 하여 우리의 생각을 하나님의 생각으로 무장하는 것이다. 하나님의 방법, 하나님의 말씀을 반복적으로 기억하고 인식하게 될 때, 우리의 정체성은 더욱 온전히 회복되어 갈 것이다.

하나님의 생각을 한다는 것은 이전에는 내 안에 없던 생각이 새롭게 내 안에 들어오는 것이 아니다. 이미 내 안에 있는 하나님의 생각들이 작동되는 과정이다. 그래서 '나는 이런 생각은 하기 어려워', '이런 하나님의 생각이 어색해'라고 생각할 필요가 없다. 구원받고 하나님의 형상대로 새로워진 우리 안에는 하나님의 생각들이 이미 장착되어 있다.

> 그의 신기한 능력으로 생명과 경건에 속한 모든 것을 우리에게 주셨으니 이는 자기의 영광과 덕으로써 우리를 부르신 이를 앎으로 말미암음이라 벧후 1:3

그렇기 때문에 믿음과 선포를 통해 하나님의 좋은 것들이 직접 드러날 수 있는 것이다. 하나님께서 우리 안에 심어놓으신 좋은 것들을 우리 마음속에 오래 생각하자. 그리고 주님의 선하심을 많이 묵상하자. 그렇게 하면 할수록 내 생각이 하나님의 말씀으로 정화되고 창조 원형의 정체성으로 회복되어 가는 것이다.

때로 사탄은 진리와 다른 생각을 섞어서 우리에게 넣어주기도 한다. 사탄의 속임수는 매우 교묘해서 우리의 모든 생각을 부정하지는 않는다. 예를 들어 주일에 예배를 드리러 가는데 아예 가지 말라는 것이 아니라 늦게 가도 괜찮다거나, 이번 주는 쉬고 다음 주에 가는 것도 좋겠다고 적당한 타협의 길을 제시하는 식이다.

정체성이 굳건하지 않을 때는 성경을 읽으면서도 말씀에 완전히 동의하지 못한다. 아직까지 내 모습이 하나님의 형상을 닮지 않은 것 같아서, 앞으로 더 열심히 신앙생활 하겠다는 결심만 했던 것 같다. 그러나 이것조차 사탄의 교묘한 속임수다. 혹 우리 안에 이런 생각이 없는지 돌아보아야 한다.

'난 못생겼어. 원래 몸도 약해서 병에 잘 걸리는 편이야.'

'사람 성격은 안 변하더라. 난 성격이 나빠.'

'나는 하나님을 믿기는 하지만, 하나님은 내게 좋은 것을 주시지 않았어. 난 쓸모없는 존재야.'

이처럼 여전히 하나님의 말씀이 나를 규정하는 정체성을 받아들이지 못하고 살고 있지는 않은가. 무심코 이런 말이나 생각을 하지 않았는지 점검해보기 바란다. 하나님께서 하나님의 형상대로 우리를 만드시고 우리 안에 이미 하나님의 성품을 넣어주셨다는 것을 반드시 믿어야 한다.

하나님이 너를 너무 사랑하셔!

하루는 교회로 걸어가는 길에 청년 교회 간사를 만났다. 나는 평일이라 정장 차림이 아니라 캐주얼한 평상복을 입고 있었다.

"목사님, 청년 같아요!"

그냥 하는 말이라는 것을 알면서도 괜스레 입꼬리가 올라갔다. 그날 나는 교회 뒤편 주차장으로 걸어가면서도, 가파른 언덕을 오르느라 숨이 차면서도, 현관 비밀번호를 누르고 입구를 지나 목양실 문을 열고 자리에 앉는 순간까지 계속 같은 생각에 머물렀다.

'내가 진짜 청년 같아 보일까?'

생각하면 할수록 입꼬리가 올라갔다. 말 한마디만으로 기쁨이 가득했다. 말 한마디에 천 냥 빚도 갚는다고 했는데, 말 한마디로 사람의 기분이 좋아지기도 하고, 힘을 얻기도 한다. 특히 이런 이야기를 많이 해주는 사람이 있는데, 바로 나의 아내다. 아내는 아침저녁으로 내게 이런 말을 자주 들려주었다.

"하나님께서 당신을 많이 사랑하세요."

"하나님의 뜨거운 사랑이 저에게도 생생히 느껴져요."

실제로 느껴지는 건지, 느낌을 가지고 이야기하는 건지 몰라도, 아내의 진심 어린 말 한마디 덕분에 내 안에서 예수님의 사랑이 풍성해지곤 했다.

실제로 하나님은 우리를 엄청나게 사랑하신다. 이것이 우리가 진짜 가지고 있어야 할 영적인 생각이고 진리이다. 이 영적 팩트를 바탕으로 주변 사람들에게도 "하나님이 너를 너무 사랑하셔!"라는 말을 많이 해보자. 특히 평소 우울해하거나 마음이 힘든 사람들에게 이 말을 해주면, 그 안에 하나님의 생각과 성품이 더 많이 부어질 수 있다. 처음 이 말을 듣는 상대방은 "아니야, 나는 사랑하시지 않는 것 같아" 또는 "내가 이런 모습인데 나를 사랑하시겠어?"라며 시큰둥하거나 부정적인 반응을 보일 수도 있다. 그러나 여기에 굴하지 않고 "아니야, 예수님이 너를 사랑하시는 것이 내게 느껴져"라고 끊임없이 말해주면, 결국에는 그 안에 주님의 사랑이 충만해지고 그로 인해 변화되는 것을 보게 될 것이다.

그 말을 하는 사람도 듣는 사람도 하나님의 사랑으로 풍성해지는 것, 이것이 진리이다. 영적인 세계에 아름다운 하나님의 언어가 들어감으로써 진리로 생각이 정렬되고, 영이 아름답게 만들어지고, 사랑으로 더욱 풍성해지는 것이다.

옷 잘 입는 사람의 특징

옷에는 여러 가지 기능이 있다. 추위와 더위를 막아 체온을 일정하게 유지하기도 하고, 외부 환경이나 오염 물질로부터 몸을 보호해주기도 한다. 또 하나의 기능은 입는 옷에 맞게 정체성을 나타낸다는 것이다. 예를 들어 육군사관학교 생도들은 정복을 입으면 어깨를 곧게 펴고, 걸을 때도 옆 사람과 속도를 맞추어 걷는다. 웨딩드레스를 입은 신부는 동작이 크지 않고 몸가짐이 다소곳하다. 흰색 드레스를 입은 채 더러운 것을 만지거나 옷에 묻을 수도 있는 국물 음식을 먹지는 않는다. 얼굴에 늘 밝은 미소를 띠며 자신감이 넘치게 된다.

이처럼 입는 옷에 따라 자세와 태도, 몸짓과 걸음걸이가 완전히 달라진다. 옷 자체가 사람의 정체성을 나타내기 때문이다. 우리는 영적으로 보이지 않는 옷을 입고 있다. 바로 그리스도의 옷이다(갈 3:27). 그 옷을 입으면 옷의 특징대로 자세와 태도가 변하는 것처럼 그리스도의 옷 역시 내가 직접 입어야 하고, 그럴 때 그리스도의 정체성이 내 표정과 몸짓으로 드러난다. 그리스도의 옷을 입는다는 것은 곧 그리스도를 인식하는 것을 뜻한다.

모든 것은 생각에서부터 시작된다. 그런데 안타깝게도 우리는 하나님으로부터 오는 생각 외에 사탄으로부터 오는 생각도 받게 된다. 따라서 많은 생각이 떠오를 때 말씀의 기준으로 생각을 분별하여 내 안에 있는 하나님의 DNA에 정렬해야 한다. 하나님의 DNA에 정렬한다는 것은, 곧 하나님이 기뻐하실 만한 생각인지, 말씀과 같은 생각인지 점검하는 것을 뜻한다. 이 과정을 통해 우리의 생각이 하나님의 DNA로 정렬되고, 그로 인해 우리의 삶이 영적인 삶으로 변화될 수 있다.

영적 가치를 생각하라

미용실을 하루에 두 번 간 적이 있다. 단골이었던 미용실에 가서 평소처럼 머리를 자르다가 너무 피곤해서 깜빡 잠이 들었는데 깨어나보니 머리가 촌스럽게 깎여 있었다. 썩 마음에 들진 않았지만 일단 집으로 돌아와 아내에게 물었다.

"나 머리 어때?"

평소 같으면 "괜찮아요"라고 했을 텐데 아내도 좀 이상해 보였는지 별다른 대답을 하지 않았다. 바로 다음 날이 주일이라서 나는 다시 외투를 챙겨 입고 밖으로 나왔다. 다행히 아직 영업 중인 곳이 있어서 그곳에서 머리를 다듬게 되었다.

남자 미용사가 내게 물었다.

"밤늦게 오신 걸 보니, 근처에 사시나봐요?"

"네. 제가 낮에 머리를 잘랐는데 좀 안 어울리는 것 같아서 다시 왔어요."

"그러셨구나, 속상하셨겠어요."

"제가 깜빡 잠이 들어서 이렇게 되었네요. 제 잘못이에요."

그러자 그가 다시 넌지시 물었다.

"혹시 교회 다니세요?"

"아, 네. 어떻게 아셨어요?"

"그럴 줄 알았어요. 보통 사람들은 어디 미용실에서 머리를 이렇게 잘라놨다며 화부터 내시거든요. 어느 교회 다니세요?"

"아 저는 화양교회에 다닙니다."

"아, 그 광장 사거리에 있는 교회죠? 저도 알아요. 나중에 저도 한번 꼭 가야겠네요."

감사했다. 예상치 못한 곳에서 전도의 씨앗이 뿌려졌다. 기쁜 마음에 나는 웃으며 한마디를 덧붙였다.

"꼭 오세요. 오시면 저를 찾기 쉬우실 거예요."

우리는 어떤 상황에 처해도 하나님의 형상임을 잊지 말아야 한다. 그러나 사탄은 우리가 화낼 만한 상황에 처하면 불평을 합리화하도록 논리적인 근거를 제공한다. 그러나 우리의 본질이 하나님의 형상이면 모든 생각과 감정의 기준도 오직 하나님이 되어야 한다. 하나님의 것을 바라볼 때 하나님의 성품과 언어가 나타나고, 그로 인해 하나님의 형상이 드러나게 되는 것이다.

우리는 그리스도와 함께 다시 살리심을 받은 존재이다. 다시 살았으면 이제는 "위의 것을 찾으라"(골 3:1)라고 말씀하신다. 즉 우리의 삶 가운데 영적인 가치를 계속 생각하라는 것이다. '하나님이 하실 만한 생각인가?', '하나님이 좋아하실 만한 행동인가?' 계속 하나님의 것을 생각하는 것이 곧 위의 것을 생각하는 것이다.

기준은 항상 하나님이 되어야 한다. 우리는 영적 존재로 살아가는 자, 기도하는 자이기 때문이다. 삶에서 영적인 열매를 거두려면 먼저 영적인 씨앗을 심어야 한다. 말씀과 기도를 심어 생각의 싸움에서 이기는 것이다. 결국 씨를 심는 의지, 의도적인 노력이 필요하다는 것이다.

하나님이 만드신 생각의 원형은 '내가 어떻게 하는 것이 주님께 기쁨이 될까?', '내가 어떻게 하면 하나님의 마음을 시원하게 할까?' 하는 것이다. 그러나 사탄은 '내가 어떻게 하면 높아질까?', '어떻게 하면 내 욕심을 채울까?' 이 생각을 넣어주어 우리를 속이려 한다. 이 미혹에 넘어가지 않으려면 계속해서 의도적으로 생각과 감정을 말씀에 정렬시켜야 한다. 이것이 바로 그리스도로 옷 입은 자의 정체성이다.

> 끝으로 형제들아 무엇에든지 참되며 무엇에든지 경건하며 무엇에든지 옳으며 무엇에든지 정결하며 무엇에든지 사랑받을 만하며 무엇에든지 칭찬받을 만하며 무슨 덕이 있든지 무슨 기림이 있든지 이것들을 생각하라 빌 4:8

천국 백성의 정체성

한국 사람이 외국에 나갔을 때 한국 음식이나 한글로 된 간판을 보면 반가운 것처럼 천국 백성은 천국 문화를 보면 반가울 수밖에 없다. 아무리 타지에 있어도 내 소속이나 정체성은 변하지 않기 때문이다. 이처럼 말씀에 생각을 정렬하는 것은 천국 백성의 정체성을 가진 우리에게는 매우 자연스러운 일이다.

내가 아프리카에서 목회하다가 한국으로 다시 돌아왔을 때 광화문이나 명동처럼 외국인이 많은 거리를 다니다보면 아프리카인을 마주칠 때가 있다. 그러면 반가운 마음에 한 번이라도 더 돌아보게 되고, 가끔은 말을 걸고 싶은 마음이 들기도 한다. 스와힐리어를 할 줄 아니까 그들의 언어로 대화를 나누고 싶은 것이다. 실제로 "하바리!"(스와힐리어로 안녕하세요!)라고 인사를 건넨 적도 있다. 인사를 들은 상대가 매우 놀라며 반가워했다. 한국에서 스와힐리어로 이야기를 하다보니 얼굴이 점점 환해지는 것 같았다. 덕분에 한국에 와서 좋았던 점, 어려웠던 점을 나누면서 동지를 만난 것 같은 느낌을 받은 적도 있다. 그러나 모든 사람들이 아프리카인을 볼 때 이런 마음이 들지는 않을 것이다. 내게 아프리카 선교사로서의 정체성이 남아 있기 때문에 더더욱 그들에게 반가운 마음을 느낀 것이다.

이처럼 내가 어떤 존재인가, 무엇을 인식하는 사람인가, 어디에 소속된 사람인가에 대한 인식이 있으면 그와 연관된 사람을 만날 때, 혹은 연관된 일을 볼 때 기쁘고, 또 그 사람에게 다가갈 수 있는 도구가 되기도 한다. 정체성은 그런 힘을 갖는다.

우리도 마찬가지이다. 우리는 하나님나라의 백성이고 하나님나라의 시민권을 가진 존재다. 그래서 하나님이 기뻐하는, 또 하나님과 관련된 영역들이 내 안에 보이면 그것이 기쁨이 되고, 관심을 기울이게 된다. 관심을 갖게 되면 나중에는 그것만 보이게 된다. 좋아하기 때문에 어딜 가든, 무엇을 하든 그 관심사와 연관지어 생각하게 되는 것이다.

지금 목회하고 있는 교회는 십자가가 매우 낡았고 교회 외벽 벽면이 30년 정도 된 오래된 건물이다. 그래서 장로님들과 교회 외벽을 리모델링하기로 의견을 모았다. 그런데 그다음부터 길을 가면서 온통 빌딩들의 외벽만 보고 다니기 시작했다. '저 외벽의 재질이 무엇인가, 디자인이 무엇인가, 색깔이 무엇인가, 벽돌로 해볼까, 아니면 유리로 해볼까 아니면 그 외에 다른 어떤 재료가 있을까' 등 예전에 크게 관심을 갖지 않았던 외벽 디자인에 관심을 쏟게 되었다. 무언가를 인식하는 순간부터 보는 세계 자체가 완전히 달라지는 것이다.

인식한 순간 보는 것이 달라진다

우리는 이미 천국 백성이다. 그러므로 우리는 천국 백성의 옷을 입고 이 땅에서 살아가는 사람들이다. 우리가 아무리 이 세상에 발을 디디고 살아도 우리에게는 돌아갈 본향인 천국이 있다. 그런데 이 땅에서의 삶을 바쁘게 살다보면 천국 백성의 정체성, 영의 정체성을 잊은 채 살기도 한다. 너무 바빠서 소속을 망각하고 신분을 까먹게 되는 것이다.

무디 목사님은 5분 간격으로 예수님을 생각했다고 한다. 5분마다 우리 안에 예수님이 사시는 것을 인식하고 선포하는 것이다. 사람도 자주 만나 대화하고 오래 통화할수록 친해지듯이, 예수님을 인식하는 빈도수가 많아질수록 더 친밀해진다. 그리고 예수님이 내 안에 한 영으로 계신다는 사실이 선명해지면 사소한 결정 하나라도 예수님에게 묻지 않을 수 없게 된다.

단 5분이라도 심방을 가게 되면 대부분의 성도들은 "목사님, 식사하셨어요?", "목사님, 차 한잔 드시겠어요?"라고 물어주신다. 사람인 나조차도 한 공간에 있으면 이렇게 신경쓰고 말을 거는데 만왕의 왕 예수님과 함께한다는 것은 얼마나 더 대단한 일인가. 그분이 내 안에 계신다는 사실을 생생히 인식하는 것만으로도 보이는 세계와 영역, 삶 자체가 달라질 수밖에 없는 것이다.

교회에 등록하신 어떤 집사님의 칠순 잔치에 초대되어 말씀을 전하게 되었다. 그런데 그 칠순 잔치에 유명한 연예인이 온다는 것이다. 알고 보니 그 집사님의 손녀가 유명 걸그룹의 멤버였다. 20대 초반부터 20년 가까이 선교사로 사역했기 때문에 나는 한국에서 누가 유명한지, 걸그룹에 누가 있는지 잘 몰랐고 관심도 없었다. 장소에 도착했을 때 "목사님, 안녕하세요"라고 인사를 하는데도 누군지 몰라 나 역시 환한 미소로 인사할 뿐 아는 척을 하지 못했다. 가수니까 부른 노래를 언급하고 싶어도 아무 정보가 없어서 "크리스천으로서 선한 영향력을 나타내줘서 너무 귀하네요"라고 간단히 인사하고 돌아왔다.

예배를 마치고 집에 돌아와 뒤늦게 검색을 해보니 정말 유명한 걸그룹이었다. 그런데 그렇게 딱 한 번 보았을 뿐인데 길거리에 그 자매의 CF가 걸려 있거나 사진이 붙어 있으면 한 번 더 시선이 갔다. 연예인을 잘 모르는 나도 인식하니까 절로 눈길이 가게 된 것이다. 이것이 인식의 힘이다. 우리는 인식하는 순간부터 보는 것, 보는 세계가 달라진다. 인식하는 것과 보는 것은 서로 깊은 연관성을 가지기 때문에 인식할수록 보게 되고 볼수록 더 깊이 인식하게 된다.

예수님을 생각하면 기도와 찬양을 더 많이 하게 된다. 또한 예배를 많이 드리고 기도와 찬양을 많이 할수록 예수님을 더 많이 생각하게 된다. 이처럼 신앙은 상호 순환적이다. 하나님나라의 옷을 입은 우리가 이 땅에서도 하나님나라의 가치를 붙들 때 천국의 속성이 내 안에서 풍성해질 수 있다.

주의 성전을 바라보라

내가 누구인지 알고 천국 백성의 정체성을 바로 인지했다면, 우리가 바라보는 방향도 달라지게 된다. 하루는 크리스마스를 앞둔 어느 날, 막내 아이에게 물었다.

"아들아, 이번 크리스마스 선물은 뭘 가지고 싶어?"

평소 레고나 장난감을 갖고 싶어 했는데 의외의 답변이 돌아왔다.

"책이요. 아빠, 저 책 사주세요."

나는 너무 신기해서 진짜 책이 갖고 싶은지 두세 번이나 확인했다. 계속 그렇다고 하니까 우리 아이가 드디어 공부에 관심을 갖게 되었구나 싶었다. 아들이 사온 책은 만화책도 아니고 무려 줄글로 된 200페이지나 되는 책이었다. 책 표지에는 이렇게 적혀 있었다.

"손흥민 첫 에세이, 축구를 하며 생각한 것들"

평소 만화책만 즐겨보고 한자리에서 오래 책을 보지 않던 아이가 우직하니 앉아 계속 책을 읽어 내려갔다. 종종 내게 와서 그 선수의 프로필, 출생지와 경기 일정을 일러주기도 했다. 자신이 그 선수에 대해 얼마나 잘 아는지 설명하는 아이의 얼굴에 웃음꽃이 활짝 피었다.

누군가를 계속 생각한다는 것은 그 사람의 모든 것을 궁금해하게 되는 것이다. 그 사람이 뭘 좋아하는지, 뭘 싫어하는지, 어떤 생각을 가지고 있는지 끊임없이 알고 싶어 하는 아이의 모습을 보면서 진짜 사랑한다면 저런 적극적인 반응이 나타난다는 것을 알게 되었다.

> 내가 여호와께 바라는 한 가지 일 그것을 구하리니 곧 내가 내 평생에 여호와의 집에 살면서 여호와의 아름다움을 바라보며 그의 성전에서 사모하는 그것이라 시 27:4

다윗의 평생소원은 여호와의 전에 거하는 것이다. 여호와의 아름다움을 앙망하며 그의 성전에서 사모하는 것이라고 한다. 우리는 다윗의 평생소원을 지금 누리고 있다. 다윗의 고백처럼 구원받은 백성들, 새로운 영적 정체성을 가진 사람들은 여호와를 앙망하며 여호와의 전을 아끼는 마음을 가져야 한다. 그럴 때 우리의 정체성이 더욱 확고해지며 주 안에서 누리는 기쁨이 더욱 풍성해진다.

요나 역시 주의 성전을 바라보는 기도를 하였다(욘 2:4). 요나가 물고기 배 속에서 드리는 기도는 성경 만화에서도 종종 다루어진다. 우리는 요나가 물고기 배 속에서 포근하게 앉아 있는 모습을 연상하는 경우가 많다. 그러나 물고기의 위장 안은 전혀 그런 환경이 아니었을 것이다. 실제로 고래에 먹혀 위장에 있다가 구사일생으로 생존한 사람의 말에 따르면 위액 때문에 머리카락이 녹고 호흡조차 제대로 할 수 없는, 생존하기 어려운 최악의 조건이었다는 기사를 본 기억이 있다. 그런데 요나는 그 캄캄한 위장 속에서 어떻게 성전을 바라보겠다고 고백한 것일까?

주의 성전을 바라보았다는 것은 주님의 성전을 생각했다는 뜻이기도 하다. 결국 주님의 성전은 그리스도의 몸을 의미하므로 예수 그리스도를 생각했다는 의미이다. 즉 요나의 "다시 주의 성전을 바라보겠다"라는 고백은 공간적인 성전의 개념이라기보다 주님을 계속 생각한다는 뜻이다.

막내 아이가 손흥민 선수에 대해 관심을 가지고 에세이를 몇십 번씩 반복해서 읽고, 알고 있는 정보를 거듭 말하는 것처럼 누군가를 생각한다는 것은 그 사람의 생각을 궁금해하고, 그 사람에 대해 더욱 관심을 갖는 것이다. "주님이 원하는 것이 무엇일까?", "주님이 기뻐하는 것이 무엇일까?", "주님은 어떤 것에 감동하실까?" 이것을 생각하는 것이 위의 것을 바라보는 신앙이다. 이렇게 생각하는 것이 천국 백성의 정체성이다.

그리스도로 옷 입으라

호탕한 웃음소리를 가진 교회 형제가 있었다. 장난기 가득한 형제는 어딜 가나 사람들과 잘 어울리는 사교성 좋은 청년이었다. 어느 날 청년이 ROTC에 입대했다며 그곳에서 찍은 사진 한 장을 보내왔다. 그런데 사진 속 청년은 내가 알던 장난기 가득한 형제가 아닌, 나라를 지키는 어엿한 군인으로 변해 있었다. 군복 하나만 바꿔 입었을 뿐인데 같은 사람이 완전히 다른 자세로 변해 있는 것이었다.

교회 자매들도 마찬가지이다. 절기 행사마다 부채춤을 준비했는데, 활달하게 뛰어다니던 자매들도 고운 한복을 입고 난 후에는 다소곳한 자세와 태도로 변해 있었다. 이처럼 옷은 그 사람의 자세와 태도를 단번에 바꾸는 힘이 있다.

그렇다면 하나님의 DNA를 회복한 우리는 어떤 옷을 입어야 할까? 학생으로 비유하자면 우리는 예수 사관학교에 입학한 학생이나 마찬가지이다. 그래서 우리는 예수 사관학교의 교복을 입어야 한다. 명문 고등학교 교복을 입었을 때 당당히 걸어 다니는 아이들의 모습 속에서도 자신감과 자부심이 나타난다. 그만큼 옷은 그 사람의 정체성을 잘 나타내준다고 할 수 있다.

> 오직 주 예수 그리스도로 옷 입고 정욕을 위하여 육신의 일을 도모하지 말라 롬 13:14

그러므로 너희는 하나님이 택하사 거룩하고 사랑 받는 자처럼 긍휼과 자비와 겸손과 온유와 오래 참음을 옷 입고 골 3:12

천국 가는 백성인 우리는 그리스도와 합한, 그리스도의 옷을 입은 자들이다. 그리스도의 옷은 최고의 명품이며 그 어떤 것으로도 바꿀 수 없는 가치라는 것을 다시 한번 생각해야 한다. 우리는 천국 가는 백성이기 때문에 천국 가는 백성답게 살아가야 한다.

아버지가 아이에게 반짝반짝 빛이 나는 새 옷을 사주었다고 생각해보라. 그 아이는 흥분을 감추지 못하고 "우리 아빠가 새 옷을 사주셨다!", "우리 아빠 최고! 짱이에요!"라고 하며 주변에도 자랑을 했다. 그런데 정작 중요한 모임에는 아무렇게나 입고 나간 것이다. 다른 사람들이 이런 자리에 왜 그런 옷을 입었느냐고 면박을 주니 상처받고 집에 돌아왔다. 그런데 옷장을 열어보고 그대로 걸려있는 새 옷을 보더니 감탄하며 '참, 내게는 아버지가 사준 새 옷이 있지? 내일은 꼭 이 옷을 입고 나가야겠다'라고 하고는 또다시 옷장 안에 걸어두기만 하고 입고 나가지 않는다면 새 옷을 사준 아버지 입장에서 얼마나 마음이 아플까?

그런데 우리의 신앙생활이 이렇지 않느냐는 것이다. 우리는 이미 예수님께 구원의 옷을 받았다. 그런데 받기만 하고 그 옷을 한 번도 입어보지 못한 사람도 있을 수 있다. 아무리 신앙생활을 오래 했어도 나의 옛 습관, 나쁜 버릇, 하나님이 기뻐하지 않는 일들이 고쳐지지 않고 몇 년째 제자리걸음을 계속한다면, 우리는 구원의 옷을 걸어만 두고 입고 나가본 적이 없는 아이나 다름없다.

이제는 우리에게 주신 구원의 옷을 입고 삶의 현장에 나가야 한다. 구원의 옷을 입었다는 생각과 마음을 가질 뿐만 아니라 그것이 행동으로 표현되어야 한다. 그러기 위해 수시로 생각날 때마다 영적 선포를 하는 것이 큰 도움이 된다. "나는 그리스도로 옷 입습니다!", "나는 빛으로 옷 입습니다!" 이렇게 서너 번 외치면서 하루를 출발해보기 바란다.

> 누구든지 그리스도와 합하기 위하여 세례를 받은 자는 그리스도로 옷 입었느니라 갈 3:27

말씀을 꼭꼭 씹어 음미하는 방법

스마트폰이나 컴퓨터를 사면 그 안에 사용설명서가 들어 있다. 기능이 다양하고 설치 방법이 복잡할수록 사용설명서를 정독해야 한다. 종종 물건이 고장 나거나 에러가 뜨면 다시 사용설명서를 찾아야만 그 문제를 해결할 수 있다. 인간이 만든 물건에도 물건을 만든 의도와 목적이 적힌 사용설명서가 있듯이, 창조주 하나님께서도 우리를 만드실 때 그분의 의도와 목적에 맞게, 가장 아름답게 작동할 수 있는 사용설명서를 주셨다. 그것이 바로 하나님의 말씀이다.

하나님께서는 말씀으로 만물을 창조하셨다. 그리고 말씀으로 모든 만물을 붙들고 계신다(히 1:3). 이는 세상을 만들고 운행하시는 모든 섭리가 말씀으로 된다는 뜻이다. 따라서 우리가 살아가는 판단의 기준 또한 하나님의 말씀이 되어야 한다. 하나님께서 만물을 경영하시는 방법이 곧 말씀이며, 나를 창조하신 하나님께서 나를 축복하기 위해서 만든 사용설명서가 바로 하나님의 말씀이기 때문이다. 우리가 말씀에 순종하고 주님과 동행하며 나아가면 가장 최적화된 모습으로 하나님께 쓰임받을 수 있다. 이것이 우리가 하나님의 말씀을 가까이하고 시시때때로 하나님의 말씀을 묵상해야 하는 이유이다.

성경 66권은 전부 예수님에 관한 이야기이다. 예수님이 행하신 기적이나 일화가 소개된 신약의 사복음서만이 아니라 구약과 신약 전체가 예수님으로 시작해서 예수님으로 끝난다. 그런데 우리는 그 예수님과 한 영으로 합쳐진 존재이다. 이 정체성을 가지고 성경의 모든 말씀을 하나하나 다시 읽어보면 이전과 다르게 와닿게 된다. 하나님은 나에게 어떤 분이신지, 나를 누구라고 말씀하시는지 성경에 세세히 기록되어 있는 것이다. 하나님께서 규정하시는 정체성의 관점에서 보면 익히 알고 있던 성경 스토리도 완전히 다르게 보인다.

믿고 읊조리고 묵상하라

어떤 사물이 존재하려면 그에 맞는 용도와 계획이 있듯이, 하나님도 우리를 향한 아름다운 계획을 가지고 있다. 그 의도와 목적을 달성하기 위해서 내게 맞는 기질과 능력과 은사도 다 탑재해주셨다. 하나님이 무언가를 지으셨을 때는 어느 것 하나도 장난으로 지으신 것이 없다. 그렇기 때문에 하나님이 나를 지으셨으면 하나님께서 내게 은사도 주셨고, 능력도 주셨고, 좋은 것을 주셨다는 이 믿음의 정체성으로 말씀을 봐야 하는 것이다.

우리가 살아가는 판단의 기준 또한
하나님의 말씀이 되어야 한다.
하나님께서 만물을 경영하시는 방법이 곧 말씀이며,
나를 창조하신 하나님께서 나를 축복하기 위해서 만든
사용설명서가 바로 하나님의 말씀이기 때문이다.

이러한 믿음으로 "나는 선한 자입니다", "나는 하나님이 기뻐하는 자입니다", "나는 하나님이 자라게 하셨습니다", "하나님이 나에게 능력을 주셨습니다" 이렇게 믿고 이 말씀의 정체성을 가지고 말씀을 늘 주야로 묵상해야 한다.

그러면 우리는 진리의 말씀을 어떻게 접할 수 있을까? 설교말씀을 들을 때, 큐티를 하거나 성경통독을 할 때, 찬양을 부를 때 말씀이 우리에게 임할 수 있다. 때로는 사람을 통해서, 환경이나 사건을 통해서도 말씀을 접할 수 있다. 그때마다 어떤 말씀을 주실지 묵상하는 훈련을 해야 한다. 또한 말씀을 들었을 때 그 말씀을 내 것으로 "아멘!" 하고 레마의 말씀으로 받아들이는 것이다. 그 말씀이 하나님이 내게 주신 말씀이라는 것을 믿고 나아가면 하나님께서는 말씀대로 이루신다.

묵상은 히브리어로 '하가'이다. 하가는 여러 뜻이 있는데, 그중에 한 가지는 "읊조린다"는 것이다. 이는 속으로만 생각하는 것이 아니라 입술을 열어 내 귀에 들릴 정도로 말하는 것이다. 예를 들어 "두려워 말라"라는 말씀이 있다면, 현실을 보면 두려워할 것들이 너무 많지만, 그러나 그 순간에도 "두려워하지 않고 염려를 다 주님께 맡깁니다" 이렇게 반드시 의미를 묵상하고 소리내어 읊조리는 것이다. 또 다른 의미는 사자가 먹이를 지키고 자기 것을 빼앗기지 않으려고 "으르렁거리다"라는 뜻도 포함한다.

목회를 하다보면 때로 어려운 환경에 처한 가정을 심방할 때가 있다. 그 가정의 현실적인 문제들을 들어주고 그들을 위해 간절히 중보기도 하다보면 목자로서 마음이 아프다. 그러나 힘든 상황에 대한 기도 제목을 들어도 결론은 항상 승리를 선포하는 것이다.

“이 가정의 재정 문제가 뚫어질지어다.”

“이 가정의 관계 문제가 열릴지어다.”

마음은 아프지만, 말씀을 결론 삼아 선포하는 것이 가장 중요하기 때문이다. 누가복음 2장에 보면 예수님의 탄생을 축하하러 온 목자들이 천사들의 말을 전하는 장면이 나온다. 목자들의 이야기를 들은 모든 사람이 놀랍게 여겼다. 그런데 마리아는 이 모든 말을 마음속에 간직하고 그 말씀을 되새겼다(눅 2:19). 그리고 말씀을 마음에 새긴 마리아를 통해서 하나님의 역사는 시작된다. 우리도 말씀을 받는 것과 동일하게 말씀을 묵상해야 한다. 삶 속에서 말씀이 자꾸 생각나야 한다. 그리고 말씀이 우리 삶 속에 풀어질 수 있도록 자꾸 되새겨야 한다. 말씀을 마음에 새기어 생각하는 것이 곧 묵상인데, 하나님은 말씀을 주야로 묵상하라고 말씀하신다. 아침저녁으로, 시시때때로 생각하라는 것이다.

연애를 시작하면 시시때때로 사랑하는 사람이 생각난다. 밥을 먹을 때도 생각나고, 예쁜 카페에 가도 떠오른다. 사랑하기 때문에 하루에도 몇 번씩 촘촘히 생각이 난다. 하나님과의 관계도 이와 같다. 하나님을 사랑하기 때문에 촘촘히 주님이 생각나고, 말씀이 떠오르고, 깊이 묵상하게 되는 것이다.

그러나 사탄은 현실이나 기분을 앞세워 우리에게 새겨진 말씀을 빼앗으려고 한다. 그때마다 "우리가 물 가운데로 지날 때에도 하나님은 우리가 침몰치 않도록 하십니다" 이렇게 묵상하는 것이다.

> 네가 물 가운데로 지날 때에 내가 너와 함께 할 것이라 강을 건널 때에 물이 너를 침몰하지 못할 것이며 네가 불 가운데로 지날 때에 타지도 아니할 것이요 불꽃이 너를 사르지도 못하리니 사 43:2

성경은 물이나 불이 아예 없다고 말씀하지 않는다. 그러나 물이라는 상황이 나를 침몰치 못하고, 불 가운데 지날 때라도 사르지 못하도록 보호하신다고 말씀하신다. 호시탐탐 말씀을 빼앗아 가려고 하는 사탄의 공격에 으르렁거리며 맞서서 말씀을 읊조리는 것이다. 그럴 때 그 말씀이 내 삶을 경영하게 된다.

말씀을 묵상하는 구체적인 방법

그렇다면 말씀을 묵상하는 방법에는 무엇이 있을까? 아직 말씀이 어려운 초신자들에게는 찬양을 부르거나 듣는 것도 넓은 범위에서 묵상이라고 독려한다. 삶의 방식이나 마음의 자세가 예수님과 닮아가는 것도 묵상이다. 주님이 원하시는 태도로 살아가는 것, 주님이 하루 종일 내 안에서 활동하시도록 나를 내어드리는 모든 것들이 다 묵상에 해당한다. 우리는 말씀으로 지음을 받았기 때문에 우리가 하나님이신 말씀을 생각하는 것이 중요하다. 늘 하나님의 말씀을 묵상하게 되면 모든 문제를 맡아주시고 해결해주시는 주님을 경험하게 되는 것이다.

때로는 주어진 성경 말씀을 단어 그대로 적용할 수도 있다. 인생을 살다보면 염려되는 일이 얼마나 많은가. 그런데 염려가 찾아올 때마다 "무엇을 먹을까, 무엇을 마실까, 무엇을 입을까 하지 말라 너희 하늘 아버지께서 이 모든 것이 너희에게 있어야 할 줄을 아시느니라"라고 말씀하시는 것 같다. 하지만 깊이 묵상하면 할수록 나중에는 자연히 상황에 맞게 말씀이 생각나게 하신다. 마음에 되새기고 계속 생각나는 것, 또한 반복적으로 읊조리는 것, 그것이 묵상이다.

보혜사 곧 아버지께서 내 이름으로 보내실 성령 그가 너희에게 모든

것을 가르치시고 내가 너희에게 말한 모든 것을 생각나게 하시리라

요 14:26

성령님은 우리가 묵상으로 마음에 쌓아둔 것들을 때에 맞는 말씀으로 생각나게 하심으로써 격려하시고 우리의 연약함을 도우신다. 물론 때때로 힘들거나 기운이 빠질 때도 있다. 말씀대로 영의 생각을 하다가도 그렇지 않은 현실을 보고 낙심이 될 때도 있다. 그러나 우리는 하나님과 한 영이 된 존재이다. 따라서 우리 내면에 이미 말씀을 묵상하는 능력이 내재되어 있다.

이때 사용되어야 할 것이 우리의 의지이다. 우리에게 주신 자유의지로 말씀에 정렬하기로 내어드리는 선택을 하는 것, 우리의 의지를 선용하여 말씀에 따라 빛의 생각으로 바꾸어 가는 것을 하나님께서 기뻐하신다. 매일 하나님의 말씀을 주야로 묵상할 때 내가 누구인지, 하나님께서 나를 어떻게 말씀하고 있는지, 또 하나님이 누구신지, 여호와 하나님은 어떤 분이신지, 우리의 정체성에 대해서 더 잘 알 수 있게 된다.

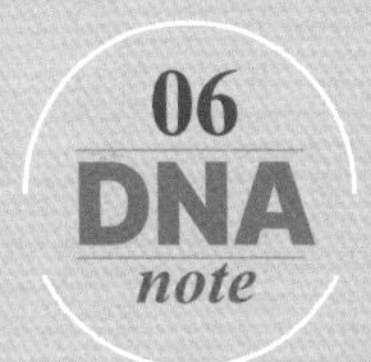

요약문

○ 우리의 생각은 모든 결과의 시작점이다. 어떤 생각을 하느냐에 따라 결과도, 열매도 달라질 수 있다.
○ 생각을 가만히 두면 변질된다. 생각을 하나님의 말씀에 맞추는 것을 반복적으로 연습해야 한다.
○ 내 안에 어떤 생각이 떠오를 때, 그것이 하나님으로부터 오는 생각인지 아닌지를 먼저 구분해야 한다.
○ 하나님의 자녀는 '나는 날마다 그리스도의 옷을 입습니다'라고 생각하며 하루를 살아가야 한다.

선포문

○ 나는 하나님이 기뻐하시는 생각만 하겠습니다.
○ 하나님으로부터 오는 생각만 받고, 하나님으로부터 오지 않은 생각은 거절하겠습니다.
○ 내 안에 계신 성령님께서 말씀을 생각나게 하심을 믿습니다. 나의 연약함을 도우시는 성령님을 의지합니다.

기도문

하나님 아버지, 주님으로부터 오지 않은 생각은 내 것이 아님을 선포합니다. 오래 묵은 나의 사고방식, 하나님이 기뻐하시지 않는 생각들을 주님 앞에 내려놓습니다. 나의 연약함을 도우시는 성령님께서 가장 필요한 말씀을 생각나게 하실 때, 말씀에 정렬하는 순종으로 나아가기를 기도합니다. 예수님의 이름으로 기도합니다. 아멘.

7장

언어 정렬

능력 있는 선포의 언어

말씀을 말하고 선포하라

하나님께서는 말씀으로 천지를 창조하셨다. 그런데 더 정확히 이야기하면, 하나님께서는 말씀을 '말함'으로써 세상을 지으셨다. 전능하신 하나님은 생각하는 것만으로도 온 천지 만물을 다 지을 수 있는 분이시다. 그럼에도 굳이 매일매일 "빛이 있으라", "물과 물로 나뉘라"고 하시며 일일이 말을 통해 창조하는 방법을 택하셨다. 그 이유는 아름다운 천지를 만드신 창조의 원리를 우리에게 가르쳐주시기 위함이다. 그래서 이 하나님의 인식과 방법을 알고 순종하면, 우리에게도 동일한 창조의 역사가 일어난다는 것을 알려주신 것이다.

하나님은 말씀을 말함으로써 창조의 역사를 일으키시고 아름다운 창조물을 만드셨다. 우리는 피조물이면서 '하나님의 반영'(첼렘)이고, 하나님을 나타내는 존재로 지음을 받았다. 그래서 하나님의 통치권이 나에게 주어졌음을 믿어야 하고 위임받은 통치권을 사용하며 나아가야 한다. 이것이 바로 성경의 시작이다.

> 여호와 하나님이 흙으로 각종 들짐승과 공중의 각종 새를 지으시고 아담이 무엇이라고 부르나 보시려고 그것들을 그에게로 이끌어 가시니 아담이 각 생물을 부르는 것이 곧 그 이름이 되었더라 창 2:19

예수님의 사역도 마찬가지였다. 예수님이 40일 금식기도 후 사탄에게 시험을 받으실 때 "사람이 떡으로만 살 것이 아니요 하나님의 입으로부터 나오는 모든 말씀으로 살 것이라"라고 말씀하셨다(마 4:4). 굳이 '하나님의 입으로부터' 나오는 말씀이라고 강조하신 것은 하나님의 말씀은 그분의 입으로부터 나오며, 우리도 우리의 입으로부터 나오는 말씀에 능력이 있음을 알려주시기 위함이라고 생각한다.

하나님의 말씀을 입 밖으로 말하는 것에는 능력이 있다. 이것이 성경이 말하는 선포의 원리이다. 하나님께서 선지자를 세우셨을 때도 이와 같은 원리로 말하는 것을 중요하게 여기셨다. 예레미야가 부르심을 받았을 때 그는 "나는 아이라 말할 줄을 모릅니다"라고 말했다(렘 1:6). 그러자 하나님께서는 가장 먼저 그의 말을 바로잡으신다.

> 여호와께서 내게 이르시되 너는 아이라 말하지 말고 내가 너를 누구에게 보내든지 너는 가며 내가 네게 무엇을 명령하든지 너는 말할지니라 렘 1:7

하나님께서는 아이라고 말하지 말고 "내가 네게 명령하는 것(말씀)을 말할지어다"라고 말씀하셨다. 입술 밖으로 부정적이거나 하나님이 원하지 않는 말을 말하지 말고, 하나님이 말씀하신 것을 말하라는 것이다.

하나님께서는 왜 이토록 말에 대한 중요성을 강조하셨을까? 그것은 죽고 사는 것이 혀의 권세에 달려 있기 때문이다(잠 18:20-21). 죽고 사는 것은 인생에 있어서 가장 중요한 문제일 것이다. 그런데 혀의 권세에 달렸다고 하는 것은 그만큼 말하는 것이 중요하다는 것을 의미한다.

20절 말씀에 "사람은 입에서 나오는 열매로 말미암아 배부르게 되나니"라고 했다. 즉 입에서 나오는 것이 열매가 된다는 뜻이다. 결국은 우리의 입에서 하나님의 말씀이 나오면 아름다운 현실 세계가 창조될 것이고, 우리의 입에서 하나님으로부터 오지 않은 사탄의 것들이 나오면 사탄이 좋아하는 어둠의 열매가 맺어진다는 것이다. 그래서 선포는 매우 중요하고 혼잣말을 할 때도 주의해야 한다. "나는 안 돼", "나는 부족해", "나는 못해" 비록 혼잣말이라도 부정적인 말을 하지 말자. 현실을 바라보지 말고, 현실보다 더 크신 주님을 바라보고, 진리를 선포하고, 말씀을 선포하고 나아가야 한다.

우리는 하나님의 형상으로 지음을 받았다. 그렇기 때문에 하나님께서 말로 아름다운 세계를 창조했던 것처럼 나도 말로 아름다운 세계를 창조할 수 있다는 인식을 가지는 것이 가장 중요하다. 이 믿음을 가진 상태에서 선포할 때 선포가 능력이 되는 것이다. 인식과 믿음이 중요하다. 선포하다가도 때때로 의심하는 생각들, 믿지 못하는 생각들이 들어올 수 있다. 그때 의심의 생각을 방치하지 말고 이 모든 생각을 사로잡아 그리스도에게 복종하게 해야 한다.

> 하나님 아는 것을 대적하여 높아진 것을 다 무너뜨리고 모든 생각을 사로잡아 그리스도에게 복종하게 하니 고후 10:5

우리의 생각을 사로잡는 방법은 그것을 속으로만 되뇌는 것이 아니라 말로 선포하는 것이다. 소리내어 말씀을 말할 때 능력은 더 강력해진다. 신앙생활을 할 때 말씀을 이해하고 살아가는 데 그치는 크리스천이 되지 말고, 말씀을 말하고 선포하는 크리스천이 되자. 그래야 말씀이 내 안에서 더욱 강력하고 풍성하게 역사할 수 있다. 자동차나 스마트폰을 소유하고 있다고 해서 그것이 내게 유용한 것이 아니다. 그것을 활용하고 자꾸 사용하게 될 때 유익한 것이 되는 것이다.

언어의 권세를 활용하라

하루는 시골 교회 목사님께서 재미난 것을 보여주겠다며 나를 교회 앞마당으로 이끄셨다. 들판에 내 키의 5,6배는 되어 보이는 큰 나무 두 그루가 있었는데, 한쪽 나무에만 잎이 무성하고 다른 한쪽은 겨울나무처럼 앙상하고 바싹 마른 가지만 있는 것이었다. 신기해서 바라보는데 목사님께서 흥미로운 이야기를 꺼냈다.

"목사님, 제가 미안해 죽겠어요."

"왜 그러시는데요?"

"원래는 두 나무 모두 잎이 무성했던 나무였어요. 그런데 왼쪽 나무가 잎이 자라면서 자꾸 교회 앞을 가리길래 왼쪽 나무

앞을 지날 때마다 '저 나무 좀 없었으면 좋겠다'라고 말했죠. 그런데 진짜 시들어버린 거예요."

목사님은 멋쩍게 머리를 긁적이며 한마디를 덧붙였다.

"말이 참 무섭네요."

말의 힘은 이전부터 여러 방송에서 다루어왔던 주제이다. 몇 년 전, 어느 방송에서 '말의 힘'이라는 주제를 가지고 실험한 것을 본 적이 있다. 두 개의 밀폐용기에 똑같이 쌀밥을 넣어 놓고, 한쪽에는 긍정적인 말을, 다른 쪽에는 부정적인 말을 하며 2,3주간 실험을 진행한 결과, 긍정적인 말을 들은 쪽의 밥은 상하긴 했지만 그래도 하얀색 그대로인데 부정적인 말을 들은 쪽의 밥은 거무튀튀한 곰팡이가 생겼다.

'아무리 그래도 말의 내용에 따라 결과가 달라질까?'

아무래도 믿기지 않아 나는 직접 실험해보기로 했다. 먼저 두 개의 투명 플라스틱 통에 쌀밥을 나누어 담고 뚜껑을 닫은 채 한쪽에는 나쁜 말을, 다른 한쪽에는 성경 말씀을 2주간 주기적으로 들려주었다. 실험을 하면서도 사실 반신반의했다. 그런데 내 두 눈으로 보고도 믿기 힘든 결과가 나왔다. 밥은 둘 다 상했다. 하지만 성경 말씀을 들려준 쪽은 무르고 상하긴 해도 흰색에 가까운 반면, 부정적인 말을 들려준 쪽은 열자마자 썩은 냄새가 확 올라왔다. 부패 속도나 상태 모두 확연한 차이를 보인 것이다.

말을 들려준 것뿐인데 잎이 무성하던 나무가 시들어버리기도 하고, 밥에서 곰팡이가 피어나기도 한다. 말 한마디가 식물을 죽이기도 하고 살리기도 하고, 곰팡이의 종류를 좌우할 만큼 힘이 있다는 것을 잘 보여준 예다.

사실 여기까지는 예수님을 믿지 않는 사람들도 잘 아는 이야기일 것이다. 그러나 성경에서 말하는 말의 힘은 세상이 말하는 '언어의 능력'과는 다르다. 성경에서 말하는 말의 권세는 뭔가 될 것 같은 느낌으로 목표를 이루어내는 것을 전제하지 않는다. 느낌이나 긍정적 사고와 어떤 염원의 차원이 아니라 영의 정체성을 가지고 선포하는 것이다. 하나님의 영이 내 안에 한 영으로 계신다는 정체성을 가지고 말씀을 말할 때 활성화되는 권세이기 때문이다.

> 하나님의 말씀은 살아 있고 활력이 있어 좌우에 날선 어떤 검보다도 예리하여 혼과 영과 및 관절과 골수를 찔러 쪼개기까지 하며 또 마음의 생각과 뜻을 판단하나니 히 4:12

하나님은 영이시다. 천지를 창조하실 때도 하나님은 '입술의 말'로 천지를 창조하셨다. 그리고 하나님의 형상대로 우리를 만드실 때 다른 짐승들에게는 없는 '언어'를 유일하게 사람에게만 주셨다.

처음 언어를 사용한 인류가 아담이었다. 하나님께서 아담에게 언어를 사용하게 하시는 장면은 특히 인상적인데, 동물들을 모두 아담에게 데려와 그가 무엇이라고 부르는지 지켜보셨다. 단순히 동물 이름짓기 콘테스트를 하신 것이 아니었다. 이 장면은 엄청난 영적 의미를 담고 있다. 아담이 부르는 것이 그대로 각 생물의 이름이 되었다는 것은 우리 입술에 하나님의 창조의 권세를 위임해주셨다는 것을 의미한다.

동물에게는 단순한 소리를 주셨고, 사람에게는 생각으로부터 나오는 언어를 주셨다. 동물들은 깊은 생각을 하면서 그것을 언어로 옮기지 않는다. 단지 육체적 본능에 의해서만 배고플 때 소리를 내고, 화날 때 더 큰소리를 내는 것이다. 동물들이 함께 모여서 "너의 주인은 착하냐?", "밥은 잘 주냐?" 등 누구를 칭찬하거나 뒷담화하는 경우는 없다. 그들에게는 언어를 주시지 않았기 때문이다.

여기서 우리는 우리가 하나님의 형상으로 지어진 특별한 영적 존재임을 다시 한번 알 수 있다. 우리 안에는 하나님처럼 아름다운 세계를 만들어낼 수 있고, 어둠의 세력을 물리칠 수 있는 능력의 말이 내재되어 있다. 우리가 이 사실을 알아야 한다.

그들에게 이르기를 여호와의 말씀에 내 삶을 두고 맹세하노라 너희 말이 내 귀에 들린 대로 내가 너희에게 행하리니 민 14:28

우리 입술에 말의 권세를 허락하신 주님은 우리의 말을 심각하게 들으신다고 말씀하셨다. 하나님의 귀에 들린 내용 그대로 행하시겠다고 하셨기 때문이다. 그래서 내가 말하는 말의 내용이 바뀌게 되면 내 인생이 바뀌고, 더 나아가 하나님의 인도하심을 알 수 있게 된다. 내가 뱉은 말을 가장 먼저 하나님이 들으시고, 그다음으로 나 자신이 듣는다. 따라서 자신이 하는 말을 듣는 것은 내면을 형성하는 데 아주 중요한 베이스가 되는 것이다.

성경에는 모세가 가나안 땅을 정탐하도록 보낸 열두 정탐꾼 중에서 열 정탐꾼이 부정적인 말을 했다고 나온다. 그로 인해 백성들의 분위기는 어두워졌고 결국 그들은 가나안 땅에 들어가지 못했다. 이처럼 영적인 말은 분위기를 살리거나 가라앉히기도 하고, 하나님의 역사가 이루어지기도 하고, 혹은 이루어지지 않기도 한다. 얼마나 놀라운 영적 비밀인가. 이토록 간단하면서도 놀라운 축복의 원리가 바로 우리 입술에 있다는 것이다. 그래서 우리는 우리의 말을 하나님의 말씀에 정렬시키는 훈련을 반드시 해야 한다.

베트남에서 일어난 기적

올해 초, 지방회 목사님들과 베트남 선교를 다녀오게 되었다. 감리교단은 지방을 이끌어 나가는 직책으로 감리사가 있는데, 나는 감리사의 자격으로 선교팀을 인솔하게 되었다.

모든 선교 사역이 은혜 가운데 진행되었고, 사역을 마친 마지막 날에는 그동안 목회 전선에서 수고하신 목사님, 사모님들과 관광 일정으로 고지대에 있는 관광지를 방문하게 되었다. 그런데 그곳에서 목사님 중 한 분이 쓰러지는 일이 발생했다. 다들 우려의 목소리를 내었다. 그중에 한 분은 이렇게 말했다.

"이 관광지에서 쓰러지는 경우가 종종 있는데, 고지대에서는 혈관이 막혀서 잘못하면 뇌경색에 이르는 경우가 적지 않습니다."

'뇌경색'이라는 단어 하나에 급격히 분위기가 어두워졌다. 어수선한 분위기 가운데 그 분은 급히 병원으로 갔고, 나머지 분들은 따로 머물 공간이 없어서 일단 관광을 계속하기로 했다. 장소를 이동하는 도중에도 "그 분, 뇌경색일 수도 있대요"라는 말들이 들려왔다. 감리사로서 어떤 말을 해야 할지 몰라 조용히 기도하는데 말씀 하나를 생각나게 해주셨다.

입에서 나오는 것들은 마음에서 나오나니 이것이야말로 사람을 더럽게 하느니라 마 15:18

말은 사람을 정하게도 하고, 부정하게도 하는 힘이 있다. 음식을 먹을 때에도 내 몸에 좋은 것, 안 좋은 것을 골라 신중하게 생각하고 먹는데 하물며 어떤 말을 하느냐가 사람을 정하게도 하고, 더럽게도 한다면 더욱 무슨 말을 하고 있는지 분별하고 주의를 집중해야 한다. 말의 능력으로 하나님의 역사가 지연될 수도 있고, 이루어지지 않을 수도 있고, 하나님의 역사가 기적으로 나타날 수도 있기 때문이다.

감리사인 나로서는 이 상황을 정확히 판단해야만 했다. 이때 내가 가장 먼저 한 것은 '뇌경색'이라는 말로 어수선해진 분위기를 바로잡는 것이었다. 주님께 담대함을 구하며 다소 직설적으로 말했다.

"뇌경색이라는 말을 하지 말아주세요. 하나님께서 역사하시고 붙들어주실 것입니다."

나는 하나님께서 실제적으로 일하실 것이라 믿고 건강함을 선포했다. 설령 진짜 뇌경색일지라도 하나님이 고쳐주실 것이라는 믿음이 있었다.

남은 일행은 가이드의 인솔하에 차를 타고 다음 일정의 관광지로 이동했다. 그런데 이동하면서도 나는 그곳에 가고 싶지 않다는 마음이 들었다. 결국 가이드를 찾아가 "저는 안 가도 괜찮을 것 같습니다"라고 말했다. 그런데 그 분은 나를 데리고 가려고 하셨다. 가이드의 만류로 어쩔 수 없이 다음 일정지로 향하면서도 여전히 마음이 편치 않았다. 남아서 조용히 병원에 가신 분의 소식을 기다리고 싶은 마음뿐이었다. 이동하는 찰나에 나는 짧게 기도했다.

'하나님, 이 상황을 좀 컨트롤 해주세요.'

목적지는 꽤 높은 건물의 5층에 있었다. 다 같이 엘리베이터를 타고 올라가려는데, 갑자기 엘리베이터가 턱 소리를 내더니 멈췄다. 엘리베이터의 줄에 문제가 생겨 작동이 멈춘 것이다. 단체로 우왕좌왕하더니 목사님들은 합심하여 엘리베이터 문을 강제로 열었다. 문을 열고 보니 우리가 탄 엘리베이터가 1층과 2층 사이에 걸려 있었다. 어쩔 수 없이 한 명씩 폴짝폴짝 밑으로 뛰어내려 탈출하기 시작했다.

모두 1층에 안전하게 도착한 것을 확인하고 마지막으로 뛰어내리려는 순간 아까 했던 기도가 떠올랐다. 평생에 다시 없을 것 같은 이 특별한 경험을 하나님의 사인으로 받았다. 그리고 가이드에게 "나는 사우나를 하지 않고 그냥 로비에 있겠습니다"라고 말했다. 나는 혼자 소파에 덩그러니 앉아 있었다.

10분쯤 지났을 때 병원에서 연락이 왔다. 쓰러지신 목사님이 머리가 못 견딜 정도로 아프다는 연락이었다. 병원 측에서는 MRI를 찍을 것을 권유했다고 한다.

나는 아까의 상황을 다시 떠올렸다. 진짜 뇌경색일 수도 있고, 혹 어떤 치료가 필요한 상황이 되더라도, 조급하고 섣불리 결정하여 병을 단정 짓지 않아야겠다고 생각했다. 먼저 하나님 앞에 묻고 기도하며 결정하기로 했다. 하나님께서 주시는 마음은 뇌경색이 아닐 것이라는 감동이었다.

나는 다시 전화를 걸어 확신에 찬 목소리로 이렇게 선포했다.

"제가 지금 택시를 타고 가서 안수할 테니, 너무 조급하게 생각하지 말고 같이 기도합시다. 하나님이 역사하실 것입니다. 반드시 고쳐주실 것입니다."

그렇게 마음에 평안함을 유지하도록 독려하고 여행사 팀장님과 함께 택시를 타고 병원으로 향했다. 이동하는 차 안에서 짧게 대화를 나누다가 알게 되었는데, 여행사 팀장님은 교회 권사님이셨다. 그런데 그 권사님이 의미심장한 말씀을 하셨다.

"감리사님, 이렇게 멀리 베트남까지 선교하러 오시고 더군다나 시골 오지까지 찾아가 복음을 전했으니, 마귀가 잔뜩 놀란 것 같아요. 그러니까 이렇게 혼란스럽게 하지 않겠습니까?"

말씀을 듣는데 정말 감사한 마음이 들었다. 혹시라도 전날 선교 사역이 무리가 되어 쓰러진 것 아니냐며 선교에 대한 이의를 제기하면 어쩌나 싶었는데, 이런 생각이 틈타지 않도록 영적으로 이 상황을 분별하고 있는 분이 계신다니, 존재만으로도 안도가 되었다. 택시에서부터 성령의 임재가 가득하여 온몸이 뜨거워지기 시작했다. '아, 하나님께서 역사하시겠구나. 뇌경색이라도 하나님이 고치시겠구나'라는 확신이 점점 강해졌다.

병원에 도착해 쓰러진 목사님을 만났다. 그리고 조심스레 물었다.

"통증을 1부터 10까지라고 치면 지금 통증이 어느 정도 됩니까?"

목사님은 매우 괴로워하며 답하셨다.

"한 8 정도 됩니다."

나는 손을 꽉 잡으며 말했다.

"기도하겠습니다. 믿음으로 받으세요. 저만 기도하는 것이 아니라 사역자들에게도 중보기도 요청을 했습니다. 함께 기도하기 때문에 그 기도의 능력이 함께 전달될 것입니다. 분명히 통증이 사라질 것입니다."

그리고 목사님을 위해 간절히 기도할 때 마치 주걱 같은 것이 목사님의 통증을 긁어내는 듯한 환상이 보였다. 기도 후 다시 한번 질문했다.

"1부터 10까지라면 지금 통증이 어느 정도 됩니까?"

"머리에 안수하시는 순간부터 통증이 사라지기 시작해서 지금은 3 정도 됩니다."

그런 다음 머리가 아파서 잠도 못 주무시던 목사님이 스르륵 잠에 빠졌다. 나는 그제야 가슴을 쓸어내리고 남겨진 팀원들을 인솔하기 위해 사우나로 돌아왔다. 그리고 일행과 함께 그다음 장소로 이동하려는데 사모님께 연락이 왔다.

"감리사님, 너무 감사드립니다. 주님께서 치료해주셨습니다. 이제 곧 퇴원하고 현지 가이드와 감리사님 있는 곳으로 출발하겠습니다. 말씀하신 방법대로 통증이 어느 정도인지 물어보니까 이제 0이라고 합니다. 하나님께 모든 영광 올려드립니다."

나는 하나님의 은혜에 너무나 감사했다. 이 일을 통해 함께했던 목사님들도 하나님의 일하심을 경험하고 기뻐하며 하나님께 영광을 올려드리게 되었다.

만일 그날 성령님께 묻지 않고 뇌경색일지도 모른다는 말에 불안함과 두려움에 사로잡혀 행동했다면 어떻게 되었을까? 하나님은 그 순간에 능치 못함이 없으신 치료의 하나님이시라는 믿음을 결부시키기 원하셨던 것이다. 우리의 말은 오직 하나님의 말, 즉 말씀에만 일치시켜야 한다. 먼저 나쁜 결과부터 걱정하는 것이 아니라 하나님이 뭘 원하시는지 궁금해하고 그분께 먼저 물을 때 하나님께서는 우리의 마음을 잠잠하게 하시고 거친 파도도 멈추는 역사를 일으키신다.

선포를 통해 풀어지는 능력

내가 아프리카에서 사역할 때는 콩나물을 직접 길렀다. 키우는 방법도 참 간편했다. 물을 주면 그대로 다 빠져나가는 듯 보여도 콩나물은 금세 쑥쑥 자랐다. 잘 자라는 콩나물을 보면서 마치 말씀을 받는 원리와도 비슷하다는 생각을 했다.

우리가 하나님의 말씀을 여러 방법으로 들어도 그 많은 영적 교훈과 원리를 다 기억할 수는 없다. 아무래도 우리 기억력에 한계가 있기 때문이다. 그렇지만 그것이 다 사라지는 것은 아니다. 영적으로는 콩나물처럼 쑥쑥 자라고 장착되고 있는 것이다. 또한 믿음은 들음에서 난다고 성경에 기록되어 있다. 따라서 무엇보다 중요한 것은 말씀을 계속해서 듣고 가까이하는 것이다. 그러면 우리에게 유익한 정도를 넘어 영적으로 좋은 것이 풀어지면서 범사가 잘되고 믿는 그대로 되어진다.

태초에 말씀이 계시니라 이 말씀이 하나님과 함께 계셨으니 이 말씀은 곧 하나님이시니라 요 1:1

하나님은 곧 말씀이다. 하나님을 가까이하는 것이 우리에게 복이라고 하셨는데, 이것은 곧 말씀을 가까이하는 것이다. 말씀을 많이 생각하고, 듣고, 묵상하고, 선포하는 것이다. 누군가와 시간을 더 많이 보낼수록 상대에 대해 더 깊이 알고 친밀해질 수 있다. 마찬가지로 말씀을 가까이하고 선포할 때 그것이 내 안에 체질화되고, 믿음으로 자라나고, 그로 인해 말씀이신 하나님을 더 가까이하여 범사에 잘되는 축복을 누리게 되는 것이다.

최근 한 방송국 인터뷰에서 선포 기도에 대해 묻는 질문이 있었다.

"목사님, 세상에도 말의 힘에 대한 이론은 많이 있는데요. 목사님께서 말씀하시는 선포의 힘은 무엇이 다른가요?"

"물론 선포에 대해 다룬 자기계발서도 많이 있습니다. 그런 책들을 살펴보면 '나는 할 수 있다'는 생각에 기반하여 선포하는 것이 능력으로 나타난다고 합니다. 그러나 하나님께서 우리에게 알려주신 선포는 '나는 할 수 있다'가 아닌 '나는 할 수 없다'입니다. 내가 하는 것이 아니라 주님이 하신다는 사실을 믿을 때 능력이 나타나기 때문입니다. 이것이 성경이 말하는 선포의 원리입니다."

지금 우리의 입술은 무엇을 말하고 있는지 돌아보기 바란다. 우리 말에는 권세가 있어 반드시 능력이 나타난다. 모든 죄와 생각의 싸움에서 이길 힘도 여기에 있다. 선포를 통해 우리는 하나님으로부터 오지 않은 것들이 끊어지는 것을 경험하게 될 것이다.

집사님께 내드린 숙제

하루는 한 남자 집사님이 목양실 방문을 두드렸다. 이분은 사람도 좋고 의리 있고 호탕한 분이다. 다만 성격이 좀 다혈질이라 주변 사람들에게 상처를 주기도 했다. 본인은 뒤끝이 없다고 말하지만 가족과 주변 사람들은 상처를 받는 경우가 많았다.

"집사님, 무슨 일 있으세요?"

집사님은 자신이 욱하는 성질이 있는데 이런 성격이 아내와 딸들에게 매번 상처를 준다고 하며, 자신도 사랑하는 가족들에게 화내고 싶지 않은데, 한번 혈기가 올라오면 의지적으로 참아지지 않는다고 하셨다. 나는 잠시 고민하다가 마침 목양실

한쪽 벽에 붙어 있던 말씀 선포 캘린더를 떼어왔다. 그것은 30일간 날짜에 맞게 말씀을 선포하는 캘린더였다.

"집사님, 오늘부터 저와 한 가지를 같이 하기로 약속해주시겠습니까?"

"네 목사님. 제가 뭘 하면 될까요? 성격을 고치는 일이라면 뭐든 할 수 있습니다."

"오늘부터 이것을 매일 열 번씩 소리 내어 읽으시는 것입니다. 선포할 때마다 이미 말씀대로 되었다는 믿음으로 말해주세요."

"그냥 소리 내어 읽기만 하면 될까요?"

"네. 한 달 동안 같이 한번 해봅시다. 저도 매일 같이 선포할게요."

생각보다 간단한 제안에 집사님은 의아해하며 돌아갔다. 그런데 약속한 한 달을 일주일 앞두고, 그 분의 아내 되시는 집사님이 먼저 나를 다급히 찾아오셨다.

"목사님! 목사님! 정말 신기한 일이 벌어지고 있어요!"

그리고는 상기된 목소리로 남편의 이야기를 꺼내셨다.

"아니, 제 남편이 얼마 전부터 조금씩 달라지기 시작했어요. 말투도 달라지고, 화도 덜 내고, 변하지 않을 것 같았던 사람이 이렇게 달라질 수 있는 건가요?"

말하는 내내 집사님의 얼굴에 미소가 가득했다. 그리고 일주일 후에 다시 남자 집사님이 찾아오셨는데, 인상이 훨씬 부드러워진 듯했다.

"집사님, 얼굴이 훨씬 좋아지셨어요. 선포해보니 어떠셨어요?"

"목사님, 정말 신기합니다."

그러면서 지난 한 달간 있었던 일을 들려주셨다.

"사실, 목사님께 처음 숙제를 받았을 때는 좀 당황스러웠어요. 너무 쑥스러워서 집에서 작은 목소리로 하기 시작했는데 옆에서 듣던 가족들이 막 웃더라고요. 그때까지만 해도 아무도 제가 변할 거라는 기대가 없어 보였어요. 가끔 저도 '내가 뭐하나, 이런다고 내 성격이 달라질까' 하는 생각도 들었거든요. 그런데 그때마다 목사님 얼굴이 떠올랐어요."

포기하고 싶은 순간에도 손을 꼭 붙들고 부탁하던 내 모습이 떠올라 의리 때문에라도 다시 선포하게 되었다는 것이다. 그러다가 문득 이런 마음이 들었다고 한다.

'아니, 나는 예수님 닮은 온유한 사람인데, 왜 혈기를 부리려 하지?'

자기 마음 가운데 예수님이 계시고, 그분의 성품이 이미 부어졌음을 깨닫고 스스로 동의하게 된 것이다. 그렇게 욱하는 마음이 조금씩 가라앉더니 점차 마음의 여유가 찾아왔고, 이제는 의지적으로 화를 참지 않아도 화를 내지 않는 사람으로 바뀌어 갔다고 한다.

집사님의 간증을 들으며 나는 더욱 강한 확신이 들었다.

'하나님의 말씀에 근거한 선포는 정말 능력이 있구나!'

사람 성격은 잘 변하지 않는다는 말이 있다. 내가 알래스카 선교사로 갔을 때 먼저 했던 기도가 성격에 관한 것이었다. 아무리 노력해도 조급하고 예민한 성격이 잘 고쳐지지 않는 듯했다.

그런데 어느 날 하나님께서 깨닫게 해주신 사실이 있었다. 외부적인 노력으로 성격이 변화되는 것이 아니라, 원래부터 나는 예수님의 성품을 가지고 새롭게 태어난 존재라는 사실이다. 그것이 바로 하나님이 만드신 창조의 원형이며 나의 정체성이다. 이러한 말씀의 배경을 알고 믿음으로 선포할 때 내 안에 정체성이 점점 현실의 세계에서 드러나는 것이다. 이것이 바로 하나님이 만드신 놀라운 정체성이다.

응답받는 기도의 언어

관계 회복의 기본은 기도이다

내가 알래스카에서 목회할 때 세탁소를 하는 어느 집사님 가정이 있었다. 세탁소 일이 워낙 바쁘다보니 새벽 5시부터 밤 11까지 일을 하셨다. 아이들을 위해서 열심히 돈을 벌었던 건데, 일하는 시간 동안 의도치 않게 아이들은 방치되어 있었고 그러다보니 나중에 정말 큰 문제가 생겨버렸다. 아이들과의 관계가 멀어지게 된 것이다.

알래스카에서는 영어를 사용하다보니 아이들도 영어로 말을 하는데, 부모님과 대화할 시간이 없으니 그나마 할 수 있었던 한국말을 다 까먹게 된 것이다. 정작 부모님은 영어를 잘 못하고 한국말밖에 하지 못하는데, 아이들이 영어로만 말하니까 점점 의사소통이 어려워지고, 나중에는 정말 기본적인 이야기만 나누게 되었다. 아이들과 더 많은 이야기를 나누지 못해 속상해서 눈물을 흘리시는 집사님을 본 적이 있다.

자식과 소통이 단절됐을 때 부모는 하늘이 무너질 것 같은 아픔을 느끼게 된다. 인간적인 관계에서도 소통이 무너지면 큰 충격을 받게 되는데, 영적인 세계에서 봤을 때 우리가 주님과 소통이 단절된다고 하는 것은 충격 그 이상이다. 아예 삶의 이유가 사라지는 것이다. 예수님이 이 땅에 오신 목적은 사실 하나님과 우리의 관계, 소통을 회복시키기 위함이다. 가장 중요한 것이 주님과의 관계이며 이를 회복하는 가장 기본적이고 원색적인 방법이 주님과의 소통, 즉 기도이다. 기도가 살아날 때 주님과의 관계가 회복되는 것이다.

사람들은 누군가와 만나 대화할 때 그 사람이 말을 잘하거나, 외국어 능력이 좋거나, 어떤 자격증을 가지고 있느냐를 보고 실력을 평가한다. 그러나 진짜 실력은 기도에 있다고 생각한다.

기도는 가장 기본적인 영적 기초이다. 그러므로 한 번 세우고 끝내는 것이 아니라 매일매일 세워나가야 한다. 그러다보면 우리 안에 주님과의 교제가 자연스럽게 늘어나고 주님과의 교제가 더 선명해진다. 음식을 내버려두면 썩어버리는 것처럼 우리는 연약하기 때문에 신앙을 그대로 방치한다면 좋았던 신앙이 유지되는 것이 아니라 퇴보하고, 결국은 나락으로 떨어지게 된다. 그래서 반드시 매일 기초를 점검해야 한다.

또한 기도는 기초인 동시에 가장 중요한 핵심이다. 그래서 사탄도 성도의 기도를 너무나 싫어하고, 어떻게든 기도가 많아지는 것을 무너뜨리려고 한다. 그러다보니 영적인 일에는 사탄의 저항이 있을 수 있다. 그러나 그것을 피하고 무시하는 것이 아니라 정면으로 마주해야 한다. 영적 공격에 마주칠 때마다 물러서거나 피하지 않고 기도로 담대히 마주하면 생명력이 더 강해진다.

반대로 저항하지 않고 가만히 있으면 사탄의 공격을 온몸으로 받게 되는 셈이다. 그러면 '기도로 맞서 싸우는 것은 힘들고 부담만 되고, 어차피 질 것 같다'는 생각에 머물게 된다. 패배 의식이 내 안에 점점 진을 치게 되면 시간이 지날수록 더 시작하기 어려워진다. 이것이 사탄의 단계적인 계략이다. 그러니 그냥 그 길로 들어서라.

지금 이 시간 잠시 눈을 감고 기도해보자. 특별한 재능이나 말솜씨가 없어도 신기한 방법으로 인도하시고, 풍성한 은혜를 허락해주시는 것은 결국 내 능력이 아닌, 기도를 통해 주님과의 관계가 풍성해져 있을 때 부어주시는 전적인 하나님의 은혜였다.

하나님이 중요하게 생각하시는 것을 나도 중요하게 생각한다면, 주님과의 관계 회복에 가장 기본적인 통로가 되는 기도 또한 중요하게 여겨야 하는 것이다. 나는 특별한 재능이나 말솜씨도 없었는데 참 이상하리만큼 하나님께서 신기한 방법으로 길을 인도하시고, 풍성한 은혜를 허락해주셨다. 돌아보면 그 모든 것은 결국 내 능력이 아닌, 내가 기도를 통해 주님과의 관계가 풍성해져 있을 때 받았던 전적인 하나님의 은혜였다. 하나님이 중요하게 생각하는 것을 나도 중요하게 생각하는 것, 그것이 바로 주님과의 관계 회복의 가장 기본이다. 그리고 그 기본 통로가 바로 기도이다.

타는 목마름으로 기도하라

한번은 아프리카 케냐에 갔다가 목말라 죽을 뻔한 적이 있다. 투르카나 지역으로 의료 선교를 하러 선교팀과 함께 떠났는데, 그 지역에 거의 다 도착해서야 나이로비에 물을 두고 왔다는 것을 알게 된 것이다. 선교팀은 모두 충격에 빠졌다. 그 지역은 너무 더워서 그냥 서 있기만 해도 땀이 줄줄 흐르는 지경이었다. 그런데 하루 종일 물 한 모금도 마시지 못하고 의료 선교를 해야 하다니…. 아침부터 눈앞이 캄캄했다.

다른 방법이 없어 일단 선교를 시작했다. 우연히 차 안에서 발견된 작은 페트병에 담긴 물 하나로 간신히 한 모금씩 아껴 마시며 선교를 진행했다. 목은 마르고 땀은 비 오듯 흐르니 점점 입이 말랐다. 나중에는 침을 뱉으면 거품만 나올 정도였다.

'이것이 바로 타는 목마름이구나….'

기적적으로 선교를 마치고 다시 두 시간이 넘게 운전해서 베이스캠프로 돌아왔다. 오자마자 팀원들은 다들 생수를 한 병씩 들고 벌컥벌컥 마셨다. 이때 마신 것이 내 인생에서 가장 달고 맛있는 물이었다.

의에 주리고 목마른 자는 복이 있나니 그들이 배부를 것임이요 마 5:6

하나님이여 사슴이 시냇물을 찾기에 갈급함 같이 내 영혼이 주를 찾기에 갈급하니이다 시 42:1

성경에는 목마름에 관련된 말씀이 많다. 한 번 타는 목마름을 경험한 이후로 나는 목마름에 대한 말씀을 볼 때마다 아프리카에서 경험했던 갈증이 다시 느껴지는 것만 같다. 몇 시간만 물을 못 마셔도 목마름을 느끼듯 영적인 가치에도 이와 같은 갈증을 가지고 하나님 앞에 나아가고 싶다는 마음이 들었다. 물을 먹고 싶어 미칠 지경이었던 그날, 나는 이런 메모를 남겼다.

나도 하나님의 은혜에 목마른 사람이 되고 싶다.
기도에 목마른 사람이 되고 싶다.

기도하고 싶어서 미칠 것 같은 사람 말이다.

많은 크리스천이 기도하지 않는 이유는 기도가 얼마나 좋은 것인지, 기도할 때 나오는 능력이 얼마나 큰지, 기도가 하나님과의 관계에 있어서 얼마나 중요한지, 하나님께서 얼마나 기도를 소중하게 여기시는지 모르기 때문이다. 기도의 진짜 가치를 알 때 비로소 우리는 기도에 대한 목마름을 가지고 나아갈 수 있을 것이다.

그러면 우리가 알아야 할 기도의 진짜 가치는 무엇일까?

기도를 다시 일으켜 세우라

우리를 값없이 의인으로 바꿔주신 주님께 우리가 드릴 수 있는 최고의 대접, 주님과 관계가 회복된 상태에서 이 관계를 지속할 수 있는 가장 기본적인 통로는 기도이다. 왜냐하면 기도는 영혼이 관계할 수 있는 통로가 되기 때문이다. 기도는 영혼의 숨쉬기, 영혼의 호흡이다. 건강한 사람에게 가장 쉬운 것은 숨 쉬는 것이다. 그러나 중병에 걸린 사람에게는 숨 쉬는 것이 가장 어렵다. 이와 마찬가지로 영적인 통로가 되는 기도가 이루어지지 않는다면 우리의 영적 호흡에 문제가 있는 것이다.

예수님의 제자들도 예수님이 가는 곳마다 잘 따라다니면서 많은 것에 순종했다. 광야로 가자고 하시면 광야로 갔고, 바다로 가자고 하시면 바다로 갔고, 심지어 “저는 예수님을 위해서 죽겠다”라고 충성하며 3년 동안 정말 잘 따라다녔다. 그러나 그런 예수님의 제자들이 넘어졌던 부분이 있다. 그것이 바로 기도의 자리였다.

예수님께서 겟세마네 동산에서 “너희가 나를 위해 한 시간도 기도해줄 수 없겠니”라고 부탁했음에도 불구하고, 제자들은 모두 잠들고 말았다. 성경에서 예수님이 자신을 위해서 기도를 부탁한 경우는 거의 없었다. 그러나 예수님이 그렇게 부탁했다는 것은 그만큼 우리가 기도하기를 원하셨다는 것이다. 우리가 기도하기를 원하셨을 뿐만 아니라 예수님도 기도함으로써 하나님과의 관계의 통로를 항상 유지하고 계셨다. 때로는 밤새 기도하셨고, 때로는 새벽 미명에 기도하셨고, 때로는 한적한 곳에서 기도하셨고, 시간을 쪼개서라도 늘 기도하셨다. 그러므로 우리도 하나님과 아름다운 이 관계를 지속할 수 있는 가장 기본적인 통로인 기도를 놓지 말아야 한다.

성경에 보면 지도자만 애달프게 기도하는 경우가 있다. 소돔과 고모라가 타락했을 때, 아브라함이 그들을 위해 혼자 기도

했다. 이스라엘 백성들이 하나님을 원망했을 때, 모세 혼자 기도했다. 예수님도 겟세마네 동산에서 홀로 기도하셨다. 그런데 지도자 혼자만 기도했던 시대는 어두웠던 시대였다. 물론 하나님의 뜻이 그 시대마저도 통치하심은 분명하지만, 죄가 번성하고 하나님의 심판이 있었던 불행한 시대임은 분명했다. 그래서 우리는 함께 한마음으로 기도해야 한다.

때때로 성도들의 삶을 볼 때, 너무나 버겁고 고단한 삶을 살아가는 이들을 보게 된다. 그러면 마음이 너무 아프고 그 성도님을 위해 더 기도하게 된다. 삶이 너무 고단해서 기도하기 힘들다는 것은 인간적으로 잘 이해가 되고, 또 그런 사람들에게 기도를 권유하는 것은 쉽지 않은 일이다. 그럼에도 불구하고 성경은 기도하라고 가르치고 있다. 왜냐하면 조금 편히 쉬는 것과 마귀에게 모든 것을 빼앗기는 것은 절대 바꿀 수 없는 영적 원리이기 때문이다.

피곤해도 기도해야 하는 것은 기도하는 것이 오히려 강건할 수 있는 비결이 되기 때문이다. 우리가 아무리 피곤해도 반드시 이를 닦고 잠자리에 든다. 그렇지 않으면 이가 썩어버리기 때문이다. 아무리 피곤해도 문단속을 꼭 하고 잔다. 그렇지 않으면 도둑이 들 수 있기 때문이다. 기도 안 하는 것은 이런 것과 비교할 수 없을 만큼 불행한 결과를 가져오게 된다. 왜냐하면 마귀를 풀어놓는 것이기 때문이다.

기도는 생명줄이다. 기도의 줄이 뽑혀 있을 때 우리는 불안할 수밖에 없다. 걱정이 많을 수밖에 없고, 마음이 굳어 있을 수밖에 없다. 능력이 부어지지 않게 되는 것이다. 만약에 우리가 휴대폰 충전기를 잃어버렸다고 생각하면, 그 충전기가 며칠만 없어도 불안해하고 걱정이 많을 것이다. 그러다가 잃어버린 휴대폰 충전기를 찾으면 찾은 기쁨이 엄청나게 클 것이다. 그리고 휴대폰을 충전하는 순간에 들어온 화면을 보고 말할 수 없는 행복과 기쁨을 느낄 것이다. 마찬가지로 우리의 기도의 줄은 생명줄이다. 우리 기도의 줄이 꼽히면 능력이 부어지게 되고, 지혜가 부어지고, 평안이 부어지고, 은혜가 부어진다는 사실을 결코 잊어서는 안 된다. 이것은 기본적이면서도 아주 중요한 영적 원리이다.

기도하지 않았을 때 내가 손해 보는 것이 얼마나 많은지를 알아야 한다. 지난날을 돌이켜봤을 때 '내가 그것을 할걸', '이것을 더 많이 먹을걸', '좋은 책을 살걸', '그 옷을 한 번 입어볼걸' 나는 이런 것은 후회가 되지 않는다. 내 기도를 통해서 하나님께서 어떻게 선교지에서 역사하셨고, 또 내 삶 가운데 어떻게 역사하셨는지를 알게 된 이후, 내 인생에 있어서 가장 후회가 되는 일은 기도할 수 있는데 게을러서 기도하지 않았던 것이었다. 나는 기도하고 싶어서 미치는 사람이 되고 싶다. 그 이유는 그냥 내가 주님을 사랑하기 때문이다.

'주님'이라는 외마디 기도에도 귀 기울이시는 하나님

반면 하나님의 뜻이라고 해도 기도하지 않으면 그 일이 지체되거나 이루어지지 않을 수 있다. 이것이 기도의 원리이다. 이처럼 우리는 기도해야 한다. 또 말씀을 들을 때 우리는 기도에 대한 열정과 부담이 생길 수 있다. 기도는 굉장히 귀한 것이고 성령님이 역사하시는 것이 분명하다.

그러나 기도에 대한 부담보다 더 중요한 것은 내가 기도하는 자리에 나가 순종하는 것이다. 예를 들어서 운동 유튜브를 계속해서 본다고 우리에게 근육이 생기거나 살이 빠지는 것이 아니고, 다른 사람이 공부하는 것을 계속해서 본다고 우리가 공부를 잘하게 되는 것이 아닌 것처럼 보고 인식하는 것도 중요하지만 우리가 직접 해야 한다. 마찬가지로 우리가 직접 순종하여 기도의 자리로 나아와야 한다.

또한 우리가 기도할 때마다 하나님의 뜻을 묻는 훈련이 되어야 한다. 왜냐하면 기도는 내가 하나님의 뜻을 굴복시키는 것이 아니라 하나님의 뜻과 하나님의 말씀에 내 뜻을 굴복시

나도 하나님의
은혜에 목마른 사람이 되고 싶다.
기도에 목마른 사람이 되고 싶다.
기도하고 싶어서 미칠 것 같은 사람 말이다.

키고 하나님의 말씀에 나를 정렬시키는 것이 목적이기 때문이다. 결국은 그것이 나에게 가장 좋은 것을 주시는 하나님의 역사로 응답되기 때문이다.

한번은 교회 부목사님들과 사모님들과 함께 목양실에서 회의를 한 적이 있었다. 옆방에는 목사님의 아기가 잠들어 있었다. 그런데 갑자기 목사님의 사모님이 황급히 나가 옆방으로 뛰어가셨다. 그리고 아이를 달래고 돌아왔다. 다들 신기해서 어떻게 알았느냐고 물어보니까 아기 울음소리가 들렸다고 하셨다. 아무도 듣지 못한 아이 울음소리를 엄마만 유일하게 감지했던 것이다. 그 모습을 보며 부모의 능력이 참 대단하다는 생각을 했다.

하나님도 우리의 아버지이시다. 하나님은 나의 작은 힘과 "주님"이라고 하는 외마디에도 관심을 가지신다. "주만 바라볼지라"라는 찬양이 있다. 거기서 내가 가장 좋아하는 가사는 "나의 작은 신음에도 응답하시니"라는 부분이다. 내가 너무 지쳐서 고난 가운데 있어서 큰 소리로 기도하지 못할 때조차 주님께서 인자한 귀로 우리의 작은 신음에도 귀 기울이시고 나의 기도를 들어주신다는 것이다. 그래서 우리가 혼자 끙끙대고 고민하지 말아야 한다. 아무도 나를 이해하지 못한다고 규정짓지 말아야 한다. 우리 아버지께서는 우리의 마음을 다 아신다.

내가 잠시라도 나의 짐을 주님 앞에 말하기를 원하시고, 주님 앞에 간구하고 나아가기를 원하신다. 그 누구보다 나의 사정을 이해해주시는 분이 예수님이다.

그분은 나의 세밀한 부분까지, 심지어 내가 느끼지 못했던 부분까지도 나의 마음, 나의 고통을 누구보다 더 잘 아신다. 거절당하는 외로움, 배신당한 수치, 왕따를 당하는 것, 아들을 잃은 슬픔까지 주님은 다 아신다. 정말 가슴 깊이 이해해주신다. 왜냐하면 내가 겪었고, 내가 지금 겪고 있는 모든 아픔과 거절과 우울과 배신과 슬픔을 주님은 이미 다 겪으셨기 때문이다.

상처받은 치유자 예수 그리스도, 그분을 의지할 때 내 안에 상처가 치유된다고 하는 믿음을 가지고 반드시 주님 앞에 나아가야 한다. 그것이 기도이다. 그것이 나와 주님과의 관계에 가장 중요한 기본적인 정체성의 원리이다. 나는 주님의 자녀이고 주님은 나의 기도를 듣기 원하시는 아버지이시기 때문이다.

카페에 가면 시간 가는 줄 모르고 까르르거리고 대화하는 커플들을 종종 보게 된다. 좋아하는 사람과 대화할 때는 아메리카노 한 잔만 앞에 놓고도 두세 시간씩 떠들 수 있다. 사랑하는 관계에서는 이런 대화가 매우 자연스럽기 마련이다. 아무리 시험 기간이어도 책만 펴면 1시간도 못 버티던 막내 아이가 자신이 좋아하는 손흥민 선수가 출전하는 경기는 새벽 4시까지도 말똥말똥한 눈망울로 관람할 수 있는 이유가 무엇일까? 선수의 모든 순간을 조금도 놓치지 않겠다는 팬심 때문이다.

기도를 마친 후 올려다본 밤하늘

어린 시절 부모님은 개척교회를 하셨고, 두 분 다 교회 일로 바쁘셨고, 가정 형편이 어려워 남들이 학원 갈 시간에 나는 갈 곳이 교회뿐이었다. 텅 빈 교회에 혼자 앉아 있으면 정말 할 게 없었다. 단지 어려서부터 기도하시는 부모님의 뒷모습을 보고 자랐기 때문에 그 모습을 따라 기도하는 흉내를 내었다. 그렇게 기도를 시작하게 되었다.

처음부터 '몇 시간 기도해야지' 하고 계획한 것이 아니었다. 교회에 있는 시간이 길다보니 기도 시간도 점점 길어졌다. 지금도 생각나는 것은 그렇게 시작한 기도가 하면 할수록 재미있었다는 것이다. 시간 가는 줄 모를 정도로 기도가 좋았다는 말이 이해되지 않을 수 있다. 그런데 그때 그 어린아이가 순수하게 느낀 감정이다. 기도 자체가 너무나 재밌었다.

특히 기도를 마치고 밤하늘을 볼 때 그 감격과 기쁨을 잊을 수 없다. 마치 중고등학교 시절, 야간 자율학습을 하며 늦게까지 공부하고 집으로 돌아갈 때 올려다보던 밤하늘 같았다. 고요한 밤에 나 혼자 밤하늘의 별을 바라보면 기쁨과 보람찬 마음, 성취감 덕분에 절로 미소가 지어졌던 그런 기쁨이었다. 아니, 공부했을 때의 기쁨보다 기도를 마친 후에 나온 기쁨이 더 컸다. 기도는 세상 어느 것과도 비교되지 않는 기쁨과 평안함을 가져다줬다.

지금도 나는 새로 등록한 교인이, 혹은 어린아이가 기도를 배우고 싶다고 하면 처음부터 그렇게 깊지 않아도 괜찮다고 말한다. 외국어를 처음 배우는 사람이 문법이 틀릴까봐, 철자가 틀릴까봐 말을 하지 않으면 실력이 늘지 않는다. 좀 틀렸다고 소통이 안 되거나 누가 혼내거나 하지도 않는다. 하나님도 그런 마음이지 않을까? 그래서 나도 교회에 앉아 있는 것부터, 그냥 교회에 매일 오는 것부터 시작했다.

그렇게 긴 시간 무슨 이야기를 나누었을까 돌아보면 그냥 하고 싶은 이야기를 다 했던 것 같다. 카페에서 친구와 이야기를 나누는 것처럼 주님과 도란도란 이야기를 나누었다. 때론 갖고 싶은 것도 이야기하고, 때론 아무도 모르는 나의 연약함도 진솔하게 털어놓았다. 그러면서 나도 모르게 기도 시간이 기다려지고 즐거워졌다. 그렇게 기도의 시간도 길어지고, 기도의 깊이도 깊어졌고, 기도의 제목들도 많아졌다.

하나님은 그 시간을 너무나 기뻐하셨던 것 같다. 그래서 내 삶의 굴곡이 찾아올 때마다 어린 시절 기도했던 장면을 떠올리게 하셨다. 내 삶 구석구석에 어린 시절 쌓아놓았던 기도를 통해서 역사하시는 것을 보게 하셨다. 19년의 선교 여정도, 10년의 목회 기간도 모두 심겨진 기도 위에 견고히 쌓아 올려진 하나님의 역사였다. 그 기도의 힘을 내 삶의 장면마다 촘촘히 발견하게 하셨다.

촘촘한 사랑의 언어

바다를 볼 때 나타나는 두 가지 반응

하루는 청장년부 수련회로 속초에 다녀왔다. 오랜만에 속초에 가서 푸른 바다를 보니 마음이 탁 트이는 것 같았다. 한참 넓은 바다를 바라보는데 옆에 있던 젊은 부부가 바다를 보더니 소리를 질렀다.

"와, 바다다!! 여보! 저기 좀 봐. 너무 예쁘지 않아? 반짝반짝! 너무 예쁘다!"

그러면서 서로 박수를 치며 까르르 웃었다. 그런데 옆에 있던 다른 부부는 덤덤하게 바다를 바라보기만 했다. 오히려 까르르 웃는 부부를 신기하게 쳐다보았다.

상반되는 두 부부의 모습을 보니 낭만이 많이 사라진 시대라는 것이 실감되는 것 같았다. 예전에는 리액션이 큰 부부처럼 버스 안에서 바다가 보이기만 해도 비명을 지르고 아이처럼 좋아하며 기뻐하는 것이 보편적인 반응이었다. 또 한창 유행하던 드라마에서도 바닷가에서 "나 잡아봐라" 하고 뛰고 잡고 웃으며 즐거워했다. 그러나 지금은 아무리 예쁜 풍경을 봐도 크게 반응하지 않는 것 같다. 오히려 그런 감성이 유치한 게 되어버렸다. 감동도 사라지고 반응도 많이 사라진 시대에 우리는 살고 있다.

내가 목회생활을 하며 만난 성도 중에도 반응이 좋은 성도님과 덤덤한 반응의 성도님이 있었다. 아이에게 똑같이 사탕을 줬는데 어떤 아이는 "와!! 너무 맛있겠다! 고맙습니다!" 하고 뛰며 소리친다. 반면 어떤 아이는 그냥 손을 내밀어서 사탕을 받는 것이 끝이었다. 교회에서 만났을 때도 "목사님, 안녕하세요. 점심은 드셨어요?" 하고 손을 크게 흔들고 반겨주는 성도님이 있는가 하면, 그냥 인사만 하고 얼른 자리를 피해버리는 성도님도 있다. 함께 밥을 먹을 때도, 반응이 좋은 사람은 "와, 여기 진짜 맛있어요! 어떻게 이런 곳을 찾으셨어요! 잘 먹었습니다!" 하며 크게 감탄하는 사람이 있는가 하면, 또 어떤 분은 그냥 아무 말 없이 다 먹고 그냥 나가기도 한다.

분명 모두 다 감사한 마음, 기쁜 마음이었겠지만 서로 반응이 좋으면 주변의 분위기가 달라지고, 시너지 효과가 만들어져서 교회 전체의 분위기를 밝게 만든다. 작은 것 하나도 당연히 여기지 않고 감사를 표현하는 사람을 보면 정말 사랑스럽게 느껴진다. 청년들 사이에서도 인기 많은 청년의 특징은 외모보다도 반응을 잘하는 사람이라고 한다.

우리의 신앙도 마찬가지이다. 하나님 앞에서도 정말 반응이 좋은 사람과 그렇지 않은 사람으로 나눠지는 것이다. 하나님께서 주시는 작은 것에도 항상 감사로 반응하는 사람, 주시는 은혜에 감격하는 사람, 말씀이 떨어지면 즉각 순종하는 사람이 하나님께도 기쁨이 된다. 그래서 신앙은 반응이다. 말씀 앞에서 작은 응답 하나에도 기쁨의 눈물을 흘리고 하나님을 찬송하며 감사를 올려드리는 사람은 하나님도 예뻐하지 않을 수 없다. 우리는 인격적이신 하나님 앞에 더 많이 표현하며 주님의 기쁨이 되는 자가 되어야 한다.

사랑이 충만해야 사랑이 흘러간다

나의 막내아들이 초등학교 저학년 때쯤, 내가 사역을 마치고 저녁 늦게 집에 들어가면 "아빠…" 하고 소리치며 반갑게 내게 안기곤 했다. 그 시간이 기다려질 정도로 기쁘고 나를 미소 짓게 했다. 그런데 어느 순간부터는 "아빠…" 하고 소리치며 안기면서 한 손으로는 나를 안고 반대 손으로는 내 주머니에 손을 넣기 시작했다. 우리 집은 중학생이 되어야 스마트폰을 사준다는 규칙이 있는데, 막내는 아직 초등학생이라 삼 형제 중 유일하게 폰을 가지지 못했다. 그래서 내 폰으로 게임을 하려고 내가 오면 나를 반기는 동시에 폰을 가져가는 것이었다. 그러니까 정확히는 내 폰을 반긴 것이다. 그렇게 하루 종일 기다리던 폰을 손에 쥐고 행복한 얼굴로 게임하러 방으로 들어가곤 했다.

신이 나서 방으로 들어가는 아이의 뒷모습을 보면서 묵상해 보았다. 마치 하나님의 손만 구하는 내 모습과 겹쳐 보였다. 처음에는 아버지의 얼굴만 구해도 행복하고 좋았는데, 시간이 점점 흐르면서 아버지 손에 있는 선물에 더 집중하지 않았는가. 막상 내가 그런 아빠의 입장이 되어보니 하나님의 마음이 읽혀지게 된다.

때로는 내게 폰이 없어도, 내게 달려와 나를 꽉 안아주는 날

이 있다. 아버지 입장에서는 그것이 더 기쁘다. 그러면 오히려 폰도 내어주고 싶고, 용돈도 주고 싶고, 무엇이든 해달라는 것은 다 해주고 싶은 마음이 든다. 이것이 아버지의 마음인 것 같다.

우리 하나님도 마찬가지이다. 물론 우리가 아버지의 손만 구하고 떼를 써도 응답해주시는 분임은 확실하다. 하지만 사실 자녀의 사랑을 원하는 아버지라면 여간 서운한 일이 아닐 수 없다. 아버지의 손이 아닌 아버지의 얼굴을 구하는 인생을 살 때, 필요한 모든 것을 더하시는 하나님의 은혜를 더 선명하게 누릴 수 있을 것이다.

하나님이 내게 주신 정체성을 확고하게 하고, 하나님이 내게 보여주신 그 사랑으로 내가 먼저 풍성해지는 것은 너무나 중요하다. 우리가 다른 사람을 사랑할 때, 내 안에 주님과의 교제와 주님의 사랑이 풍성하다면 다른 사람을 사랑하는 것은 어렵지 않다. 내 안에 있는 주님의 사랑이 저절로 그 사람을 향해 흘러가게 되기 때문에 다른 사람을 사랑하는 것이 오히려 우리에게 큰 기쁨이 될 수 있다. 그러나 내 안에 하나님의 사랑이 풍성하지 않을 때 다른 사람을 사랑하는 것은 의무가 되고 율법이 될 수 있어서 그것은 오히려 나의 신앙생활에 부담이 될 수 있다.

그래서 다른 사람을 사랑하기 위해서는 먼저 하나님의 사랑을 깨닫고 알아가야 한다. 하나님의 사랑을 깨닫고 알아갈수록, 하나님의 모든 충만한 것이 나에게도 충만해진다. 충만에는 사랑의 능력, 마음, 성품이 다 포함되어 있다. 하나님의 사랑을 깨닫고 내 안에 그 사랑이 점점 풍성해질 때 나는 하나님의 성품으로 점점 자라나게 된다(엡 3:19).

하나님의 사랑으로 충만한 사람은 내가 진정으로 사랑하는 이에게 어떤 선물을 주었을 때, 그 사람에게 그 선물에 대한 대가나 그 선물에 대한 피드백을 요구하지 않는다. 내가 준 선물에 대해서 계속 이야기하거나 그 사람에게 뭔가를 주입하지 않는다. 오히려 내 안에 풍성한 주님의 사랑이 그 사람에게 흘러가는 것만으로도 나에게 기쁨이 되고, 그것이 나에게 큰 은혜가 될 것이다.

하지만 하나님의 사랑이 내 안에 없으면 내가 누군가를 섬기고, 사랑하고 용서하는 데 한계가 느껴지고 때로는 억울하게 느껴지기도 하고, 남들이 인정해주지 않으면 섭섭하고 서운한 마음이 생길 수도 있다. 그래서 우리는 우리 안에 하나님의 사랑이 풍성해지기를 늘 간구해야 한다.

주님 사랑합니다

유난히 몸이 피곤했던 날이 있었다. 얼른 일을 마치고 집에 가려고 하는데 카톡이 왔다. 청년들이 곧 스승의 날이라며 짧은 영상 편지를 보내온 것이다. 청년들이 다 같이 "목사님, 감사합니다!" 하고 외치는 모습이 담겨 있었다. 5초가량 되는 아주 짧은 영상인데도 보는 순간 미소가 지어졌다. 그리고 마치 피로 회복제를 먹은 것처럼 개운한 마음으로 집에 돌아갔다.

감사는 사랑의 근거로 나오는 고백이라고 나는 믿는다. 사랑은 지친 마음을 단번에 회복시켜주는 강한 힘이 있다. 그런데 우리는 사실 매분 매초 이 사랑 고백을 받고 있다. 성경은 이러한 열렬한 사랑 고백을 묘사하고 있다.

> 하늘로부터 소리가 나기를 너는 내 사랑하는 아들이라 내가 너를 기뻐하노라 하시니라 막 1:11

예수님께서 세례를 받으셨을 때, 하나님께서는 내 기뻐하는 자라고 표현하셨다. 그런데 이 고백은 예수님께만 해당되는 사실이 아니다. 우리의 영이 이미 주와 합한 한 영으로 있기에 우리도 영적으로 똑같은 효과를 얻게 되는 것이다. 따라서 우리는 이 말씀을 통해 하나님의 사랑 고백을 듣게 된다.

"너는 내가 사랑하는 자녀야. 내가 너를 기뻐한단다."

베드로가 예수님을 세 번 배반하고 난 뒤 갈릴리 바다에서 다시 만났을 때, 예수님은 아무것도 묻지 않고 먼저 아침밥을 먹이신다. 사랑하는 제자들을 배불리 먹인 후에 가장 먼저 물으신 것은 딱 한 가지였다.

"네가 나를 사랑하니?"

그 순간에 베드로는 자기가 얼마나 약한지 자기 실체를 알게 된다. 배신하고 좌충우돌이고, 분노하고 비겁하던 자신을 주님은 여전히 품어주시고 안아주시고 바라봐주시고 다시 사명을 맡겨주신다.

예수님은 베드로가 사랑을 고백하자 "내 양을 먹이라"(요 21:17)고 하시며 베드로에게 다시 사명을 주신다. 그래서 베드로는 결국 하루에 3천 명이나 회개시키고 구원하는 능력 있는 사도로 쓰임 받게 되었다. 그럴 수 있는 계기가 바로 이 사건이었다. 내가 누구인지를 알게 되고, 내가 어떻게 변화를 받았는지를 알게 되고, 나의 존재가 어떤지, 나를 여전히 사랑하시는 분이 누구신지를 분명히 알게 되고, 정체성을 분명히 아는 것이 그에게 순종의 자리에 나갈 수 있는 힘이 되었다.

내가 성도님들에게 가장 독려하는 부분도 여기에 있다. 예배드리러 성전에 나오면 가장 먼저 "주님, 사랑합니다" 하고 주님께 사랑을 표현해보라고 한다. 그렇게 주님을 향한 사랑을 고백하며 예배로 나아갈 때 받는 은혜와 깨달아지는 말씀의 깊이는 다를 수밖에 없다. 주님과의 친밀감이 깊어지면 영이신 하나님을 더 밀도 있게 대면하게 된다.

사랑의 통학버스

내가 전도사 시절, 목회하던 교회의 위치가 서울에 위치한 달동네 근처였다. 당시 산 밑에 사는 우리 중고등부 아이들이 학교에 다니려면 산꼭대기를 오르락내리락해야 했다. 그래서 매달 돈을 주면 산 너머까지 태워주는 봉고차도 있었다. 그러나 형편이 어려운 중고등부 아이들은 아침마다 그 산을 걸어서 넘어 다녔다. 산 중턱을 넘어가야 학교가 있기 때문이다. 아침부터 산을 타니 건강에는 좋겠지만, 아침마다 무거운 책가방을 들고 산행을 하면 학교에 도착했을 때는 이미 온몸에 땀이 나고 지칠 수밖에 없었다.

중고등부를 담당하던 나는 아직 어린 아이들이 매일 아침마다 힘들게 학교에 가는 일이 마음이 쓰였다. 신학생이었던 나 역시 아침 일찍 학교에 가야 했지만, 그 아이들을 좀 도와주어야겠다는 생각이 들어서 목사님께 "혹시 교회 차를 이용해서 아침마다 아이들을 데려다줘도 될까요?"라고 여쭤봤다. 목사님은 웃으며 말씀하셨다.

"하루 이틀도 아니고 그게 쉬운 일이겠어요?"

"목사님, 제가 그렇게 하고 싶습니다!"

목사님께 허락을 받고 나서 그때부터 아이들에게 차량 신청을 받았다.

"얘들아! 전도사님이 이제부터 학교에 데려다줄게!"

처음에 몇몇 아이들이 신나 하며 등교 차량을 신청하고 몇 번 타게 되었다. 그런데 타본 아이들이 너무 좋아해서 소문이 나기 시작하자 점점 신청하는 사람들이 많아졌다. 그 학교는 남녀공학이었기 때문에 교회 형제자매들이 반반 정도 타서 이동했다. 힘은 들었지만 아이들을 사랑하는 마음이 그 아이들에게 가 닿았는지, 아이들이 영혼을 사랑하는 마음으로 전도를 하고, 전도해서 오게 된 아이들이 또 그 차를 타며 부흥하기 시작했다. 주로 형편이 어려운 아이들이 같이 타고 다녔다.

그렇게 아침마다 등교 시켜주는 등교 차량 운전을 6개월 정도 했을 때 매일 아침 일찍 일어나서 운전하는 것이 점점 힘들어지기 시작했다.

'나도 대학교에 다니고, 알바도 해야 하는데….'

아침마다 일어나 아이들을 데려다주고 집에 오면 1시간 정도 시간이 걸리고 그것이 너무 피곤했다.

'이거 한다고 무슨 돈을 버는 것도 아니고, 내가 마을버스 운전사도 아니고….'

그런데 그럴 때마다 주님이 나에게 영혼 사랑하는 마음을 더욱 많이 부어주셨다. 지금 돌이켜보면 나의 힘으로 한 것이 아니고, 영혼을 사랑하는 마음 하나로 했던 일이었다. 게다가 중고등부에 예수님을 잘 모르던 새가족이 등록하면서 '전도사님이 삶으로 우리에게 보여주시는 이 사랑이 예수님의 사랑이구나' 하고 느꼈다고 한다. 그렇게 사랑을 깨닫고 더 교회를 나오게 되고, 또 예수님을 알아가게 되었다. 내가 움직였던 모든 근거는 하나님이 부어주셨던 영혼 사랑하는 마음, 그리스도의 사랑에 근거를 둔 것이었다. 그 사랑이 동기가 되어서 내가 등교 차량을 운행하는 일을 감당하고 싶은 마음이 들었고, 그 아이들은 그 사랑에 감동을 받았고, 주님을 더 가까이하게 되었다. 이것이 내가 아이들에게 보여줄 수 있는 그 크신 주님의 사랑에 대한 표현이었다. 주님이 나를 통해 아이들에게 사랑을 표현하시고 보여주셨음에 참 감사했다.

그렇게 해서 나는 군대에 가기 직전까지 3년 정도 하루도 빼놓지 않고 아침마다 아이들의 등교 차량을 운전했다. 주님의 사랑을 표현하는 것, 내가 정말 중고등부 아이들을 사랑한다는 것을 표현할 수 있는 사역을 끈기 있게 감당했을 때 그 영혼들이 살아났다. 그 아이들 중에는 신학교에 들어가 지금은 목회하며 하나님의 말씀을 전하는 귀한 도구로 쓰임 받는 친구도 생기게 되었다. 그렇게 우리가 받은 주님의 사랑은 표현되어져야 한다.

사랑하면 표현하고 싶어진다. 편지라도 적어주고 싶고, 선물도 사주고 싶다. 그런데 정말 사랑하는 사이라면, 사랑의 표현으로 선물을 주고 나서 그것을 매번 언급하지는 않는다. "내가 선물도 해줬는데, 어떻게 나한테 이럴 수 있어?"라며 선물 준 것을 자랑하지는 않을 것이다.

하나님과 우리 사이도 이와 같다고 생각한다. 하나님께 작은 헌신을 드리고는 "하나님, 제가 이런 거 했잖아요. 그런데 저한테 어떻게 이러실 수 있어요?"라고 하며 나의 공로를 의식한다면 거기에는 기쁨이 없게 된다. 진심으로 사랑해서 하나님께 드린다면 드린 그 자체가 기쁨이 된다. 자랑하지 않게 되는 것이다.

사랑의 공급자 되시는 하나님

하나님은 우리의 중심을 보신다(삼상 16:7). 우리가 어떤 마음으로 주님께 드렸는지 주목하신다. 바리새인과 사두개인들의 동기는 율법이었다. 그들에게 헌신은 두려움이나 의무감으로 드리는 것이었다. 물론 아예 안 한 사람보다는 나을 수 있지만, 하나님이 보시기에는 온전하지 않다. 사랑이 없으면 아무 유익이 없다고 말씀하셨기 때문이다(고전 13:3).

그리스도의 사랑이 우리의 진정한 동기가 될 때, 하나님께서는 가장 기쁘게 받으신다. 때론 마음이 기쁘지 않을 수 있다. 그때는 내 안을 주님의 사랑으로 채워야 한다. 하나님이 나를 얼마나 사랑하시는지를 알기 위해 촘촘히 십자가를 묵상해야 한다. 십자가에서 어떤 사랑을 보여주셨는지 그 크기를 이해하고, 믿고, 묵상하기를 반복하면, 우리 안에 이미 내재된 그리스도의 사랑이 더 강력해진다.

그렇게 해서 점점 그리스도의 사랑이 내 삶을 움직이는 동기가 되면 내가 얼마나 사랑받는 존재인지를 깨닫게 된다. 나를 향한 하나님의 사랑이 얼마나 큰지 알게 되고, 그 사랑이 내 안에 충만해져서 밖으로 넘쳐흐르게 된다. 내 안에 그리스도의 사랑이 활성화됨으로써 능력이 나타나고 치유가 일어나는 것이다.

한 해 동안 내가 받았던 은혜가 무엇인지를 묵상하는 것도 그리스도의 사랑을 내 안에 채우는 방법이다. 묵상은 영적 싸움에서 큰 힘이 된다. 받은 복을 많이 세어보는 자, 은혜받은 것을 생각하고 십자가의 사랑을 많이 묵상할 때 그 높이와 깊이를 깨닫게 하신다고 말씀하셨다(엡 3:19).

하나님은 내 안에 있는 동기를 너무 잘 아신다. 그것이 하나님의 영광을 위한 것인지, 아니면 나 자신만을 위한 이기적인 간구인지 잘 아신다. 가족 구원, 대학, 직장, 결혼 등 얼마나 많은 제목을 가지고 기도하는가. 그러나 한 번쯤은 내 안에 숨겨진 동기가 무엇인지 들여다보자. 이것을 알면 기도하다 낙심에 빠질 때, 근본적인 원인이 어디에 있는지 알 수 있다. 그래서 이루어지지 않는 기도 제목 때문에 조급해하는 분들에게는 하나님의 사랑을 깨닫게 해달라고 먼저 기도하기를 권면한다. "내가 기도하는 제목 가운데 하나님의 사랑의 너비와 길이와 높이와 깊이가 어떠함을 깨닫기를 원합니다. 그 사랑을 더 많이 알기 원합니다"라고 기도하면 하나님의 사랑이 내 안에서 활성화되어 충만함을 누릴 수 있게 될 것이다. 그로 인해 조급함을 내려놓게 되고 여유를 되찾는 힘이 생긴다.

만약 하나님을 사랑하는 마음보다는 직분 때문에 의무감이나 두려움으로 하나님의 일을 하고 있다면 "하나님, 나에게 그리스도의 사랑이 더욱 부어지기를 원합니다"라고 기도해보자. 십자가의 사랑을 묵상하고 또 묵상할 때, 우리 안에 하나님의 사랑이 점점 자라나는 역사가 일어날 것이다.

사랑의 공급자는 결국 하나님이시다. 전적인 하나님의 은혜임을 깨닫고 묵상할 때, 은혜 위에 은혜를 부으시는 하나님의 충만함을 경험하게 된다. 그때 비로소 하나님의 은혜 입은 자, 하나님이 사랑하시는 자의 정체성이 회복되고, 사랑의 동력이 활성화되어 기쁨으로 드릴 수 있게 된다. 사랑이 동기가 되어야 하나님께서 기뻐 받으시는 헌신을 드리게 된다는 것을 기억하자.

예수의 이름을 부르는 자

그 이름의 권세

나는 대학을 졸업하고 얼마 지나지 않아 아프리카 선교사로 떠나게 되었다. 한참 연애 중이던 아내를 한국에 두고 1년 먼저 아프리카로 가게 된 것이다. 아쉬운 마음에 지갑 속에 아내의 사진을 한 장 넣어두었다. 그러자 지갑을 열 때마다 아내 얼굴을 보게 되고 그러니 아내 생각이 더 났다.

정말 사랑하면 그 사람의 이름과 이미지가 하루에도 몇 번이고 생각난다. 다윗도 그랬다. 하나님을 너무나 사랑했던 그는 평소에도 주님의 이름을 굉장히 많이 불렀다.

하나님을 향한 그의 사랑은 골리앗이라는 거대한 문제 앞에서도 흔들림이 없었다. 역사적인 기록에 의하면 골리앗은 키가 무려 2미터 94센티나 되는 장대한 사나이였다. 그러나 다윗에게 골리앗의 키는 중요치 않았다. 사람들이 골리앗이라는 문제의 크기를 주목하고 두려워 떨 때도 다윗은 오직 사랑하는 하나님께만 시선을 집중했다. 두려워할 시간에 여호와의 이름을 더 많이 생각하고 담대하게 선포했던 사람이었다(삼상 17:45).

다윗이 골리앗 앞에 하나님의 이름으로 나아갔던 것처럼 우리도 문제를 맞닥뜨릴 때, 문제의 크기나 종류를 달아보지 않고 하나님께만 시선을 두고 하나님의 이름을 선포해야 한다. 아이가 아빠를 부를 때 아빠의 도움을 받을 수 있는 것처럼 우리가 하나님 자녀의 정체성을 가지고 있으므로 아빠의 이름을 계속해서 불러야 한다. 이것이 나의 언어를 하나님께 정렬하는 중요한 원리이다. 아빠를 부를수록 아빠와 더 연결되는 것이다. 그러므로 주님을 바라보고 주님의 이름을 부르는 것은 매일의 삶 속에서 중요한 훈련의 과정이다.

이런 일화를 들은 적이 있다. 어느 날 아버지가 친구들을 집에 데려와서 큰 소리로 떠들며 술판을 벌이고 있었다. 언성이 점점 높아지자 방에서 시험공부 중이던 중학생 아들이 문을 열고 나와 정중히 말했다.

"아버지, 정말 죄송한데 내일 중간고사이니 조금만 조용히 해주셨으면 좋겠습니다."

그러자 아버지가 노발대발 크게 혼을 냈다.

"이 어린놈의 자식이 어디 아버지한테 버릇없이!"

혼쭐이 난 아들은 조용히 방으로 들어갔다. 그리고 10분 후 다시 나와 조용히 한마디를 하자 순식간에 거실이 조용해졌다. 모두를 잠잠하게 한 아들의 한마디는 이것이었다.

"아버지, 할아버지가 조용히 하래요."

문제 앞으로 나아갈 때, 누구의 이름으로 나가느냐에 따라 권세가 달라진다. 권세에 따라 결과도 달라진다. '할아버지'라는 이름 하나만으로도 아버지가 조용해지고 문제가 순식간에 해결된다. 그런데 우리 하나님은 할아버지보다 더 대단한 만왕의 왕이시며 만유의 주가 되신다. 그분의 이름으로 나간다면 능치 못할 일이 없다는 믿음을 확실히 가져야 한다. 그리하면 해결하지 못할 문제가 더 이상 없게 되는 것이다. 그 이름의 능력을 믿고 담대히 나아가자.

나는 매일 의도적으로 소리 내어 예수님의 이름을 자주 말하려고 한다. 더 촘촘히, 더 자주 주님을 생각하려고 한다. 그러다보면 어느 한순간에는 내가 애쓰지 않아도 자연스럽게 주님을 더 많이 생각하게 되고 그분과의 교제가 더 깊어지게 된다. 예수님의 이름을 부르는 것만으로도 능력이 있는 이유는 우리 안에 예수님께서 한 영으로 계시기 때문이다. 예수님의 이름을 부를 때마다 내 안에 계신 예수님의 능력과 권세가 더 풍성히 풀어지는 것이다.

예수님께서는 우리를 창조의 원형으로 회복시켜주셨고 예수님과 한 영이 된 새 삶을 허락해주셨다. 이제는 무엇이든지 땅에서 매거나 풀면, 하늘에서도 매이거나 풀리는 역사가 일어나게 된다. 우리가 필요한 모든 권세를 풀어낼 천국 열쇠는 바로 예수 그리스도이다. 말씀이신 예수님을 날마다 부르고 선포하자.

> 내가 천국 열쇠를 네게 주리니 네가 땅에서 무엇이든지 매면 하늘에서도 매일 것이요 네가 땅에서 무엇이든지 풀면 하늘에서도 풀리리라 하시고 마 16:19

하나님의 이름을 거룩히 여기는 방법

원래 내 이름은 최상훈이 아니었다. 나의 원래 이름은 최상택이다. 어릴 적 살던 동네는 워낙 작은 시골 마을이었는데 그 마을의 할아버지 한 분이 나와 동명이인이셨다. 그런데 어느 날 그 할아버지께서 지병으로 돌아가셨다. 그러자 마을 어르신들이 나만 보면 돌아가신 할아버지 생각이 난다고 말씀하셨다. 나에게 하도 그 이야기를 하시니 부모님께서 도저히 안 되겠다며 이름을 바꾸자고 하셨고, 그렇게 해서 내 이름은 최상훈이 되었다.

이처럼 이름에는 스토리가 담겨 있다. 그 이름을 부를 때 무언가를 연관 지어 생각하게 된다. 이것이 바로 이름에 담긴 정체성이다. 그래서 이름이 갖는 의미는 굉장히 중요하다.

기도할 때도 "예수님의 이름으로 기도합니다. 아멘"이라고 하는데, 여기서 '예수님의 이름'은 우리가 맨 뒤에 그냥 주문을 붙이는 것 정도로 생각해서는 절대 안 된다. 예수님께서 "이렇게 기도하라"고 우리에게 가르쳐주신 기도가 바로 주기도문이다. 주님께서 직접 알려주신 기도의 모델이다. 그런데 그렇게 중요한 주기도문에서 첫 번째로 쓰인 말을 보면 그 영적 의미를 찾아볼 수 있다.

우리가 수백 번 암송하는 주기도문의 제일 첫 번째 간구는 놀랍게도 "이름이 거룩히 여김을 받으시오며"(마 6:9)이다. 하나님 앞에 기도드릴 때 그 이름이 거룩히 여김을 받으시도록 기도하는 것이 가장 우선되고 중요하다는 것을 알려주고 있다.

그렇다면 하나님의 이름을 거룩하게 여기는 방법은 무엇일까? 그것은 바로 하나님의 이름의 능력을 알고 의지하며 살아가는 것이다. '거룩'이라는 단어는 히브리어로 "구별하다", "깨끗게 하다", "존귀하게 여기다", "의지하다"라는 뜻이 있다. 다시 말하면 하나님의 이름을 거룩히 여긴다는 것은 그분의 이름을 높여드리고 의지한다는 것이다. 그래서 우리가 주님의 이름을 더 많이 높여드리는 찬양을 하고 선포하는 것이 주님의 이름을 거룩히 여기는 방법이다.

우리의 정체성은 이미 하나님의 자녀이기 때문에, "예수님의 이름으로 기도합니다"라고 하는 것만으로도 나를 알아주시고 사랑해주시고 주목해주신다. 하나님 자녀의 정체성을 가졌으면 아들이 아버지의 이름을 부르는 것이 당연하다. 또 아버지의 이름을 부르면 아버지가 돌봐주시고 나의 필요를 채워주시리라는 믿음을 가져야 한다.

너희 염려를 다 주께 맡기라 이는 그가 너희를 돌보심이라 **벧전 5:7**

한 단계 더 나아가 성경에는 하나님의 여러 가지 이름들이 있다. 그 이름의 계획과 능력이 우리의 삶에 드러나도록 하나님의 이름의 뜻을 배우고, 외우기도 하고, 마음에 새기고, 선포하며, 더 깊이 알도록 기도해야 한다.

또한 하나님의 이름을 알기 위해서는 성령님을 의지해야 한다. 성령님을 의지하는 것은 우리가 주체적으로 외워서 지식적으로 하나님의 이름을 아는 것과는 영적 수준 자체가 다르기 때문이다. 성령님은 하나님을 누구보다도 잘 아시는 분이시다. 하나님과 일체이신 성령님이 주체가 되어 직접 알려주신다면, 그 깊이는 우리의 지식을 뛰어넘어 넘치는 충만함으로 역사하실 것이기에 성령님을 더욱 사모하며 구해야 한다.

> 우리 주 예수 그리스도의 하나님, 영광의 아버지께서 지혜와 계시의 영을 너희에게 주사 하나님을 알게 하시고 엡 1:17

성경에는 이름이 바뀐 사례들이 많이 나온다. 대표적으로 아브람은 아브라함이 되었다. 아브람이라는 뜻은 그냥 존귀한 아버지 정도인데, '아브라함'은 "열국의 아버지"로, 개인의 아버지 수준이 아니라 열국의 아버지가 되었다. 열방을 향한, 세계를 향한 아버지가 된 것이다. 사래도 한 개인의 공주였는데, '사라', 즉 "열국의 여주인, 열국의 어머니"가 되었다.

'아브라함과 사라는 이름도 바뀌고 운명도 바뀌어서 좋겠다. 나도 그랬으면 좋겠다'라고 생각할 수도 있다. 그런데 우리가 이것을 부러워할 필요는 없다. 왜냐하면 우리에게는 아브라함과 비교가 되지 않는 예수님의 이름을 주셨기 때문이다. 그분이 내 안에 계시고 나와 함께하신다.

유치원 아이들이 노는 놀이터를 지나가다가, 아이들이 서로 먼저 그네를 타려고 싸우는 장면을 보게 되었다.

"내가 먼저 탈 거야! 너 우리 아빠한테 이른다!"

그랬더니 다른 아이가 외쳤다.

"나도 우리 아빠한테 다 이를 거야! 우리 아빠는 나이가 30살이야!"

"우리 아빠는 35살이거든! 우리 아빠는 힘도 세! 나도 번쩍번쩍 들어!"

"야, 우리 아빠는 나를 한 손으로 들어!"

이렇게 서로 맞받아치며 싸우고 있는 장면을 보며 나는 문득 깨달았다. 아이들이 이렇게 자기 아빠에 대해서 이야기하는 이유는 자기 아빠가 가지고 있는 힘이 곧 자기 것이라고 여기기 때문이다. 아버지가 가지고 있는 힘, 아버지의 이름으로 구하는 것의 원리를 우리는 어린아이 시절부터 본능적으로 아는 것이다.

예수님께서는 나를 본 자는 아버지를 보았다고 말씀하셨고(요 14:9), 예수님의 이름으로 구하면 구하는 자에게 행하여주신다고 말씀하셨다(요 14:14). 그래서 우리가 예수님의 이름으로 구하면 곧 하나님의 이름으로 구하는 것과 마찬가지이다. 그래서 우리가 하나님의 이름으로 구하면 하나님의 이름에 담긴 능력이 나에게 부어진다는 믿음으로 기도해야 한다. 예를 들어 하나님의 이름 중 "여호와 닛시"라고 외치며 기도할 때, 승리가 나에게 부어진다는 믿음을 가져야 하고, "여호와 라파"라고 부르며 기도한다면 치유가 나에게 일어날 것이라는 믿음을 가져야 한다.

그런데 더 놀라운 사실은 예수님이 십자가에 달려 죽으시고 부활하시고 승천하신 후에는 주와 합하는 자는 주님과 한 영이라고 하신 것이다(고전 6:17). 그러므로 우리는 주님의 능력이 나의 능력, 주님의 권세가 나의 권세가 될 수 있음을 믿어야 한다. 그 믿음 안에서 사용할 수 있는 것이 바로 예수님의 이름이다.

이것이 바로 하나님의 이름에 담긴 능력이며 비밀이다. 예수님께서 내 이름은 하나님의 이름과 같다고 말하면서, 우리가 배웠던 하나님의 모든 이름의 능력이 "예수님"이라는 이름에 다 들어 있다고 말씀하신다. 예수님의 이름으로 구하기만 하면 그 승리가 우리에게 부어지고, 영적으로 부어진다는 것이다.

감추어진 비밀

우리가 하나님의 이름의 능력을 경험하려면 하나님을 더 사모하고 갈망해야 한다. 마음속에 하나님을 갈망하게 되면 찬양도 더 많이 나오고 기도도 더 많이 하게 된다. 또 하나님의 말씀에 대한 갈망이 커지고 예배에 대한 사모함도 더 많아진다.

우리는 삶을 살아가고 또 신앙생활을 하면서 '나의 미래가 어떻게 될 것인가?', '나의 계획은 어떻게 세워야 할까?', '내가 어떤 선택을 하는 것이 더 좋을까?' 등의 고민을 하게 된다. 나를 향한 하나님의 계획이 어떻게 펼쳐질지에 대한 고민도 많다. 물론 이런 고민들도 분명 중요하고 자연스러운 것이고, 이것을 위해서도 당연히 기도해야 한다. 그러나 고민에만 집착하다보면 오히려 마음이 답답하고 굳어질 수 있다. '앞으로 나의 길은 무엇일까?', '나를 향한 하나님의 계획이 무엇일까?'를 생각하고 기도하는 것도 좋지만, 잠깐 여유를 가지고 내가 하나님을 알아가는 것, 하나님이 어떤 분인가에 대해 더 내 초점과 내 마음을 집중하는 것이 좋다.

나의 계획에 대해서 답답한 마음이 들 때는 잠시 마음을 내려놓고 하나님께 더욱 시간을 드려 집중해보자. 하나님이 얼마나 좋으신 분인지, 선하신 분인지, 그분의 계획이 얼마나 완전한지를 깊이 묵상해보자. 그분이 모든 문제의 해결자가 되어주시기 때문이다. 우리는 해결자의 손에 맡겨진 문제를 더 이상 고민하지 않아도 된다. 오히려 그 시간에 해결자이신 하나님에 대해 더 알아가는 것이 좋다.

우리는 한 치 앞도 모르는 인생을 살고 있다. 하나님은 우리에게 미래를 일일이 다 알려주시기보다는 우리가 주님을 의지하면서 미래와 계획을 찾아가기를 원하신다. 그리하여 우리의 삶 속에 숨겨진 주님의 계획하심을 발견해 가면서 그 과정을 통해 주님의 사랑을 알게 하시고, 주님의 뜻을 더욱 알아가면서 더 가까워지기를 원하신다.

> 모든 성도 중에 지극히 작은 자보다 더 작은 나에게 이 은혜를 주신 것은 측량할 수 없는 그리스도의 풍성함을 이방인에게 전하게 하시고 영원부터 만물을 창조하신 하나님 속에 감추어졌던 비밀의 경륜이 어떠한 것을 드러내게 하려 하심이라 엡 3:8-9

하나님이 나에게 주신 은혜는 우리가 다 측량할 수 없을 만큼 크고 놀랍고 무궁무진하다. 그런데 하나님 속에 감추어졌던 비밀의 경륜이 드러나게 될 것이라고 한다. 그분 안에 우리를 향한 계획들이 숨겨져 있다는 것이다. 그러면 우리는 말할 것도 없이 하나님을 더 많이 알아가야 되는 것이고, 그럴 때 우리의 막힌 것들까지도 풀어지는 역사가 일어나는 것이다. 그리고 모든 것이 인격적인 하나님, 성령님께서 우리와의 관계를 통해서 숨겨진 비밀을 드러내주신다.

내 이름으로 구하면

처음으로 전도사가 되어 청소년부를 맡게 되었을 때, 우리 반이 몇 명이 되면 놀이동산을 데려가겠다고 약속했다. 그런데 진짜 주일에 그 인원을 달성하여 아이들을 다 데리고 놀이동산을 가게 되었다. 그때만 해도 전도사 월급이 얼마 안 되던 시절인데, 놀이동산 티켓 값이 얼마나 비싸던지 그 많은 아이들을 다 사주기에 돈이 턱없이 모자랐다. 어쩔 수 없이 제일 저렴했던 빅3 이용권을 끊었다. 다행히 아이들은 그것마저도 재밌어하며 각자 가장 타고 싶은 것들을 엄선하여 놀이기구를 타고 돌아왔던 기억이 난다.

만약 자유이용권을 사주었다면 어땠을까? 굳이 우열을 가리며 타고 싶은 것을 신중하게 고민하여 선별하지 않아도 되었을 것이다. 그런데 더 놀라운 사실은 놀이기구 자유이용권보다 더 엄청난 예수님의 이름을 우리에게 무제한 사용하라고 주셨다는 것이다.

하나님의 이름을 "딱 한 번만 사용해야 해", "5회로 제한할 거야" 이렇게 말한다면 우리가 얼마나 힘들까? 하지만 하나님께서 우리에게 주신 예수님의 이름은 무제한이다. 심지어 우리가 그 이름을 사용하면 사용할수록 하나님이 기뻐하신다.

어떤 대기업 회장이 무제한 카드를 우리에게 준다면 어떨까? 어디든지 가서 아무리 비싼 금액을 계산해도, 차를 사든, 집을 사든, 무엇을 사든 무제한 사용할 수 있는 권한을 준다고 하면 마다할 이유가 없을 것이다.

이처럼 우리가 무언가의 사용권을 갖는다는 것은 우리에게 기쁨이 된다. 예수님께서는 "내 이름으로 구하라"고 하셨다. 영적 사용권을 우리에게 주신 것이다.

> 내 이름으로 무엇이든지 내게 구하면 내가 행하리라 요 14:14

> 또 무엇을 하든지 말에나 일에나 다 주 예수의 이름으로 하고 그를 힘입어 하나님 아버지께 감사하라 골 3:17

물론 하나님께서 성경에 나오는 선지자들에게도 나타나시기는 하셨지만, 예수님의 이름을 사용할 수 있는 권한은 없었다. 그러나 우리에게는 하나님께 능력을 간구하는 권한 정도가 아니라 그 이름의 평생 사용권을 주셨다. 그렇기에 이것이 얼마나 가슴 벅찬 선물인가. 우리가 이 감격을 늘 인식하고 그 이름의 능력을 삶에서 풀어내야 한다.

만약 우리에게 주신 예수님의 이름을 사용할 수 있는 권한을 구약의 선지자에게 주었다면 엄청난 일들이 일어났을 것이다. 그런데 그 축복이 우리에게 주어졌으니 이 놀라운 축복의 사실을 피상적으로만 아는 것이 아니라 이것이 얼마나 큰 것인지, 예수를 더욱 생각하고 묵상해야 한다.

"예수의 이름으로 기도합니다"라고 기도를 끝냈지만 아직도 여전히 '이 일이 좀 이루어져야 될 텐데', '진짜 이게 될까?' 하는 의심이 들 때가 있는가? 조바심만 들고 이것이 정말 하나님의 역사로 일어날까 하는 고민이 많았다면, 이제는 "예수님의 이름으로 무엇무엇이 될지어다!"라고 선포하고 명령해보자. 선포하면 마음가짐과 하나님 앞에 드리는 고백이 예전과 달라질 것이다.

예수 이름을 사용할 때 예전과는 다른 능력과 파워가 우리 입에서 나갈 것이다. 그러므로 앞으로는 예수님처럼 더 많이 알고, 더 깊어질 수 있기를 성령님께 간구해야 한다. 그러면 분명히 이전과는 다른 권세로 역사가 나타날 것이다. 우리는 하나님의 DNA를 가진 하나님의 자녀이며, 하나님의 능력을 이미 가지고 있다. 그 능력은 믿음으로 우리 삶의 모든 영역 속에서 풀어지는 것이다. 그 믿음이 강력해질 때 모든 문제는 무릎 꿇게 될 것이다.

> 이러므로 하나님이 그를 지극히 높여 모든 이름 위에 뛰어난 이름을 주사 하늘에 있는 자들과 땅에 있는 자들과 땅 아래에 있는 자들로 모든 무릎을 예수의 이름에 꿇게 하시고 빌 2:9–10

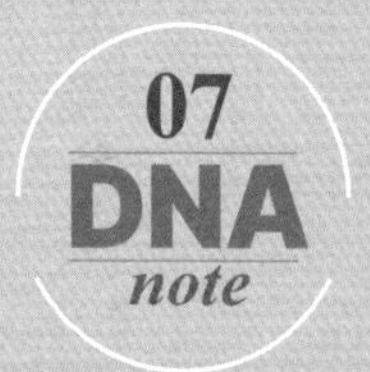

요약문

○ 하나님께서는 말씀을 '말하심'으로 아름다운 세상을 창조하셨다. 그러므로 우리도 말씀을 '말함'으로 능력을 나타낼 수 있다.

○ 우리에게는 하나님의 DNA, 곧 하나님의 권세가 주어졌다. 이것을 사용하는 방법이 바로 '선포'이다.

○ 선포를 통해 하나님으로부터 오지 않은 것들은 끊어지고, 모든 죄나 악한 생각들을 이기는 능력이 나타날 수 있다.

선포문

○ 하나님의 말씀의 권세가 내게도 있음을 믿습니다.

○ 귀에 들린 그대로 행하리라고 말씀하신 주님, 내 혀끝에 하나님의 말씀을 둡니다.

○ 예수님의 이름을 선포할 때, 삶의 모든 영역 속에서 그 이름의 권세가 풀어짐을 믿습니다.

기도문

하나님 아버시, 나의 입술에 권세를 주셔서 감사합니다. 내 언어를 하나님의 살아 있는 말씀에 일치시킬 때, 어떠한 문제라도 돌파되는 역사를 보게 될 줄 믿습니다. 주신 선포의 권세를 잘 사용하여, 삶의 모든 영역 속에서 주님이 예비하신 가장 좋은 것들을 누리는 간증자가 되게 하옵소서. 예수님의 이름으로 기도합니다. 아멘.

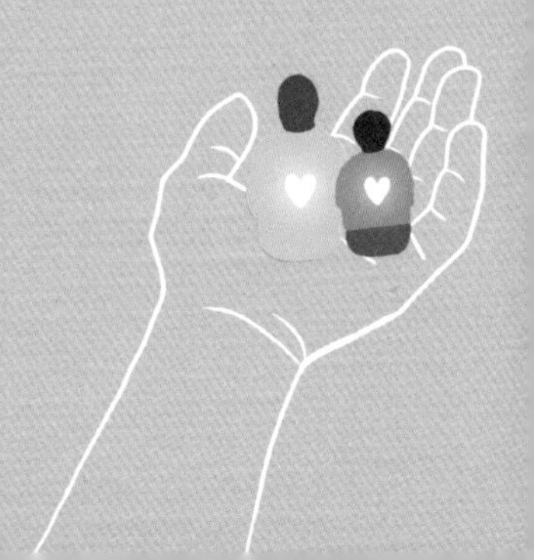

8장

일상 정렬

부르심에 도달하는 원리

화가 파블로 피카소의 유명한 일화가 있다. 어느 날 산책을 하다가 길옆에 버려진 자전거를 보고, 그 자전거를 집으로 가져와 분해해서 핸들과 안장 두 개로 '황소머리'라는 작품을 만들었다. 작품은 50년 뒤에 약 300억 원에 판매되었다. 피카소의 손을 거쳤다는 이유만으로 망가진 자전거가 아름다운 작품으로 재탄생한 것이다.

만약 내가 지나가다가 망가진 자전거를 집으로 가져왔다면, 아마 폐기물로 팔아버렸을 것이다. 누구의 손에 붙들렸는지에 따라서 그 가치는 극과 극이 될 수 있다. 이처럼 비록 지금의 내 상황이 망가진 자전거로 보인다 해도, 눈에 보이는 상태를 묵상하지 말고 누구의 손에 붙들려 있는지를 기억해야 한다. 우리는 완전하신 하나님의 손에 꽉 붙들린 자들이다. 우리를 규정하는 것은 능력도 아니고 다른 사람이 규정하는 현실도 아니다. 나를 규정하는 것은 오직 하나님의 말씀이다.

숯덩이의 은혜

스가랴서에 보면 스가랴의 환상이 나온다. 하나님께서는 성전 재건의 과정에서 새로운 백향목이 아닌 불에서 꺼낸 그슬린 나무와 같은 이스라엘 백성을 쓰신다. 이미 불타버린 나무로 성전을 짓는다는 것은 말도 안 되는 일이다. 그것을 사용함으로써 도리어 굳이 겪지 않아도 될 어려움이 발생할 수도 있다. 그럼에도 불구하고 숯덩이를 사용하셔서 주님의 일을 이루신다. 우리도 이와 같은 부르심의 은혜를 입었다. 하나님께서는 숯덩이 같은 우리를 사용하셔서 거룩한 성전을 짓는 하나님의 일에 쓰임 받게 하신다.

때때로 하나님께 이렇게 질문할 때가 있다.

"주님, 왜 이런 나를 사용하십니까?"

거룩하신 하나님께서 숯덩이인 우리를 사용하시는 것이 우리에게는 너무 큰 축복이자 은혜이다. 내가 비록 하나님이 보시기에 보잘것없고, 내가 나를 봐도 사랑스럽지 않은 숯덩이 출신이어도 괜찮다. 불에 그슬린 나무가 성전 짓는 일에 쓰임

받듯 하나님의 손에 붙들리면 부족해 보이는 나도 귀하게 쓰임 받을 것이다.

한편 스가랴의 환상 속 여호수아는 더러운 옷을 입고 있었다(슥 3:3). 사탄은 여호수아의 행색을 보며 어떻게 더러운 옷을 입은 대제사장이 하나님의 거룩한 성전을 지을 수 있느냐고 그를 참소한다. 그리고 오늘날 우리에게도 이러한 참소를 일으키며 우리 마음을 분탕질한다. '더러운 죄의 옷, 탐욕의 옷을 입은 내가 어떻게 거룩하신 하나님의 일을 할 수 있을까? 내가 이 일을 할 만한 자격이 있나?' 하며 정체성을 흔든다. 이런 마음이 들 때, 여기에 동의할 필요도, 부끄러워할 이유도 없다. 우리가 회개하며 나아갈 때, 모든 죄의 옷을 벗겨주시고 아름다운 옷을 입혀주시는 하나님이 등장하시기 때문이다.

하나님께서는 사명을 감당하기 전에 먼저 우리가 우리의 더러움을 깨닫고 회개하기를 원하신다. 우리 자신의 죄가 적나라하게 드러나면 부끄럽게 느껴질 것이다. 그러나 주님은 우리의 죄로 인해 죄책감과 좌절감, 낙심을 심어주고 우리의 부족함을 상기시키려는 것이 아니다. 숯덩이 같은 우리의 시작점을 다시 생각하게 하시고, 회개의 자리로 인도하시는 것이다.

그래서 회개가 중요하다. 회개할 때 하나님의 일이 시작되는 놀라운 조짐이 보이는 것이다. 하나님은 우리가 다 회개하기에 이르기를 원하신다. 우리가 더디다고 생각하는 문제가 풀어지는 역사도 회개를 통해 일어나게 된다(벧후 3:9). 그러나 진정한 회개는 마음속으로만 죄를 인정하고 이해하고 마음먹는 것으로만 끝나는 것이 아니다. 반드시 회개의 자리에 나아가야 한다. 계속해서 회개와 감사로 주님께 나아갈 때, 능력도 부어지고 은혜도 부어진다. 하나님의 속성들과 충만함이 부어지는 것은 회개의 자리에서 시작되는 것이다.

현재의 내게 주어진 포지션, 스스로의 모습을 보며 숯덩이와 같은 인생을 여기까지 변화시키신 하나님의 은혜를 상기하고 감사하자. 감사와 회개로 나아갈 때 주님께서는 더러운 옷을 벗겨주실 영적 유익함을 예비하고 계신다. 그간 목회를 하면서 유독 회개의 영이 부어질 때가 있었고, 그때에는 어김없이 하나님의 역사가 일어났다. 우리를 회개의 자리로 이끌어 가신다면, 하나님의 역사가 일어나는 조짐이라고 믿는다.

나귀의 착각

흔히 '나귀의 착각'이라고도 하는 유명한 이야기가 있다. 나귀가 예수님을 등에 태우고 예루살렘에 입성할 때, 많은 사람이 종려나무 가지를 흔들고 수많은 사람이 환호성을 질렀다.

나귀의 입장에서는 '와, 나를 향해 손을 흔드네! 내가 이렇게 환영을 받네! 내가 높임을 받는구나!' 하고 우쭐한 마음이 든다. "그래도 내가 다른 나귀들에 비해서 다리에 힘이 좋고 튼튼하고 잘생겼나봐!" 하고 착각했다는 것이다.

혹 우리의 모습이 나귀와 같지 않은가? 뭔가 잘 되는 일이 있거나, 성공하는 일, 혹은 높임을 받는 일이 있으면 그에 대한 근거를 나 자신에게서 찾기 시작하는 경우가 있다.

"맞아, 그래도 내가 이런 부분에서는 괜찮지, 내가 좀 잘하지, 좋지."

사실 나귀가 많은 사람에게 환호받았던 것은 예수님을 태웠다는 한 가지 이유밖에 없다. 많은 사람 앞에서 나귀가 쓰임받은 것은 단지 예수님께서 "주가 쓰시겠다"고 하신 말 한마디 때문이었다. 그리고 실제로 찬송받은 대상은 나귀가 아니었다. 수많은 이스라엘 백성이 옷을 깔고 종려나무 가지를 흔들며 환영했던 주인공은 나귀가 아니라 예수님이었다. 나귀의 어떠함이 아니라 전적으로 예수님 때문이었는데, 나귀가 착각을 했던 것이다. 나귀 자체의 가치보다, 누가 나귀에 탔느냐에 따라 가치가 달라졌던 것이다. 마치 우리 안에 계시는 예수님 덕분에 우리의 가치가 달라지는 것처럼 말이다.

예수님께서 보잘것없는 나귀를 타신 장면도 인상적이다. 예

우리는 완전하신 하나님의 손에
꽉 붙들린 자들이다.
우리를 규정하는 것은 능력도 아니고
다른 사람이 규정하는 현실도 아니다.
나를 규정하는 것은 오직 하나님의 말씀이다.

수님은 전지전능하신 분이라 굳이 그럴 필요가 없으신데, 굳이 나귀를 타고 입성하셨다. 멋진 백마도 아니고, 다 큰 나귀도 아니고, 작은 새끼 나귀를 타는 것은 폼이 나지 않는 일이다. 발이 바닥에 닿아서 그냥 걸어가시는 것보다 더 불편하고 힘들 수도 있을 텐데, 그 나귀를 택하시고 타주신 예수님, 그분이 오늘날 나를 택하시고, 나와 함께해주신다. 예수님이 없으면 나귀 새끼는 그저 보잘것없는 가축일 뿐이다. 우리도 마찬가지이다. 예수님이 없으면 아무것도 아닌 존재지만, 예수 그리스도 안에 있을 때 많은 것을 누릴 수 있는 은혜와 기쁨과 영광이 있다.

이처럼 나의 가치, 나의 정체성을 결정하는 것은 내가 누구 안에 있느냐의 문제다. 그 당시에 나귀를 탄다는 것은 지금으로 따지면 세발자전거를 타는 것보다 더 초라하고 보잘것없는 일이었을 것이다. 과연 나귀를 타고 온 예수님의 입장은 어땠을까? 창피하지 않았을까? 지금으로 따지면 한 나라의 대통령이 많은 사람 앞에 세발자전거를 타고 나타나는 것이다. 이를 본 사람들이 대통령을 우습게 여기지 않았을까? 자전거가 너무 작아서 타면 무릎이 바깥으로 심하게 튀어나오고 발을 바닥에 질질 끌면서 왔어야 했을 것이다.

하물며 한 나라의 대통령이 그렇게 나타나도 사람들이 웃고 무시해서 굉장히 창피했을 것이다. 그런데 만왕의 왕 되신 우리 예수님께서 작고 초라한 나귀를 타고 나타나셨다. 그 당시에 사람들은 메시아를 기다렸다. 예수님은 많은 사역을 감당하시고, 많은 병자를 고치시고, 귀신을 쫓아내셨다. 그 크신 능력의 메시아가 나귀 새끼를 타고 나타난 것이다. 이것이 은혜이고 이것이 복음이다. 하나님은 우리에게 은혜의 복음을 주시기를 원하신다. 다른 것으로 설명이 되지 않고 오직 하나님의 은혜로만 생각되고, 은혜로만 풀어질 수 있는 것을 복음이라고 하는 것이다.

스스로 자신을 나귀 새끼라고 여길 때가 있다. 빨리 달릴 수도 없고, 보잘것없고, 못생겼고, 시골 한구석에 아무도 관심 갖지 않는 초라한 나귀라고 생각될 때가 있다. 매인 나귀처럼 여전히 눈앞의 문제에, 질병, 과거에 받은 상처에 매여 있다고 느껴질 때가 있다. 그런 우리에게 찾아오셔서 매인 것을 풀어주시고 주가 쓰시겠다고 하신 분이 바로 예수님이시다.

성경을 자세히 보면 전공과 다르게 쓰임받은 사람들이 있다. 예수님의 제자였던 누가는 의사였고, 베드로는 어부였고, 마태는 세리였다. 결국은 나의 예상과 다른 통로로, 하나님의 계획에 따라 사용하시기도 하는데, 하나님께서 쓰실 때는 우리의 어떠함과 남들에게 보이는 모습은 중요하지 않다는 것이다. 중요한 것은 주님의 손에 붙들리느냐에 달려 있다. 주님께서 부르시고 쓰시겠다고 하신 것이 가장 중요하다. 나귀가 카리스마 있고, 튼튼하고, 빠르고, 반짝반짝 빛나는 백마인지, 다리도 짧고 뒤뚱뒤뚱 달리는 보잘것없는 나귀 새끼인지는 중요하지 않았다. 중요한 것은 그 사람이 가진 무언가가 아닌, 주가 쓰시겠다는 말씀 한마디이다.

우리의 정체성은 이미 주께서 쓰시겠다고 한 존재, 그리스도 안에 있는 존재이다. 예수님이 십자가에 달려 죽으심으로써 새로운 피조물이 된 존재, 그리스도 안에 있는 존재이다. 그래서 지금도 예수님의 가장 완전한 보호를 받고, 예수님이 끝까지 지켜주시며 사랑해주시는 영적 존재이다. 이것이 바로 우리에게 주신 하나님의 첼렘, 하나님의 정체성이다. 이를 인식할 때 사명의 자리를 지키고 부르심에 순종하는 힘이 작동될 수 있는 것이다.

요한의 아들 시몬아

성경에서 정말 유명한 사건 중에 하나가 예수님의 수제자였던 베드로가 예수님을 배반한 사건이다. 참 마음이 아프면서도 감동이 되는 부분은 비록 베드로는 예수님을 배반했지만, 예수님은 베드로를 변함없이 사랑하셨다는 사실이다.

예수님은 우리의 행위 때문에 우리를 향한 시선을 변개하지 않으신다. 그분의 인자하심은 변하지 않는다는 것이다. 물론 우리가 죄를 지으면 회개함으로 나아가 하나님과의 관계를 온전하게 회복해야 한다. 하지만 우리가 죄를 지었다고 해서 예수님께서 "너 이제 다시는 안 봐. 사랑하지 않을 거야"라고 말씀하지 않으신다. 예수님은 베드로가 당신을 세 번 배신하고 저주까지 할 것을 이미 아셨음에도 사랑의 눈으로 끝까지 그를 바라보셨다.

베드로가 예수님을 세 번 부인하자 닭 울음소리가 들려왔다(눅 22:60-61). 그 순간에 예수님과 눈이 마주쳤다. 나는 이때의 예수님의 표정을 머릿속으로 그려보았다. 그때 주님의 눈빛은 과연 어떠했을까? 성경에 예수님의 눈빛에 대해 자세히 기록되어 있지는 않았지만, 미움이나 분노가 아닌 여전히 사랑 가득한 눈빛이었을 것이다. 왜냐하면 예수님의 눈빛을 본 베드로가 이내 통곡하며 회개의 자리로 나아갔기 때문이다. 아마 주님의 눈빛에 인자하고 애타는 마음, 안타까운 마음이 들지 않았을까. 자신을 배신하고 저주한 제자를 여전히 사랑하는 마음, 그 깊은 마음을 두 눈 가득 담으셨으리라 생각한다.

끝까지 그를 사랑하신 예수님께서는 부활하신 후 육지에서 기다리고 계신다. 낙심하여 다시 물고기를 잡으러 돌아간 베드로를 위해 진수성찬을 차려놓으신 것이다. 베드로의 입장에서 그날은 하루 종일 지쳤을 때였다. 예수님을 배반한 일로 아직 몹시 힘든데다가 밤새 고기를 잡느라 체력적으로도 지쳐 있는 상태였다. 그런 베드로와 제자들을 위해 아침 식사를 준비하시는 예수님의 모습은 그분의 여전한 사랑을 잘 보여주신다. 우리가 죄를 지었어도, 잘못했어도 끝까지 우리를 놓지 않으시고 포기하지 않으시는 하나님의 사랑을 느낄 수 있다. 따뜻한 숯불도 피워주시고 조반도 차려주심으로 배고픔을 채워주신 후 예수님은 베드로에게 말씀하신다.

요한의 아들 시몬아 요 21:17

예수님은 그를 베드로가 아닌 '시몬'이라고 부르셨다(요 21:15). 평소 예수님은 대부분 그를 '베드로'라고 부르셨다. 예수님을 만난 후 그는 시몬에서 베드로로 이름이 바뀌었다. 그런데 예수님께서는 지금 그를 본래의 이름, 예수님께서 처음 그를 만났을 때의 이름으로 불러주시는 것이다. 이를 통해 그가 원래 어떤 사람이었는지, 어떻게 변화되었는지 정체성을 깨닫고 되새기기를 원하셨던 것이다.

그리고 그에게 딱 한 가지만 세 번 물으셨다.

"네가 나를 사랑하느냐?"

"내가 주님을 사랑하는 줄 주님이 아십니다."

"내 양을 먹이라."

베드로가 사랑을 고백할 때 내 양을 먹이라고 하시며 다시 사명을 허락해주신다. 이를 계기로 그는 하루에 3천 명을 회개시키고 구원하는 능력 있는 사도로 쓰임 받게 되었다.

나를 여전히 사랑하시는 분이 누구신지를 분명히 알게 되면 나의 정체성 또한 분명히 알게 된다. 내가 누구인지, 어떤 변화를 받았는지 아는 것, 이것이 순종의 자리까지 나아가게 하는 힘이다.

세 번째 이르시되 요한의 아들 시몬아 네가 나를 사랑하느냐 하시니 주께서 세 번째 네가 나를 사랑하느냐 하시므로 베드로가 근심하여 이르되 주님 모든 것을 아시오매 내가 주님을 사랑하는 줄을 주님께서 아시나이다 예수께서 이르시되 내 양을 먹이라 요 21:17

내가 만들어갈 거야

아프리카에 첫 교회 건축은 아무것도 없는 맨땅에서 시작되었다. 건축 계획을 세우고자 몇몇 성도들과 머리를 맞대고 본격적으로 회의를 시작했는데 건축을 할 줄 아는 사람이 아무도 없었다. 그런데 놀랍게도 내가 그 건축 과정을 다 알고 있는 유일한 사람이었다. 시멘트를 몇 대 몇 비율로 섞는지, 어떤 도구로 어떻게 측량을 하는지 등 상세한 과정들이 다 내 머릿속에 있었던 것이다.

하나님께서는 내가 8년쯤 뒤에 이곳 아프리카에서 교회 건축을 하게 될 것을 미리 아시고, 나를 군시절 공병대에 배치하셨고, 그곳에서 건축 기술을 배우게 하셨다. 지금 생각해도 참으로 놀라운 하나님의 섭리였다. 정작 공병대에 배치되었을 때는 일이 너무 고되고 힘들어서 하나님께 불평만 했는데, 절묘한 타이밍에 귀하게 쓰임 받게 되다니, 하나님의 선하신 계획에 참으로 감격스러웠던 순간이었다.

그렇게 내가 건축 감독이 되어 모든 설계와 공사를 마치고, 마지막으로 십자가를 세우는 일만 남겨두고 있었다. 이왕이면 한국의 대형 교회처럼 스테인드글라스로 멋진 십자가를 세우고 싶었다. 그러나 아프리카에서는 스테인드글라스로 된 십자가는 좀처럼 찾기 힘들었다. 그도 그럴 것이 재료부터 구하기 쉽지 않았다. 시내에 있는 다른 십자가도 그냥 나무로만 되어 있었다. 그러나 당시 나는 하나님께서 기뻐하실 성전을 가장 아름답게 짓고 싶다는 간절한 소원이 있었다.

'하나님, 주님의 교회를 너무 사랑합니다. 그래서 가장 예쁘게 만들고 싶어요.'

기도하면서 지혜를 구했다. 그러다가 한국에 붙이는 스테인드글라스가 있다는 정보를 얻게 되어 무려 한 달 반 만에 배송을 받게 되었다. 택배를 개봉하고 그것을 일일이 손으로 유리에 붙이는 작업을 했다. 십자가의 형태가 완성될수록 마음이 벅차올랐다. 하나님을 사랑하고 주의 교회를 사랑하는 마음으로 만드니 하나님께서 더 크신 사랑을 부어주시는 것 같았다.

그리고 18년 후, 내가 선교했던 아프리카 케냐로 봉헌 예배 겸 단기선교를 가게 되었다. 가는 길부터 마음이 참 많이 뛰었다. 첫 해외 선교로 섬겼던 교회를 이번에는 담임목사가 되어 청년 40여 명과 함께 간다니 참 의미가 깊다고 생각했다.

차를 타고 한참을 들어가 올레케뭉게 마을의 교회에 들어섰는데, 성전 한가운데 여전히 걸려 있는 알록달록한 십자가가 눈에 들어왔다. 18년 전 내가 손수 오리고 붙였던 그 십자가가 그 자리 그대로 걸려 있었다. 그때의 감격과 감동은 말로 다 표현할 수 없다. 하나님을 사랑하는 마음으로 정성껏 세운 시간을 주님이 기쁘게 받으시고, 여전히 기억하고 계신다는 마음이 들어 더 큰 감동이 되었던 것 같다.

십자가 앞에 서 있으니 그간 해외 선교 사역들이 파노라마 같이 지나갔다. 아무것도 모른 채 아프리카 땅에 와서 8개월을 마당 쓸기만 하고, 제대로 된 사역도 하지 못했던 때도 있었다. 공사 감독에게 사기를 당해 턱없이 모자란 재정으로 어렵게 공사를 이어갔던 때도 있었다. 그러나 그 모든 것들이 합력하여 하나님의 방법과 계획대로 결국 아름다운 성전이 완공되었고, 그 역사의 현장에 지금은 청년들을 데리고 서 있는 것이었다. 얼마나 신실한 하나님의 계획이고 부르심인가!

하나님이 약속하신 것은 반드시 이루어진다. 이것을 신뢰하고 기다릴 수 있는 것이 믿음이다. 묵시는 정한 때, 즉 하나님의 때가 반드시 있다고 성경은 말하고 있다(합 2:3). 그것을 목도하려면 말씀 앞에 생각을 정렬해야 한다. 모든 것에는 하나님의 때가 있고 방법이 있다.

예수님께서 처음 제자로 시몬과 안드레를 부르셨을 때도 "너희로 사람을 낚는 어부가 되게 하리라"고 말씀하셨다(막 1:17). 이 말씀은 "얘들아, 너희들이 정말 열심히 전도해서 많은 열매를 맺어야 해"라는 말씀이 아니다. 만약 이렇게 말씀하셨다면 '내가 무슨 힘으로 그런 열매를 맺나, 내가 봐도 난 부족한데…'라며 부담감을 가졌을지도 모른다.

그러나 이 사건은 단순히 예수님께서 어부들을 제자로 부르신 사건이 아니다. 이와 비슷한 장면이 구약에도 똑같이 그려지고 있는데, 바로 최초의 인류인 아담을 지으셨을 때의 장면이다. 하나님께서는 아담을 만드실 때 하나님의 형상을 닮도록 만드셨다. 그 안에는 하나님의 속성과 성품과 능력이 다 들어 있다. 결국 제자를 부르신 이 사건은 "내가 너희를 하나님의 형상과 모양대로 만들어갈 것이다"라는 의미이다. 태초에 하나님께서 그들을 디자인하고 계획한 하나님의 형상과 모양으로 만들어 갈 거라고 하시며 하나님의 계획을 보여주셨던 것처럼, 제자들에게 가장 먼저 세팅해야 할 것을 알려주신 것이다. 이것이 바로 영의 정체성의 회복이며, 이것이 하나님께서 그분의 계획을 시작하시는 출발점이다.

자기 자신을 바라보았을 때, 부족한 점이 많을 수 있다. 때때로 넘어지고 의기소침해질 때도 있다. 그러나 어떤 상황에도 하나님의 사랑받는 자녀라는 영의 정체성으로 무장하고 주님께로 나가는 자에게 주님은 "내가 너를 만들어갈 거야", "내가 너를 이끌 거야"라고 말씀하신다. 그렇게 우리를 품어주시고 구원을 이루어 가신다. 당신의 모습과 형상대로 만들어가시되 그 안에 하나님의 치유가 있고 회복이 있고 능력이 있고 기쁨이 있고 그 안에 하나님의 은혜가 있다. 이것이 하나님께서 우리에게 진정으로 알려주고 싶어 하시는 영의 정체성이다. 우리는 이 정체성을 더욱 인지하고 누리며 나아가야 한다.

순종할수록 드러나는 하나님의 계획

2018년, 캄보디아로 단기선교를 다녀왔다. 자정에 도착해서 그다음 날 이른 아침부터 선교 일정이 시작되었다. 봉헌 예배를 드리고, 마을 잔치와 어린이성경학교 등 사역은 빈틈없이 진행되었고 감사하게도 함께 간 동역자들 모두 큰 은혜를 받았다. 예수님을 잘 모르는 많은 이들이 예수님을 영접하는 소중한 시간이었다.

내 안에 들려오는 하나님의 음성

그렇게 모든 일정을 소화한 후 숙소에 도착하니 밤 11시가 다 되어가고 있었다. 사실 현지에 도착했을 때부터 감기 기운이 있었는데 첫날 일정을 마치고 숙소에 돌아왔을 때는 컨디션이 더 악화되고 있었다. 조금이라도 숙면을 취해야겠다는 생각에 서둘러 침대에 누웠다. 그런데 마음에 기도하라는 눌림이 부어졌다.

'그래도 내일 사역에 지장이 없으려면 잠을 자는 게 낫지….'

그런데도 눌림이 계속되었다. 하나님께서 하실 말씀이 있겠다는 생각에 무거운 몸을 일으켜 무릎을 꿇었다. 그리고 방언으로 작게 기도하기 시작했다. 뭔가 마음의 눌림이 있고 기도제목에 대한 답답함이 있을 때 방언으로 기도하면 하나님께서 열어주시는 은혜와 평안함이 있었다. 그렇게 방언으로 기도한 지 한 시간쯤 지나자 내일 누군가를 만나게 되면 그 사람을 위해서 기도하라고 하는 감동이 느껴졌다.

다음 날 세례를 베풀기 위해 바닷가로 이동하던 중, 계속해서 어제와 같은 기도의 눌림이 있었다. 그래서 기도하며 2시간쯤 가다가 문득 선교사님께 물었다.

"저 혹시 선교사님, 이 근처에 신학교가 있나요?"

"근처는 아니지만 여기서 한 30분 정도 가면 신학교가 있긴 합니다."

"그렇다면 혹시 저희가 가서 예배드리고 기도할 장소가 있을까요?"

"작은 신학교라서 아마 수업받는 공간만 있지 저희가 예배드리고 기도할 만한 공간이 있을지는 잘 모르겠습니다."

머나먼 땅에서 온 전혀 모르는 사람들이 나타나 갑자기 수업 중에 예배하고 기도하는 것은 실례가 될 수 있는 일이었다.

그러나 기도하라는 하나님의 강한 마음의 감동과 눌림이 있었기에 잠깐 들어가서 기도하는 허락을 받았다. 장로님과 현재 청년 담당 목사님과 함께, 우리는 콘크리트가 깔린 야외 한쪽 구석에서 기도했다.

그러다 우연히 그곳을 청소하시는 분을 만나게 되었다. 그 분과 잠깐 이야기를 하는데 갑자기 눈물을 흘리시더니, 심경을 토로했다.

"목사님, 사실은 제가 2주 전에 정말 억울한 사고로 자녀를 잃었습니다. 정말 마음이 너무 아프고 억울하고…. 삶의 소망을 잃고 자살도 생각했습니다."

나는 어제 하나님께 받은 마음 그대로 그 분을 위해서 기도를 해주어도 되겠느냐고 물었다. 그러자 그 분이 다시 말씀하셨다.

"제가 하나님께, 하나님이 나를 사랑하신다면, 누군가가 나를 좀 위로해줬으면 좋겠다고 고백했었습니다."

나는 곧장 그 분에게 안수기도를 해드렸다. 기도를 마치자 그 분은 "알 수 없는 평안함을 느꼈습니다. 이렇게 마음이 평안해질 수 있다니 놀랍습니다"라고 현지 언어로 말씀해주셨다. 늘 불안했고 억울하고 이렇게 살아야 하나 삶을 포기할 생각도 했는데 그런 자기에게 평안함을 주었다며 하나님께 찬양을 돌렸다. 하나님께로부터 오는 평안을 위해, 그 단 한 사람을 위해 머나먼 땅 한국에서부터 여기까지 이끌어주신 하나님의 계획하심과 섭리가 너무 놀라웠다.

이렇듯 마음속에 주님이 주시는 감동에 기꺼이 순종했을 때, 하나님은 캄보디아에서 상처받은 한 영혼에게 세상이 줄 수 없는 평안함을 주셨고, 나는 그 은혜를 목도하게 되었다. 이것이 바로 놀라운 순종의 능력이다.

만약 전날 밤 피로에 휩싸여 기도하라는 감동에 순종하지 않았다면 어떻게 되었을까? 신학교에 들르지 못하고 지나쳐 그 분을 만나지도 못했을 것이다. 그러나 내 몸의 컨디션이나 판단을 내려놓고 기도하기를 선택했을 때 누구를 만날 것에 대한 감동을 품게 하셨고, 그 감동을 마음에 새기고 있을 때 신학교에 들러 큰 위로를 전할 수 있었다. 이 모든 하나님의 일하심은 전날 밤 기도의 자리를 선택한 순간부터 시작되었던 것이다.

하나님의 형상으로 만들어진 자녀의 능력은 어디로부터 오는 것일까? 하나님의 자녀는 순종할수록 이미 내재된 하나님의 DNA가 능력으로, 기적으로, 성품으로 드러나게 된다. 이미 내 안에 들어 있는 하나님의 계획이 드러나는 것이다. 즉 하나님의 DNA 속에는 하나님의 계획과, 방법, 능력이 들어 있고 그것이 드러나게 되는데 그 비결은 바로 순종이다. 온전한 순종으로 나아갈 때 하나님의 DNA, 능력, 방향이 드러나는 것이다.

기도에 대한 눌림이 있을 때 순종함으로 신학교에 들러 누군가를 위해 기도할 수 있었다. 그때 방향과 동선까지도 정해주시고, 세례식의 분위기도 바꿔주시고, 한 사람만을 위한 계획을 신실하게 이루어가신 것이다.

그렇다면 가치 있는 순종이란 과연 어떤 것일까? 그것은 베드로를 살펴보면 알 수 있다. 베드로의 순종이 위대한 이유는 바로 하나님의 말씀이 자기 생각과 맞지 않아도 순종했다는 것이다. 베드로는 직업이 어부였다. 그래서 하루 종일 물고기를 잡았기에 어느 때 물고기가 잘 잡히는지, 어부 일에 잔뼈가 굵고 갈릴리 호수에 대한 지식도 빠삭한 사람이었다. 그럼에도 예수님이 그물을 내리라는 말에 그저 순종했다. 하루 종일 고기를 잡았지만 잡히지 않았던 자기 경험이나 생각으로는 이해되지 않고 상황에도 맞지 않는 말씀이었지만 그저 순종했다.

이것이 바로 성경에서 말하는 순종이다. 내 생각과 맞고 순종할 만한 일에 순종하는 것은 누구나 할 수 있는 일이고, 그 생각에 내가 동의하고 행동하는 것이지 진정한 성경적인 순종은 아니다. 베드로의 순종이 위대한 이유 중 또 다른 하나는 힘들어도 순종했다는 것이다. 베드로는 밤새 고기를 잡고 기진맥진한 상태였지만 그럼에도 예수님의 말씀에 온전히 순종하고 배를 타고 나갔다. 결국 예수님께서는 베드로를 위대한 제자로 사용했다. 이것이 순종하는 자를 향한 하나님의 마음이다. 순종할수록 하나님의 DNA 안에 포함된 하나님의 계획, 능력, 기적이 드러나는 것이다.

순종에는 타이밍이 있다

케냐에서 선교한 지 2년째 되던 해에, 잠시 한국을 2주 정도 방문한 적이 있다. 오랜만에 밟은 한국 땅이 어찌나 반갑던지, 못 먹던 한국 음식도 먹고 처리할 일도 하면서 행복한 시간을 보내고 있었다. 그런데 당시 공군이었던 형님에게 연락이 왔다.

"상훈아, 말레이시아에 같이 갈래?"

공군 장교의 자녀들을 데리고 말레이시아 단기선교를 떠나게 되었는데, 같이 다녀오자고 권유한 것이다. 한국에서 말레이시아까지 한 번에 가는 비행편도 없어서, 두 번이나 경유해서 가려면 거의 24시간을 비행기에서만 보내야 했다. 한국에서 누릴 2주 중에 절반을 다시 해외에서 보내게 된 것이다.

"형, 일단 기도해볼게요."

전화를 끊고 한 시간 정도 기도했다. 이 타이밍에 권유를 받은 것도 우연은 아니겠다는 생각이 들었기 때문이었다. 그런데 정말 하나님께서는 마음에 선명한 음성을 들려주셨다.

'상훈아, 형과 함께 말레이시아에 다녀와주겠니?'

기도하면 할수록 하나님의 뜻이 분명히 있겠다는 확신이 들었다. 나는 결국 순종하기로 마음먹었다. 참 신기한 것은 일단 순종하기로 마음을 먹으니 그 후에 기쁨이 따라온다는 것이었다. 마치 내 마음 깊은 곳에서 원했던 소원이 이루어진 것처럼 한국에 머물러 있지 못한다는 아쉬움보다 순종의 기쁨과 평안이 가득해졌다.

그렇게 한국에 온 지 이틀 만에 나는 말레이시아에 가게 되었다. 그런데 마을 잔치가 있던 마지막 날, 돌발 상황이 발생했다. 영어도 잘 못 하는 나에게 사회를 보라는 것이었다.

"저는 영어를 아예 할 줄 모르는데요?"

"괜찮아요. 중간중간 몇 마디만 해주면 돼요."

곤란해할 틈도 없이 내게 마이크가 쥐어졌다. 머릿속이 새하얘지면서 어떤 말부터 해야 할지 몰라 잠시 간절하게 기도했다. 그리고 주님께 모든 것을 맡기고 첫 마디를 시작했다.

"Hello! My name is…"

그런데 놀라운 사실은 내가 무려 2시간 30분 동안 혼자서 영어로 사회를 봤다는 것이다. 더 놀라운 것은 그들의 반응이었다. 중간중간 성경 말씀을 전하기도 하고, 레크리에이션 진행도 하는데 곳곳에서 원주민들이 "아멘!"을 외치기도 하고, 가벼운 농담에 박장대소를 하면서 분위기가 좋아지는 것이었다. 선교사님도 이런 반응은 좀처럼 보지 못했다며 뿌듯해 하셨다.

한국으로 돌아오는 비행기 안에서 생각에 잠겼다. 기도하지도 않고, 순종을 택하지도 않았다면, 영어를 못한다고 무작정 사회 요청을 거절했다면, 이만큼의 순종의 기쁨을 맛볼 수 있었을까? 이후로 순종에 대한 관점이 조금 달라졌던 것 같다. 남은 아프리카에서의 선교사생활에서도 이때 깨달았던 영적 교훈이 큰 힘이 되었다. 내 유익보다 하나님께서 기뻐하시는 편이 무엇일까 생각하며, 설령 그 일이 내게 과분하거나 막막하게 여겨져도 내 안에 계신 주님께서 능력도 부어주셨음을 믿고 순종하는 담대함을 얻게 되었다.

하나님께서는 순종하는 자를 기뻐하시고 능력도 부어주신다. '순종은 할 건데, 일단 내 일부터 하고 그다음에 해야겠다', '여건이 되면, 시간이 좀 되면 그때 순종해야겠다'라며 차순위로 미루는 것은 온전한 순종이 아니다. 주어진 순종의 타이밍을 놓치게 되면 축복의 타이밍 역시 놓치게 된다. 하나님의 명령 뒤에는 늘 하나님의 놀라운 축복의 계획이 숨겨져 있다. 예수님의 장사를 준비하여 향유를 깬 여인처럼, 하나님께서 말씀하시는 정확한 타이밍에 순종하는 진국 같은 순종을 주님은 기뻐하신다. 그럴 때 순종 너머로 하나님의 숨겨진 DNA, 하나님의 계획이 드러나는 것이다.

작은 일에 순종하면

하나님의 부르심에 감동을 받고 순종하여 알래스카로 선교를 떠나 그곳에 도착했을 때, 나를 위한 선교가 준비되거나, 목회가 준비되거나, 아니면 나를 필요로 한 곳이 있었던 것은 전혀 아니었다. 도착하고 나서 한 달 정도 지난 다음 나는 미국 교회에서 연세가 지긋한 10명에게 찬양을 지도하는 일을 맡게 되었다. 그것은 내가 생각했던 선교의 방향이 아니었다. 그동안 기도했던 에스키모 선교의 길이 열린 것도 아니었고, 대학교에서 청년 사역을 한 것도 아니었다. 그러나 지금 내게 주어진 것이 보람을 느끼는 일이 아니었음에도 그저 순종했다. 오히려 감사했던 것은 마침 찬양 사역 외에 맡은 일이 없어서 하나님과 교제의 시간을 더 많이 확보할 수 있었다는 것이다. 그래서 더더욱 하나님의 계획과 섭리가 있음을 끝까지 신뢰할 수 있었다.

때때로 보람은 내가 일하는 데 만족을 주기도 하지만, 자칫 하면 그것이 내 의가 될 수도 있는 것 같다. 그래서 이러한 인내의 시간이 주어졌을 때, 한편으로는 영적으로 감사하다는 생각이 든다. 이 시간이 있어야만 나의 의가 아닌, 순도 높은 겸손으로 나아갈 수 있게 되기 때문이다. 때때로 이런 기다림이 힘겨울 때도 있고, 조급한 마음이 들기도 하지만 그 터널을 통과한 후에 보면 이 순종이 나를 정교하게 만들어가는 동력이 되었다.

그렇게 내가 맡은 찬양대 지휘를 불평하지 않고 순종하며 정성으로 감당하고 있을 때 어느 날 한 에스키모 교인이 내게 연락을 했다.

"혹시 작은 방을 빌려서 예배드릴 수 있나요?"

찬양대 지휘를 맡은 지 10개월 정도 지났을 때의 일이다. 함께 예배드릴 영혼을 보내주신 것이다. 연락을 받았을 때 나는 뛸듯이 기뻤다. 그리고 그 일을 계기로 에스키모 공동체와 함께 예배를 드리고, 그 분들에게 무료로 공간을 빌려주고 필요한 것을 제공하면서 에스키모 선교를 확장할 수 있는 계기가 되었다. 이것이 지금의 에스키모 선교센터의 시작이었다.

시편의 많은 찬양을 남긴 다윗은 양치는 일을 했다. 흔히 푸르른 초원 위에 뛰노는 양을 치며 찬양을 부르는 다윗의 모습을 상상하게 되지만, 성경 속에서 실제 다윗이 양을 치는 장면을 보면 사실 그가 쳤던 양 무리는 고작 몇 마리였음을 알 수 있다. 그 적은 양을 위해 그는 목숨을 바쳐 맹수들과 싸웠던 것이다. 하나님께서는 작은 일에 충성을 다한 다윗을 기뻐하셨다. 결국 작은 일에 충성한 그에게 이스라엘 나라 전체를 다스리는 일을 맡기셨다. 주어진 일에 순종하며 성실함으로 감당할 때, 그 작은 일들의 연장선상에서 하나님의 이끌어가심을 발견하게 되는 것이다.

시간이나 방법을 내가 정하면 좌절이 오고 낙심이 온다. 그러나 시간의 주인은 하나님이시다. 이 사실을 믿음으로 붙들고 기다릴 때, 주님과의 교제를 통해 모난 성격과 연약한 믿음을 정교하게 만드시고, 둔탁한 원석을 보석으로 만드는 세밀하고 정확하신 하나님의 작업이 이루어진다. 그리고 반드시 하나님께서 응답하신다. 설령 내가 원하는 방법이 아닐지라도 기쁨으로 순종하며 나가면, 하나님께서 인도하신 곳이 나를 아름답게 만드는 과정임을 발견할 것이다. 어떤 상황에서도 하나님은 선하시고 완전하시다.

Walk with God

어떤 교회에서 야유회를 갔다. 버스를 타고 이동하는데, 장로님 한 분이 마이크를 잡더니 세상의 유행가를 부르기 시작했다.

"여러분, 모처럼 야유회인데 유행가도 좀 부르고 합시다."

그렇게 하루 종일 즐겁게 놀고 다시 돌아오는 길에, 아까 그 장로님이 다시 마이크를 잡고 이렇게 말했다고 한다.

"자자, 이제 교회가 가까워졌으니까 찬송가를 부릅시다."

교회라는 장소적 개념은 인식하면서도 정작 내 안에 계신 주님은 인식하지 못했던 것이다. 우리 주님은 항상 우리 안에 계신다. 우리 안에 한 영으로 계셔서 그분과 교제하고 동행하는 존재, 하나님은 우리를 그렇게 만드셨다.

내 안에 주님과 동행한다는 사실이 분명하면 예배를 드리는 마음가짐도 달라진다. 교회에 들어서기 전부터 이미 예배가 시작된 것이다. 주님과 동행하기 때문에 누군가와 대화를 하면서도, 길을 걸으면서도, 밥을 먹으면서도, 삶의 매 순간이 예배가 된다. 이를 인식하다보면 쉽게 상처받거나, 대화 중에 마음이 상하거나, 욱하는 일들이 줄어들게 된다. 언제 어디서나 주님과 동행한다는 것을 알기 때문이다.

300년간 동행한 에녹

성경에는 하나님과 300년간 동행한 인물이 나오는데, 바로 에녹이다. 영어 성경에 보면 에녹이 주님과 함께 걸었다(walked with God)고 기록되어 있다. 함께 걷는다는 것은 단지 걷기만 했다는 것이 아니라 즐겁게 대화도 나누고 교제도 했다는 것이다.

아내와 종종 밤 산책을 갈 때가 있는데, 한 번은 들려주고 싶은 노래가 있어서 이어폰을 꽂고 들려주었다. 그런데 음악에 집중한다고 함께 있으면서도 대화를 안 했더니 너무 답답하게 느껴졌다. 결국 이어폰을 빼고 다시 대화를 나누며 집으로 걸어왔던 기억이 난다.

함께 걷는데 한마디도 하지 않으면 그것은 함께 걷는다고 할 수 없다. 만약 기차를 타고 서울에서 수원까지 가는데, 서로 한마디도 하지 않는 기차의 승객과 '동행했다'고 말하지는 않을 것이다. 그것은 그냥 목적지가 같을 뿐이다. 그러나 친구와 함께 기차에 타서 대화하면서 간다면 그것은 '동행했다'라고 말할 수 있다.

성경에서 말하는 동행도 마찬가지이다. 내 안에 예수님이 계신 것만이 동행이 아니다. 그분과 함께 이야기하고 흉금을 털어놓고 교제하는 것을 '동행'이라고 한다. 하나님께서는 사람과의 동행, 곧 교제를 너무나 기뻐하신다. 하나님은 300년간 동행한 에녹을 너무나 사랑하셨고, 그래서 죽음을 보지 않고 데려가셨다. 창세기 3장 8절에도 하나님이 동산을 거니셨다(walking in the garden)고 하는데, 함께 걸으셨다는 표현이 나온다. 함께 산보하고 걷는다는 것은 함께 이야기하고, 함께 뜻을 맞추고 생각했다는 것이다.

동행한다는 것은 뜻이 같다는 것이며(암 3:3), 뜻이 같다는 것은 마음을 나누고 통했다는 것이다. 마음이 통하려면 깊은 대화를 통해 그 사람을 알아가야 한다. 마찬가지로 주님과 동행한다는 것은 주님과 더 깊이 대화하고 알아가는 것을 뜻한다. 주님과 한 영이라는 정체성을 인식하는 연습을 넘어 이제 그것이 체질화될 때, 주님이 실체가 되고 그분과 나의 관계가 더 친밀해지는 것이다.

성경을 보면 예수님께서 우리와 동행하기를 얼마나 원하시는지 알 수 있다. 수많은 사람이 예수님을 찾아와 병이 낫는 기적을 경험했다. 혈루증을 앓던 여인, 문둥병자, 귀신 들린 자, 눈먼 자 등 많은 병자를 낫게 하셨지만 대부분 그들은 예수님을 직접 찾아와 간구하여 고침을 받고 돌아갔다. 그런데 특이하게도 베드로의 장모는 구하지도 않았는데 예수님께서 직접 찾아가 고쳐주신다.

성경에서는 베드로 장모의 사건에서 베드로의 특별한 행적에 대해 말하고 있지 않다. 다만 확실한 사실 한 가지는 베드로는 오직 주님과 동행했던 사람이라는 것이다. 그는 매일 예수님과 밥도 먹고 잠도 자며 일상을 함께했다. 생활 속에서 주님과 많은 대화를 하고 깊은 마음을 나누었다. 비록 넘어지기도 하고, 예수님의 마음을 아프게 한 일도 있었지만, 그럼에도 불구하고 주님은 끝까지 베드로를 사랑해주셨다. 주님은 일상을 함께하는 동행을 너무나 기뻐하신다.

도마는 왜 의심했을까

반대로 결정적인 순간에 예수님과 함께하지 못한 인물도 있다. 바로 예수님의 제자 중에 가장 의심이 많았던 도마다. 왜 도마는 다른 사람들과 달리 그렇게나 의심이 많았을까? 성경은 그 이유에 대해 분명히 언급하고 있다.

> 열두 제자 중의 하나로서 디두모라 불리는 도마는 예수께서 오셨을 때에 함께 있지 아니한지라 요 20:24

예수님이 열두 제자에게 나타났을 때, 도마는 그 자리에 함께 있지 않았다. 내가 누구와 함께하느냐, 내가 어디에 함께 있느냐 하는 것이 그 사람의 정체성을 더 분명하게 하는 힘이 된다. 함께 있는 사람, 내가 머무는 자리를 통해서 내가 어떤 존재인지 알 수 있는 것이다. 부활하신 예수님과 함께하는 것, 그분이 기뻐하시는 자리를 지키는 것이 영적으로 큰 힘이고, 그것이 나의 정체성을 더 분명하게 해주는 것이다. 도마는 그 자리에 함께하지 않았기 때문에 그의 마음속에 의심이 시작되었던 것이다.

주님이 내 안에 함께하시는 것이 사실로 믿어진다면 주님과 촘촘히 교제하는 것이 자연스러워진다. 내가 목사라서, 권사이고 장로라서 주님과 교제해야 한다는 의무감이 아니라, 항상 내 안에 주님이 계시므로 남이 보든, 보지 않든 내 안에 계신 주님만을 인식하고 의식하게 되는 것이다.

알래스카에서 목회할 때 시내에 큰 술집이 하나 있었다. 그곳은 밤마다 술 먹고 춤추는 젊은이들로 가득했다. 그런데 점점 손님이 줄더니 장사를 접게 되었고, 그 후 어떤 한인 교회에서 그 건물을 인수하게 되었다. 그러더니 술집이었던 건물에 큰 변화가 일어나기 시작했다.

우선 실내 인테리어와 분위기가 완전히 바뀌었다. 어둠 속에 빛나던 네온사인들은 밝은 조명의 성전이 되었고, 욕설이 난

무하던 소음은 서로 칭찬하고 높여주는 따뜻한 말들로 바뀌었다. 술병이 사라지고 쾌락의 온상이었던 것들이 사라지면서 그 자리에 강단이 들어서고 성경책이 놓이게 되었다. 술집이었던 건물은 아름다운 예배당으로 탈바꿈했고, 시끄럽게 울려 퍼졌던 유행가들이 아닌 하나님을 찬송하는 찬양이 흘러나오는 곳이 되었다.

내가 어디로부터 왔는지, 지금 누구와 함께하고 있는지를 인식하면 정체성이 분명해지고, 이를 생각할수록 행동과 생각이 바뀌게 된다. 우리는 하나님으로부터 왔고, 예배드릴 때 가장 안정적이고 기쁨을 누릴 수 있는 존재로 지어졌다. 우리가 하나님의 형상대로 지어졌기 때문이다. 예수님이 나와 한 영으로 함께하고 계심을 인식하면, 예배가 많아지고 교제가 깊어진다. 하루에 주님을 찾는 빈도수가 더 많아지고 친밀해진다.

지금도 나는 하나님으로부터 오는 좋은 성품, 하나님께 있는 충만한 것들이 이미 내 안에 부어졌음을 믿는다. 이를 믿음으로 선포하며 기도해보자. 인식하면 할수록 능력이 드러날 뿐 아니라 하나님과의 아름다운 관계가 더 풍성해질 것이다.

> 너희 중에 누구든지 지혜가 부족하거든 모든 사람에게 후히 주시고 꾸짖지 아니하시는 하나님께 구하라 그리하면 주시리라 약 1:5

부르심에 도달했던 룻

청년 제자반을 진행하다보면 청년마다 각기 다른 하루를 보내고 온 모습을 볼 수 있다. 대학생에서 직장인까지 다양한 청년들이 한자리에 모였는데, 바쁜 시간을 쪼개어 나오는 것이 쉽지 않은 결단이라고 느껴진다. 저녁까지 고된 직장생활을 마치고 온 청년, 3교대 간호사 업무를 끝내고 온 청년, 취업 준비를 하느라 10시간씩 공부를 하다 온 청년 등 들어보면 나보다 더 바쁜 하루를 보낸 청년들도 많다. 그런 청년들이 한자리에 모인 모습을 보면 마음 한편이 뭉클해진다. 지친 와중에 늦은 시각 한자리에 모인 이유가 하나님의 말씀을 배우려는 단 한 가지 이유라니, 얼마나 귀하고 감동적인 사모함인가. 피곤한 기색이 역력한 청년들을 보면 더 전심으로 제자반 교육을 하려는 마음이 생긴다. 그러면서 사람인 내가 봐도 그들이 이토록 사랑스럽게 보이는데 하나님은 얼마나 더 기쁘실까 하는 생각이 든다.

이처럼 하나님을 위한 작은 선택은 하나님을 기쁘시게 한다. 성경을 보면 중요한 선택의 순간에 매번 하나님을 택한 인물이 있다. 바로 룻이다. 룻은 남편이 죽고 과부가 되었다. 구약에서 고아와 객과 과부는 백성들의 자비와 동정에 의해서만 생존할 수 있는 사회적 약자요, 극빈곤층을 대표하는 전형적인 사람들이었다. 나오미의 두 며느리 중 첫째인 오르바는 이미 고향으로 돌아간 뒤였다. 그러나 룻은 다른 선택을 하게 된다.

> 룻이 이르되 내게 어머니를 떠나며 어머니를 따르지 말고 돌아가라 강권하지 마옵소서 어머니께서 가시는 곳에 나도 가고 어머니께서 머무시는 곳에서 나도 머물겠나이다 어머니의 백성이 나의 백성이 되고 어머니의 하나님이 나의 하나님이 되시리니 룻 1:16

룻은 중요한 순간마다 하나님의 방법을 선택하며 그 자리를 지켰다. 룻이 택한 것은 계산적인 선택이나 이해관계를 따진 결정이 아니었다. 오히려 이것저것 따져보았다면 오르바처럼 시어머니를 따라가지 않고 고향으로 돌아갔을 것이다. 그러나 룻은 함께 지내는 동안 시어머니의 굳건한 신앙을 보았다. 어머니가 남편을 잃고 아들을 잃어도 하나님을 향한 변하지 않는 태도, 그 안에서 중심을 잃지 않는 신앙의 태도를 보며 룻은 시어머니를 끝까지 따라가기로 결정한 것이다. 그리고 룻의 이 진실된 섬김을 통하여 결국 보아스를 만나게 되었다. 이것이 우리를 향하신 하나님의 비전에 도달하는 영적 원리이다.

최근에 한 집사님이 간증을 보내오셨는데 참 귀하다는 생각이 들었다. 이분은 어느 날 가슴 통증을 느끼고 큰 병원에서 검사를 했는데 2센티미터가량 심장 혈관이 막혀 있다는 진단을 받았다. 그런데 이 소식을 듣고 두려움보다는 오히려 이 사건을 희망적으로 느꼈다고 한다. 이 사건을 통해 교회에 잘 나오지 않던 딸과 그 가족들의 믿음이 견고해질 것 같다는 확신이 들었다는 것이다. 그리고 정밀 검사를 앞두고 간절히 기도하는데 예배 도중에 목사님이 혈관이 안 좋은 사람들을 위해 중보하는 순간 그것을 "아멘"으로 받았다고 한다. 하나님께서 내 입술을 통하여 이 집사님을 치유하시려고, 구체적인 병명까지도 마음에 감동으로 넣어주신 것이었다.

그리고 집사님의 믿음대로 기적이 일어났다. 의사가 딸에게 "치료가 필요 없게 되었습니다. 막혔던 부분이 깨끗하게 사라졌네요"라고 말한 것이었다. 집사님은 모든 상황을 영적으로 바라보며 감사하는 기도를 드렸다고 한다. 남기신 간증이 내게도 큰 울림이 되었다.

"목사님, 제 병을 고쳐주신 하나님께 너무나 감사합니다. 그러나 주님께서 제 병을 고쳐주신 것보다도 딸의 믿음이 견고해진 것이 더 감사합니다."

이와 같이 집사님이 병중에도 가족들의 믿음을 먼저 생각했던 것처럼 룻도 중요한 순간에 영적 가치를 먼저 택했을 때, 하나님의 인도하심을 받게 되었다. 룻도 처음부터 자신의 소명이

나 부르심을 알지는 못했다. 그러나 믿음으로 하나님의 방식과 사람을 택할 때 보아스를 만나고 예수님의 족보에 오르는 축복의 여인으로 쓰임 받게 된다. 현재 소명을, 목적을, 부르심을 모른다 해도 괜찮다. 시어머니를 따랐기 때문에 보아스를 만났던 룻처럼 하나님의 방법을 택하는 작은 선택들이 축적될 때, 하나님의 부르심에 도달하게 될 것이다.

요약문

- 보잘것없는 인생도 누구의 손에 붙들리느냐에 따라 가치가 달라진다. 우리는 하나님의 손에 붙들린 존재이다.
- 하나님의 방법을 택하는 작은 선택들이 축적될 때, 하나님의 부르심에 도달하게 될 것이다.
- 하나님께서는 우리를 디자인하고 계획하신 그분의 형상대로 우리를 이끌고 계신다. 그러므로 순종을 통해 우리 안에 내재된 하나님의 DNA와 능력, 비전이 드러날 수 있다.

선포문

- 나는 주님 손에 붙들려 귀히 쓰임 받는 존재입니다.
- 나의 어떠함이 아닌, 하나님의 말씀으로 나를 규정하겠습니다.
- 작은 선택일지라도 하나님의 방식을 택하겠습니다.
- 이해되지 않아도 순종할 때, 하나님의 숨겨진 DNA가 드러남을 믿습니다.

기도문

하나님 아버지, 때론 나의 소명과 부르심을 다 알 수 없다고 해도 하나님의 방법을 택할 때 부르심에 도달함을 믿습니다. 일상의 작은 선택일지라도 주님의 방식을 택하는 겸손과 순종으로 나아가기를 간절히 구합니다. 순종함으로 나를 위해 예비하신 최고의 계획과 부르심에 도달하는 주의 자녀가 되게 하옵소서. 예수님의 이름으로 기도합니다. 아멘.

삶을 값지게 하는 영적지혜

9장

기도의 누림

기도는 사라지지 않는다

첫 책《기도는 사라지지 않는다》를 통해서 기도의 용기와 도전을 얻었다는 메시지를 많이 받았다. 참 놀랍고 감사한 일이다. 상당히 많은 메일을 받았는데 그중 대다수는 기도통장을 어떻게 하는지에 대한 질문이었다. 방법에 차이가 있을 수 있지만 확실한 것은 기도는 절대 사라지지 않고, 하나님께서 계수하시고 주목하고 계신다는 것을 확실히 인식하는 것부터 시작된다는 것이다.

다윗은 하나님 앞에 기도를 많이 했던 사람이었다. 그는 고통의 한복판에서도 신음까지 들으시는 하나님께 눈물로 기도하며 나아갔다. 눈물의 회개도 많이 했다. 다윗은 이 눈물의 기도가 주의 책에 기록될 것이라는 확신을 가지고 기도했다(시 56:8). 그는 기도한 모든 것이 주의 병에 담겨지고, 주님의 책에 기록되어 절대로 사라지지 않는다는 믿음을 가졌던 인물이다.

기도란 하나님과의 교제에서 가장 기본적인 통로이다. 그러므로 어떤 목적을 이루고자 기도를 수단 삼아 이용해서는 안 된다. 기도는 하나님께 내 모든 것을 토설하고 간구함으로써 결국 하나님 없이는 하루도 살 수 없다는 겸손한 표현이기도 하다. 그래서 교만한 자는 기도할 수 없고 겸손한 자만이 기도할 수 있는 것이다. 왜냐하면 기도는 주님의 도우심이 없이는 스스로 아무것도 할 수 없음을 인정하는 것이기 때문이다.

내 안에 기도가 풍성하게 되어질 때, 주님이 나와 함께하신다는 것이 점점 더 나에게 실제가 된다. 기도할 때마다 내게 있는 연약하고 부족한 것들이 아닌, 나를 도우시는 하나님의 인자하심과 선하심과 계획하심을 붙들게 된다.

그런 의미에서 기도통장은 좋은 방법이 될 수 있다. 기도통장에 기도가 쌓인다고 해서 기도의 응답이 물리적으로 바로 보이는 것은 아니지만, 기도를 통해서 내가 주님과 함께하는 시간이 많아지고, 주님과의 교제가 풍성해지기 때문에, 주님을 더욱 의지할 수 있는 통로이자 도구가 된다.

내가 누군가와 친하고 내가 누군가를 사랑한다면 그 사람과 많은 시간을 보내고 싶어 하는 것은 당연한 이치이다. 마찬가지로 내가 기도통장을 하면서 주님과 보낸 시간들을 돌아보며 힘을 얻기도 하고, 더 주님께 나아가는 힘을 얻는 도구가 되는 것이다.

예를 들어 내가 일반통장에 조금씩 저축하여 돈이 쌓이는 것을 보게 되면, 저축하고 싶은 열정과 힘이 더 생기게 된다. 마찬가지로 기도통장을 보면서 주님과의 관계가 더 풍성해지고 싶고 친밀감이 더 확장되고 싶어지는 힘과 도전이 되어지는 것이다. 그래서 기도통장의 본질은 주님과의 관계이고, 주님과의 친밀감이다.

기도통장의 방법은 간단하다. 우리가 통장에 돈을 저축하는 것처럼 1분에 1만 원씩 기도통장에 기록하는 것이다. 기도통장에 시간을 적으면 좀 부담이 되지만, 1분에 1만 원으로 환산해서 적게 되면 더욱 기도가 쌓이는 재미가 있을 것이다. 물론 기도를 실제 돈의 가치로 환산할 수는 없다. 1분 기도의 가치가 당연히 1만 원이 될 수는 없기 때문이다. 1분의 기도 시간의 가치는 10억, 100억보다 더 크다. 우리가 기도통장을 하는 것은 기도가 쌓이는 것을 실질적으로 카운트하고 현실적으로 느끼게 하는 데 도움이 되도록 하는 하나의 프로그램이다.

기도통장 운동을 시행했을 때 많은 사람이 오히려 기도와 가까워지고 주님과 친밀해지고 기도가 풍성해지는 것을 경험했다는 간증이 있었다. 하나님 앞에 헌금을 드리는 것은 어려울 수 있지만, 하나님 앞에 기도를 드리는 것은 의지를 가지면 누구나 할 수 있는 일이다.

처음에 기도통장 운동을 시작할 때는 꼭 앉아서 눈을 감고 기도하는 것만이 아니라 걸으면서, 운전하면서, 대중교통을 타면서 하나님과 교제하는 모든 시간을 포함해서 기도통장에 기록하도록 했다. 그리고 찬양도 곡조 있는 기도이기 때문에 찬송하는 시간, 말씀을 묵상하는 시간을 다 포함해서 시작했다. 그러다가 점차 기도의 양이 늘어나고 기도하는 사람의 숫자가 많아지고, 기도가 점점 익숙해졌을 때 한자리에 앉아 기도하는 시간만을 계수하기로 했다.

하루에 1시간 기도하는 것부터 시작인데 처음에는 쉽지 않아 보일 수 있다. 그러나 천천히 자신의 일상에서 기도를 녹여내고, 교제의 기쁨을 맛보게 되면 자연스레 기도의 시간이 늘어나게 된다. 그렇게 온 성도가 기도통장 운동에 재미있게 참여하게 되자 교회에 기도가 점점 풍성해지기 시작했다.

어떤 새가족은 기도통장 운동을 시작하면서 이런 질문을 했다.

"기도통장 운동이 다 끝나고 통장을 내면 돈으로 바꿔주나요?"

이 재밌는 질문에 나는 웃으며 대답해 드렸다.

"바꿔주지 않습니다. 절대 이 통장을 들고 일반 은행을 가지 마십시오."

그리고 그 성도님께 기도가 얼마나 중요한지에 대한 말씀들을 쭉 풀어줬더니 이해하시고 웃으며 돌아가셨다. 십자가에 도가 세상 사람들에게 미련하게 보여도 믿는 우리에게는 능력인 것처럼(고전 1:18) 하나님께서는 우리의 기도를 가장 귀한 금향로에 담아 돈의 가치로 환산할 수 없는 엄청난 축복으로 부어주실 것이다.

또한 앞서 말했듯이 기도는 관계이다. 기도를 통하여 나와 하나님과의 대화가 풍성해질 때, 우리 하나님께서는 축복을 부어주시고, 우리를 더 풍성하게 하시는 것이다. 우리 인간을 만드신 하나님은 찬송을 받기 위해서, 또 우리와 교제하기 위해서 우리를 만드셨다. 그래서 우리가 기도하면, 하나님께서 우리를 만드신 목적, 즉 정체성과 합해지기 때문에 하나님께서 너무 기뻐하신다. 그래서 우리의 순종과 기도의 양이 하나님의 마음을 기쁘게 해드리는 것이라고 생각한다. 결국 내가 기도함으로써 내 기도의 양 때문에 반드시 내가 응답받는 그런 구조가 아니라, 기도로 하나님의 마음을 기쁘게 하는 것이고, 그 이후 하나님이 주시는 응답과 선물은 당연한 것이 아니라 전적인 하나님의 은혜이며 선물이다. 이 부분을 우리가 간

과해서는 안 된다.

결론적으로 우리가 기도한다고 하는 것은 굉장히 소중하고 하나님이 기뻐하시는 것이 분명하다. 그러나 응답과 은혜와 축복을 주시는 것은 하나님의 주권 아래 있고 하나님의 선택과 범주 아래 있다는 것이다. 이것이 바로 불교의 삼천배와는 다른 것이다.

우리는 하나님의 자녀이기에 하나님의 DNA를 가지고 태어났다. 주님과의 교제, 즉 기도를 통하여 내 안에 이미 내재되어 있는 하나님의 DNA가 활성화되고, 그것이 물리적인 세상에 드러나는 데 있어서 우리에게 중요한 영적 가치가 될 것이다.

기도는 그냥 하는 것이다

내가 초등학생 때, 친구의 아버지가 탁구장을 운영하셨다. 그 친구를 따라다니다보니 탁구장에 갈 기회가 많았다. 그러다 우연히 그곳에서 탁구를 열심히 치기 시작했다. 처음에는 공이 올 때 받을 줄 몰랐는데 계속해서 반복적으로 연습하다보니 나도 모르게 반사적으로 탁구공을 받아내고 있는 나를 발견했다. 생각하고 치는 것이 아닌데 반사적으로 손이 올라가고 탁구를 잘 칠 수 있게 된 것이다.

우리가 신앙생활을 하면서 수많은 기도의 말씀들을 듣고 기도의 눌림을 갖기도 한다. 그런데도 눌림으로만 끝나지 기도로 이어지지 않을 때가 많다. 그래서 '아, 그렇구나' 하고 깨닫고 끝나는 것이 아니라, 은혜로 바꿀 구체적인 실천 방안을 만들어야 하고, 변화를 위해 내 안에 깨달은 것을 삶에 적용해보려고 애를 써야 한다. 우리가 변화되기를 원한다면, 하나님께서 우리의 연약함을 아시고 도와주실 것이다.

> 자유롭게 하는 온전한 율법(복음)을 들여다보고 있는 자는 듣고 잊어버리는 자가 아니요 실천하는 자니 이 사람은 그 행하는 일에 복을 받으리라 약 1:25

"위대한 일을 시도하라"고 말했던 선교사 윌리엄 케리처럼, 자꾸 시도하면서 나가는 것이다. 나오미를 따랐던 룻과 같은 마음으로 내가 맡은 일에 충성을 다하며 나아갈 때, 하나님의 때에 하나님이 부르심에 도달하게 하는 은혜를 허락해주실 것이다.

공부를 못하는 사람과 잘하는 사람의 특징이 있다. 공부 못하는 사람은 결단과 결심을 많이 한다. 공부하겠다고 결심부터 하고, 그러다가 어질러진 책상을 보고는 책상부터 치울 결심을 한다. 그다음 커피를 마시고 해야겠다고 하고, 또 앉아만 있으면 안 되니까 운동도 해준다. 본격적으로 공부하기 전에 내내 결심만 거듭한다는 것이다. 그러나 공부 잘하는 사람은 결단이나 결심의 과정 없이 그냥 한다. 그냥 자리에 앉아서 공부를 시작한다. 기도도 마찬가지이다. 기도하겠다고 결심하는 것이 아니라 단 5분을 기도하더라도, 10분을 하더라도 그냥 시작하는 것이다. 지금 당장 5분이라도 기도를 시작하는 것이 주님과의 관계가 회복되고 주님과의 소통이 풍성해지는 시작점이다.

기도의 방법도 사람마다 다를 것이다. 내가 아프리카 선교사 시절에 만났던 성도들은 기도 방법이 내가 알던 것과는 사뭇 달랐다. 그들은 한자리에 앉아서 오래 기도하지 않고 드넓은 성전 내부를 빙빙 돌면서 기도했다. 우리가 "아멘!" 하듯이 "Yes! God!" 하면서 벽에 손을 대고, 돌아다니며 기도를 드렸다. 그것 또한 하나님께서 기쁘게 받으시는 기도이다. 꼭 무릎 꿇고 두 손을 모으고 기도해야만 들으시는 것이 아니라는 것이다. 기도의 방법과 상관없이 일상에서 드리는 기도 또한 하나님과의 교제가 될 수 있다.

그러니 어떻게 하면 기도를 더 즐기면서 할 수 있을지 생각해보자. 출근길에 혼잣말로 주님과 대화하거나 운전하면서 내가 좋아하는 찬송, 곡조 있는 기도를 해보는 것도 좋다. 가만히 앉아서 기도하기 어려우면 산책을 하면서, 산을 오르면서, 운동을 하면서 주님과 교제해보자. 사소한 일상에서부터 기도를 시작하면 점점 친숙해지기 시작할 것이다.

기도를 그리는 방법

하나님의 관점에서는 우리의 기도 한 줄이 너무나 소중해서 천사의 손에 들려 하늘에 상달된다고도 말씀한다.

> 향연이 성도의 기도와 함께 천사의 손으로부터 하나님 앞으로 올라가는지라 천사가 향로를 가지고 제단의 불을 담아다가 땅에 쏟으매 우레와 음성과 번개와 지진이 나더라 계 8:4-5

그러나 이런 말씀을 지식적으로만 받아들이면 실감이 나지 않을 수 있다. 그래서 향연이 성도의 기도와 함께 천사의 손에 들려져 하나님 앞으로 올라가는 것을 이미지로 그려보는 것이다. 혹 가정에 자녀가 있으면 자녀들과 재미있게 기도 제목을 적고, 기도가 하나님 앞에 올라가는 장면을 그려보는 것도 도움이 된다. 그러면 자녀들에게도 그런 믿음이 더 풍성해질 수 있다. 이렇게 하나님 앞에 기도가 올라가는 것을 그림으로 그려보면 막연히 나의 기도 제목이 이렇게 응답되었으면 좋겠다는 바람 정도가 아니라 믿음이 더 풍성해질 것이다. 왜냐하면 기도는 영적 세계에서 실재이기 때문이다.

기도는 실제로 천사들의 금향로에 담겨 하나님의 금 제단에 들어가는 것이다. 보이는 세계에서는 우리가 하는 말이 실체로 보여지지 않는다. 그래서 그냥 사라지고 흩어지는 것처럼 느껴지는데 기도는 그렇지 않다. 우리의 기도는 보이지 않는 세계에서 영적 작동되어 우리 눈에 보이는 세계에 나타나게 되는 것이다. 우리의 기도가 실체이자 능력이 되어 나타난다는 말이다.

여호수아는 가나안 땅을 정복한 후에 기업의 분배를 받지 못한 일곱 지파에게 분배받을 땅을 두루 다니며 땅의 그림을 그려오라고 한다. 그리고 그려온 것을 가지고 제비뽑기를 해서 일곱 지파에게 땅을 분배한다.

> 너희는 각 지파에 세 사람씩 선정하라 내가 그들을 보내리니 그들은 일어나서 그 땅에 두루 다니며 그들의 기업에 따라 그 땅을 그려 가

지고 내게로 돌아올 것이라 수 18:4

여기에 여러 가지 영적인 의미가 있지만, 그중 한 가지는 우리가 나아가야 할 약속의 땅, 혹은 나의 비전의 그림을 가지고 주님 앞에 기도하라는 의미도 담겨져 있다. 그러므로 우리가 기도할 때도 나의 비전, 내가 바라고 소원하는 그림을 머릿속에 그리고 기도하는 것이 믿음을 더욱 풍성하게 할 수 있다.

영적인 상상력으로 그리면서 기도해보자. 관념적으로, 추상적으로만 기도했던 것이 한층 더 선명히 믿어지고 와닿는 효과를 누리게 된다.

이길 수밖에 없는 기도

어느 주일 대예배 시간이었다. 여느 때처럼 성경 봉독을 하다가 나도 모르게 울컥하는 마음에 목이 멨다. 그날따라 주체할 수 없는 감동이 물밀듯 밀려와 몇 초간 말을 잇지 못했다. 강력한 하나님의 임재가 성경 봉독 시간부터 임한 것이었다.

예배를 마치고 목양실에 앉아 잠시 생각해보았다. 평소 읽던 말씀이고 평소와 크게 다르지 않은 예배였는데도, 그날은 성경 말씀이 살아서 내 마음을 두드리는 것처럼 더 생동감 있게 다가왔다. 이때 한 가지 깊이 깨닫게 되었다.

'말씀을 소리 내서 말하는 것에 힘이 있구나….'

> 너는 들어가서 내가 말한 대로 두루마리에 기록한 여호와의 말씀을 금식일에 여호와의 성전에 있는 백성의 귀에 낭독하고 유다 모든 성읍에서 온 자들의 귀에도 낭독하라 렘 36:6

성경을 자세히 보면 말씀을 소리 내서 낭독하라는 내용이 나와 있다. 이는 영적 세계에서도 실제적인 효과가 있다. 성경에 보면 법조문을 보고 판결하는 장면이 나온다(골 2:14). 재판장이신 하나님과 대언자이신 예수님, 우리를 고소하는 사탄 앞에서 재판을 받는 것이다. 하나님은 약속에 대해서 신실하신 분이다. 하지만 당신의 법에 대해서도 신실하신 분이다. 우리가 말씀을 말하면 우리는 그 법에 근거하여 구속의 은혜를 누린다.

마귀는 끝까지 우리의 죄를 지적하고 참소한다. 그리고 그 죄 때문에 용서받을 수 없다고 말한다. 그러나 변호사 되신 예수님은 우리가 진정으로 회개할 때 십자가의 보혈로 우리의 죄를 도말하시는 분이다. 예수님께서 대신 사형을 받으셨고,

우리 죄의 대가를 치르셨다. 이 사실이 기록된 예수님의 말씀을 낭독함으로써 우리는 모든 죄를 탕감받게 되었다. 말씀의 능력으로 참소와 정죄를 이기게 되는 것이다. 그래서 말씀이 가장 힘이 있다. 구약의 모든 율법을 덮을 만큼 능력이 되는 말씀이다. 그래서 우리는 말씀을 가까이해야 한다.

읽기만 하면 그것이 활자로만 여겨지고 텍스트로만 읽혀질 수도 있을 것 같아 나는 노트를 따로 만들었다. 말씀을 적는 훈련을 하면 말씀이 더욱 친근감 있게 다가올 수 있다. 그리고 말씀이 그 당시 시대적 상황에만 적용되는 것이 아니라 지금 나에게 주신 말씀으로 주어를 바꾸어 읽고, 쓰고, 선포하는 연습을 한다.

우리가 잘 아는 이사야서 41장 10절 말씀을 예로 들면 이렇다.

> 두려워하지 말라 내가 너와 함께 함이라 놀라지 말라 나는 네 하나님이 됨이라 내가 너를 굳세게 하리라 참으로 너를 도와 주리라 참으로 나의 의로운 오른손으로 너를 붙들리라 사 41:10

하나님이 나의 믿음을 굳세게 하십니다.

하나님이 나의 모든 문제를 도와주십니다.

의로운 오른손으로 나를 항상 붙들어주십니다.

그러므로 나는 두려움이 없습니다.

이렇게 말씀을 쉬운 나의 말로 바꾸어서 반복적으로 소리 내어 읽어보는 것이다. 그러다보면 내 영이 듣고 생각과 감정이 점점 말씀에 맞춰지게 된다. 성경이 내 심령을 터치하고 생각과 감정을 흔드는 살아있는 생생한 말씀으로 삶 속에 나타나는 것이다. 개인기도 시간 전에 반복적으로 선포하면 훨씬 빠르게 기도에 집중하게 되고 깊은 임재로 들어가게 된다. 하나님의 말씀에 내 영을 정렬하는 것은 하나님께서 기뻐하시는 기도가 된다.

09 DNA *note*

요약문

○ 기도는 하나님의 도우심이 없이는 내가 아무것도 할 수 없음을 인정하는 것이다.
○ 기도를 통하여 하나님의 DNA가 활성화되고, 그것이 현실 속에 나타나게 된다.
○ 기도는 하나님께서 우리를 만드신 목적, 즉 정체성에 부합한 것이다. 하나님께서는 우리의 기도를 너무나 기뻐하신다.

선포문

○ 하나님께서는 나의 기도를 너무나 좋아하시고 기뻐 받으십니다.
○ 기도는 한 줄도 사라지지 않고, 주의 병에 담겨지고 있음을 믿습니다.
○ 나의 기도를 통하여 하나님과 더 친밀해지고, 응답과 은혜와 축복이 풍성해짐을 믿습니다.
○ 기도의 눌림으로 그치지 않고 기도의 특권을 누리겠습니다.

기도문

하나님 아버지, 나의 기도를 주의 병에 담으시고, 주의 책에 기록해주시니 감사합니다. 나의 기도를 들으시고 기뻐하시는 주님. 이 기도를 통해 삶의 명확한 인도를 받게 하시고, 내 안의 하나님의 DNA가 더욱 활성화되는 주의 자녀가 되게 하소서. 기도의 특권을 통해 하나님과 더 친밀해지고 풍성한 삶을 사는 은혜를 누리게 하옵소서. 예수님의 이름으로 기도합니다. 아멘.

10장

곡조 있는 기도

세상에서 가장 아름다운 찬양

살면서 잊혀지지 않는 찬양 소리가 있다. 내가 미국에서 목회할 때 있었던 일이다. 하나님의 은혜로 귀한 집사님 한 분을 알게 되었다. 성품도 좋고 신앙생활도 열심히 하시던 분인데, 한국에서 만나 함께 이민을 온 미국인 남편이 다혈질이라 폭력적이고 집사님을 매우 힘들게 했다. 또 집사님에게는 아들이 하나 있었는데, 삶의 위안이자 기쁨이던 아들이 그만 갑작스런 교통사고로 세상을 떠나게 되었다. 그 소식을 듣고 나도 큰 충격을 받았다. 혹시나 이 일로 집사님이 신앙을 버리면 어쩌나 하는 염려까지 되었다.

그런데 아들의 장례를 치른 바로 다음 날 새벽 예배에 집사님이 나와 계셨다. 얼마나 다행스럽고 감사했는지 모른다. 나는 그날 새벽 온 힘을 다해 정성으로 말씀을 전했다. 마침 그날 준비한 설교가 집사님께 큰 위로가 될 것 같아 더 마음을 기울였던 것 같다.

예배를 마치고 불을 다 끄고 자유롭게 개인 기도를 하는 시간이 되었다. 30분 정도 지나자 성전에는 서너 명 정도 남아 있었다. 다시 한 시간쯤 지났을까. 사람들이 다 돌아가고 한 사람만 자리에 남아 기도하고 있었는데, 바로 그 집사님이었다. 음악도 꺼지고 적막이 흐르는 가운데 집사님의 찬양 소리가 작게 들려왔다. "천국에서 만나보자 그날 아침 거기서 순례자여 예비하라 늦어지지 않도록 만나보자 만나보자 저기 뵈는 저 천국 문에서 만나보자 만나보자 그날 아침 그 문에서 만나자…."

여태껏 수많은 찬송을 들었지만, 그날의 찬양 소리는 아직도 잊혀지지 않는다. 그때만큼 은혜롭고 하나님의 임재를 강하게 느껴본 적이 없다. 순간 하늘 문이 열리는 것 같은 마음에 감동이 들었고, 그 현장에 주님이 함께하시고 집사님을 안아주시는 것 같다는 마음이 들었다. 마치 천국에서 천사가 찬송을 부르는 것 같은 느낌이었다.

찬양과 기도를 다 마치셨을 때 나는 잠시 기도해 드리며 조심스럽게 위로를 건넸다.

"집사님, 힘내세요. 어렵지만 힘내세요."

그러자 집사님이 이렇게 말씀하셨다.

“주님이 계시지 않았더라면 저는 아마 견디지 못했을 거예요.”

이 정도의 상황이면 “하나님이 진짜 계시면 어떻게 이런 일이 일어날 수 있어요?”라고 말할 수도 있을 것이다. 어쩌면 그렇게 느껴질 수도 있을 것 같다. 그런데 그 절망적인 상황에서 담담하게 말하는 집사님의 그 한마디가 내가 들어본 수많은 설교 중에서 가장 은혜로운 말이었다.

찬양은 하나님의 임재를 가져오고, 절망을 새 힘으로 바꾼다. 비록 우리 눈에 보이지 않지만, 우리가 찬양할 때 하나님이 우리를 안아주시고 위로해주시고 우리에게 새 힘을 주신다. 보이지 않는 영적 세계에서는 하나님의 위로와 사랑이 찬양을 통해 이미 부어지고 있는 것이다. 그것을 내가 믿고 순종할 때 내 삶 속에서도 실제로 보고 느낄 수 있게 된다.

하나님의 자녀의 정체성을 가진 사람은 기도할 수밖에 없다. 찬양은 곡조 있는 기도이다. 성경에도 우리가 하나님의 찬송을 부르게 하려고 지어진 존재라고 규정할 만큼 찬송은 사람의 존재의 이유이자 창조의 목적이다. 그래서 찬양을 부르면 우리 안에 하나님의 DNA, 하나님을 높여드리는 속성이 활성화되어 하나님으로부터 오는 평안과 기쁨, 치유와 회복이 충만하게 채워진다.

혹시 찬양을 불러보셨나요?

내가 아는 성도님 중에 매사가 정확하고 인격적인 분이 계신데, 이분이 말씀에 은혜를 받고, 찬양에 은혜를 받게 되었다. 찬양을 통해서 여러 가지 문제를 해결하기도 하고, 마음이 평안해지는 등 여러 능력을 직접 경험하게 되고 말씀을 매우 수용성 있는 태도로 받아들이셨다. 하루는 찬양에 대한 설교를 한 적이 있었다. 그런데 예배 후 소모임에서 성도 한 분이 자신의 힘든 상황, 어려운 마음을 나누었다. 그러자 그 성도님이 굉장히 진지한 얼굴로 이렇게 말했다고 한다.

"혹시 찬양을 불러보셨나요?"

"네?"

"그럴 때는 한 번 찬양을 불러보세요. 찬양을 부르면 놀라운 일이 생기거든요."

평소에 이성적이고 냉철하신 분이 진지한 얼굴로 그렇게 말씀하시니까 다들 적잖이 당황했다고 한다. 그러나 이내 얼굴에 미소가 지어졌다. 결국 그 말에 이끌려 계속 찬양을 불러보는데 진짜 찬양을 하면 할수록 품고 있던 걱정이 눈 녹듯이 사라지는 것을 경험했다고 간증한 적이 있다.

어떻게 이런 일이 일어날까? 하나님의 마음에 합한 자라는 별명을 가진 다윗을 보면 그 비밀을 알 수 있다. 다윗은 예배 시간과 같이 특정한 시간에만 찬양한 것이 아니었다. 그는 기쁜 순간에도, 억울한 순간에도, 심지어 믿었던 충신으로부터 배신당해 쫓겨 다니는 순간에도 한결같이 하나님을 찬양했다. 그의 삶 자체가 찬송이고 기도였다.

> 이러므로 나의 평생에 주를 송축하며 주의 이름으로 말미암아 나의 손을 들리이다 시 63:4

실제로 다윗이 썼던 시편은 대부분 생사의 고비를 넘던 위기의 상황 가운데 쓴 것이 많다. 그런 상황에도 다윗은 마음이 위축되지 않고 늘 하나님이 주신 평안함으로 가득했다. 어떻게 그는 상황에 흔들리지 않고 마음의 평안함을 유지할 수 있었을까? 그 이유는 하나님이 인간을 만든 목적 자체가 찬송을 부르게 하려 하심이기 때문이다.

> 이 백성은 내가 나를 위하여 지었나니 나를 찬송하게 하려 함이니라 사 43:21

태초부터 이미 그렇게 창조된 존재이기 때문에 찬송할 때 우리의 불안하고 흔들리는 마음이 안정되고 평안하게 될 수밖에 없다. 그래서 찬양의 본질적 이유는 사람의 위로가 아닌 하나님을 높여드리고 경외하는 것이다. 하나님을 경외하고 높여드리는 가사의 찬양을 할수록 마음이 평안해진다.

태초에 사람은 하나님을 찬양하기 위해 만들어진 존재다. 그래서 찬양을 부를 때 가장 평안하게끔 지어졌다. 볼펜이 가장 가치 있을 때는 만들어진 목적에 따라 펜이 잘 나올 때다. 마이크가 가장 가치 있을 때는 지어진 목적에 맞게 소리를 크게 증폭할 때일 것이다. 마찬가지로 우리 인간의 행위 중에서 가장 가치 있는 것은 하나님이 지으신 목적에 맞춰서 찬양할 때이다. 하나님께서 지으신 대로 우리가 찬양할 때 우리의 영혼 또한 가장 평안하고 가장 안전한 시간이 된다.

성악가는 달리기 시합을 할 때보다 무대에 서서 노래를 부르는 본업을 잘할 때 가장 아름답게 빛나 보인다. 마찬가지로 하나님이 만드신 인간의 정체성 자체가 하나님을 찬송하기 위함이기 때문에 우리는 찬양할 때 가장 아름다운 최상의 모습이 드러나게 된다.

찬양으로 풀어내는 능력

알래스카에서 에스키모 선교를 시작했을 때, 한참 정체기를 겪었다. 좀처럼 전도할 사람을 찾기가 쉽지 않고 날씨는 춥고 흐리니 마음이 어려웠던 시기가 있었다. 그러던 어느 날 한 미국 교회에서 흘러나오는 찬양 소리에 이끌려 나도 모르게 교회 안으로 들어간 적이 있다. 비록 영어 찬양이었지만, 그때 교회에서 들려온 찬양이 아직도 생생하게 기억난다.

Jesus, You're the sweetest name of all

Jesus, You always hear me when I call

Oh, Jesus, You pick me up each time I fall

You're the sweetest, sweetest name of all

예수 가장 귀한 그 이름

예수 언제나 기도 들으사

예수 나의 손 잡아주시는

가장 귀한 귀한 그 이름

별다른 가사 없이 예수님의 이름만 반복하여 부르는 게 다였다. 그런데도 찬양을 듣는 내내 예수님이 내 손을 꽉 잡아주시면서 고통과 어려움 가운데서 나를 안아주시는 것이 온몸으로 느껴졌다. 그날따라 찬양팀이 한 곡만 계속 반복하는데도, 얼마나 마음이 평안하고 감사했는지 모른다. 가슴 벅찬 그 이름, 예수님의 이름을 부르기만 해도 능력이 있다는 것을 깨닫는 순간이었다.

'찬양'이라는 단어는 "주님을 자랑하다", "칭찬하다" 등의 의미가 있다. 찬양 자체가 하나님의 속성, 하나님을 나타내는 것이다. 따라서 우리가 찬양을 많이 할수록 우리의 창조 원형이 더욱 아름답고 풍성해질 수밖에 없다.

사무엘상을 보면 다윗이 수금을 탈 때 사울을 번뇌하게 했던 악신이 떠나가고 평안한 마음이 부어진다는 이야기가 나온다(삼상 16:23). 여기서 우리는 찬양에 담긴 능력을 발견하게 된다. 찬양에는 질병과 병마를 물리치고, 심리적인 상처와 아픔을 치료하는 능력이 담겨 있다. 그래서 사탄은 찬양을 부르면 견디지 못하고 고통스러워한다. 전쟁터에서 이스라엘 군대를 편성할 때에도 가장 앞세워서 내보낸 것이 레위 지파의 찬양하는 군악대였다. 찬양을 통해 하나님께서는 그들에게 승리를 허락해주셨다.

이처럼 찬양은 우리 안에 불순물들을 제거하는 능력을 가지고 있다. 찬양을 많이 하면 할수록 그 가사의 의미를 깊이 생각하게 되고, 그로 인해 영과 육이 맑아지고, 더욱 강건해진다. 나는 가끔 마음이 어려울 때 같은 찬양을 열 번, 스무 번씩 반복해서 부른다. 또 "예수님, 예수님…" 하고 그분의 이름을 수없이 반복한다. 하나님의 속성을 많이 말하는 것이 능력이다. 그분을 찾고 부를 때 하나님은 우리에게 찾아와주시고 위로와 쉼을 주시며 기뻐하신다.

우리 안에 숨겨진 하나님의 DNA로 기도와 찬양을 풍성하게 하자. 그때 하나님의 DNA에 숨겨진 능력이 더 강력하게 드러나게 될 것이다.

요약문

- ○ 우리는 하나님을 찬송하기 위해 지어진 존재이므로 찬양하는 것이 인간의 가장 가치 있는 행위이다.
- ○ 찬양은 하나님의 임재를 가져오고 절망을 새 힘으로 바꾼다. 찬양할 때 우리 안에 하나님의 DNA가 활성화되어 하나님으로부터 오는 평안과 기쁨, 치유와 회복이 충만하게 채워진다.
- ○ 찬양은 원수의 힘을 잃게 하고 강력한 승리의 능력으로 역사한다.

선포문

- ○ 나는 주님을 찬양하고 높여드릴 때 가장 아름답게 빛나는 존재입니다.
- ○ 하나님을 찬양할 때 나의 불안과 걱정이 떠나가고 평안이 부어집니다.
- ○ 찬양할 때 하나님은 기뻐하시고 승리하는 새 힘이 하늘로부터 부어집니다.

기도문

하나님 아버지, 나의 창조의 목적을 알게 하시니 감사합니다. 나는 하나님을 찬송하기 위해 지음 받은 존재입니다. 주님을 찬양할수록 나의 창조의 원형이 더 아름답고 풍성하게 드러남을 믿습니다. 찬양에 담긴 치유와 회복, 승리가 내 삶에 풀어져서 하나님의 DNA에 숨겨진 능력이 더 강력하게 드러나게 하옵소서.

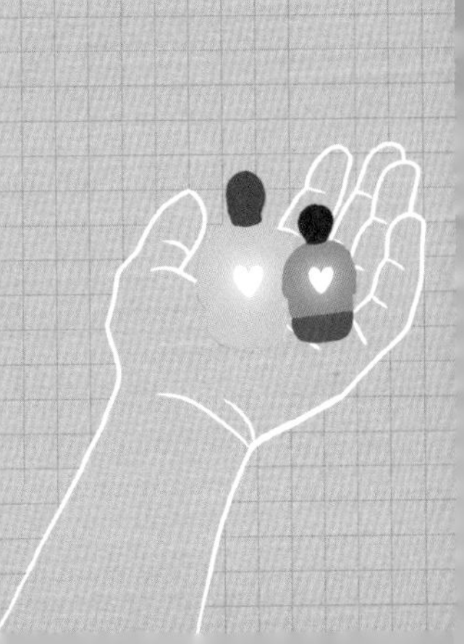

11장

승리하는 습관

하루를 결정하는 10분

많은 사람들이 하루를 어떻게 시작하는가? 일어나자마자 스마트폰을 켜는 것으로 시작할 것이다. 몇 분간 의식의 흐름대로 여러 어플리케이션을 켜게 된다. 그리고 밤새 온 몇십 통의 카톡을 읽기도 하고, 간밤에 올라온 뉴스 기사들을 빠른 속도로 훑기도 한다. 이렇게 비몽사몽 스마트폰과 함께 하루를 시작하는 것이 대부분이다.

그런데 성경에 보면 다윗의 묵상법이 기록된 것을 볼 수 있다.

주의 말씀을 조용히 읊조리려고 내가 새벽녘에 눈을 떴나이다

시 119:148

내 영광아 깰지어다 비파야, 수금아, 깰지어다 내가 새벽을 깨우리로다 시 57:8

하나님이 그 성 중에 계시매 성이 흔들리지 아니할 것이라 새벽에 하나님이 도우시리로다 시 46:5

다윗은 시편을 통해 새벽에 하나님을 만나는 것을 강조한다. 그는 말씀을 작게 읊조리며 영적인 깃발을 꽂고 하루를 시작했다. '하나님의 마음에 합한 자'라는 별명을 가진 그의 루틴은 새벽부터 주님을 떠올리고 말씀을 묵상하는 것이었다. 하루의 시작을 어떤 생각으로 출발하느냐에 따라 그날 하루가 좌우된다. 다윗이 새벽에 주님과의 교제를 반복해서 강조한 이유가 바로 여기에 있다.

나는 다윗의 루틴대로 침상에서부터 하나님을 생각했다. 아침에 일어나면 먼저 자세를 고쳐 앉고 말씀이나 영적 가치가 담긴 문장을 묵상하고 그것을 소리 내어 읊조렸다. 그리고 나지막이 그분의 이름을 불러보았다.

"예수님, 사랑합니다. 예수님 사랑합니다. 사랑합니다."

서너 번 천천히 반복할수록, 세상이 줄 수 없는 평안이 몰려오는 듯했다. 하루를 시작하면서 '또 하루가 시작되었네', '또

나갈 준비를 해야 해' 하는 것이 아니라 주님을 향한 사랑을 전심으로 고백할 때, 내 영혼이 회복되는 것을 경험하게 되었다.

입술로 고백하는 것은 힘이 있다. 때때로 관념적으로만 알고 있던 구원의 감격이 감사의 고백을 통해 다시금 생생하게 느껴지고, 그로 인해 마음의 기쁨이 가득해졌다. 그렇게 다윗의 묵상법대로 하루를 시작하니 영적으로 더 밝게 하루를 맞이할 수 있었다.

새벽에 시작된 모닝 루틴은 일상생활에서도 점점 풍성해졌다.

'새벽뿐 아니라 외출 준비를 하면서도 하나님을 떠올릴 방법이 없을까?'

그러다가 가장 좋아하는 성경 구절을 양치할 때마다 보는 거울 옆에 붙여놓았다. 그리고 양치하는 3분 남짓 되는 시간에 그 성경 구절을 읊조렸다. 성경 구절을 소리내어 읽어보고 또 묵상하며 하루를 시작하니 아침을 맞는 기분이 달라지고 태도가 바뀌는 것을 경험하게 되었다.

아침에 말씀을 묵상하고 영적 가치를 붙드는 것은 사실 성경적인 원리가 숨어 있다. 예수님께서도 습관을 따라 감람산에 가서 기도하셨다(눅 22:39). 예수님은 하나님의 아들임에도 더욱 의지적으로 하나님과 교제하기에 힘쓰셨던 것이다. 그뿐만 아니라 홍해가 갈라진 것도, 여리고성이 무너진 것도 모두 새벽에 일어난 사건이었다.

따라서 성경의 여러 인물처럼 또 다윗처럼 하루를 말씀으로 열고, 꾸준히 반복해서 말씀을 묵상하는 훈련이 대단히 중요하다. 말씀은 영이기 때문에 영의 정체성을 가진 우리가 말씀을 끊임없이 반복하는 것은 우리 안에 영의 정체성을 활동력 있게 만들어주는 힘이 되기 때문이다. 그럴 때 명백하게 검증된 효과가 나타나게 된다. 아무거나 좋은 방법을 시도하는 것이 아니라 하나님의 말씀을 근거로 한 방법이며 하나님의 루틴이기 때문이다.

실제로 하루의 시작을 말씀으로 열고 나니 영적으로도 공급되어지는 것이 더 많다는 것을 깨달았다. 이 모닝 루틴이 놀랍게 하루를 강력히 주장하고 장악하는 힘을 공급해주었다. 일상생활 중에 수시로 말씀이 생각나고 떠오르니까 하나님의 뜻대로 하루를 정렬하는 것이 더 수월해졌다. 이처럼 하나님께서 하나님의 역사를 일으키시는 시간, 영적으로 주님과 더 깊이 교제할 수 있는 소중한 타이밍을 절대 놓치지 말아야 한다.

천국 가는 계단을 오를 때

한번은 신기한 꿈을 꾼 적이 있다. 천국에 갔는데 수많은 사람들이 줄지어 하나님의 보좌 앞에서 재판을 받고 있었다. 곧이어 내 차례가 왔고, 하나님께서는 사랑하는 목소리로 "사랑하는 아들아, 너는 천국행이다!"라고 말씀하셨다. 내 귀로 직접 천국행이라는 말씀이 들으니 뛸 듯이 기뻤다. 그렇게 천국으로 향하는 계단을 하나하나 오르는데 너무 기쁘고 감사해서 신나게 계단을 오르다 잠에서 깨어났다. 꿈에서라도 천국 가는 길을 걷는 모습을 그려본 것이 너무 행복해서 꿈이 남긴 잔상을 떠올리며 감사의 기도를 드렸다.

그런데 그날따라 의도치 않게 손해 보는 일을 당하게 되었다. 잠을 자려고 누웠는데 그 사람에 대해 속상한 마음과 조금은 미운 마음도 들었다. 그러다 문득 꿈에서 본 천국의 계단을 오르는 장면이 떠올랐다.

'환희에 찬 기쁨으로 천국에 오르는 순간에 이런 일을 경험했다면 어떤 마음이 들었을까?'

그렇다. 천국에 가는 길에서 지금의 상황을 생각해보니 마음 쓸만한 일도, 억울할 일도 아니었다는 것을 깨닫게 되었다. 그렇게 미운 마음도 사라지고 억울했던 마음도 잠잠해졌다.

살다보면 어떤 사람이 미워질 때가 있다. 억울한 일을 당할 때도 있다. 그럴 때 우리가 기억해야 할 것이 있다. 우리는 천국행 열차를 타고 있는 하나님의 자녀라는 정체성이다. 어느 날 갑자기 1억의 돈을 받게 되면, 누군가 빌려 간 만 원을 갚지 않았다고 연연해하지 않을 것이다. 마찬가지로 세상에서 가장 위대하신 분이 나를 사랑하셔서 죽음을 택했다는 사실을 기억한다면, 내가 겪는 문제가 상대적으로 작게 여겨지는 것이다.

이런 영적 자존감이 쌓이다보면 인간관계 또한 자연스럽게 좋아진다. 내가 나를 바로 알게 되면 다른 사람의 말이나 판단에 흔들리지 않게 되는 것이다. 하나님께 받은 사랑과 은혜가 너무 커서 쉽게 상처받지도 않고, 실망하지도 않게 되는 것이다. 이처럼 천국 가는 길 위에서 나에게 닥친 상황을 다시 한번 생각해보면, 마음이 한결 여유로워진다. 가치 없는 것을 마음에 담아두고, 혼자 상처받고, 상한 마음을 그대로 묻어두는 것은 옳지 않다는 것을 금세 깨닫게 된다.

나는 지금 어떤 상태인가? 어떤 신분으로 어디를 향해 가고 있는가? 우리가 어디로부터 와서 어디로 가는 존재인지 정체성을 분명히 알면 멀리 내다보는 시야가 생기고 작은 일에 연연하지 않을 만한 힘이 생긴다. 정체성을 인식하게 될 때 세상을 보는 눈이 달라질 수밖에 없다.

보는 것과 듣는 것을 유의하라

내가 선교지에 있을 때 한 교회에서 단기선교를 왔다. 어느 날 저녁, 선교팀 중 한 청년이 내게 다가와 조심스레 상담을 요청했다. 누구에게라도 조언을 구하고 싶은데, 차마 부끄러워서 말하지 못했다며 용기를 내서 도움을 청한 것이다.

"선교사님, 사실 밤마다 자꾸 하나님이 원치 않으시는 생각이 떠오릅니다. 하나님이 분명 원하시지 않는다는 것을 알면서도 자꾸 생각이 나서 괴롭습니다."

나는 청년의 이야기를 듣고 이렇게 말해주었다.

"우리 같이 그 문제를 놓고 작정해서 기도해보자. 그리고 말씀을 많이 읽고 자주 떠올리면서 최대한 말씀을 가까이해봐. 그러면 하나님께서 그 문제를 해결할 힘을 주실 거야."

그렇게 형제와 약속하고 형제는 선교지를 떠나게 되었다. 그리고 며칠 후, 형제에게 메일이 왔다.

"선교사님과 약속한 대로, 작정기도도 하고 말씀을 더 가까이하고 신앙생활을 열심히 하고 있습니다. 그런데도 여전히 밤이 되면 그런 생각들이 없어지지 않아 너무 괴롭습니다."

나는 바로 형제에게 전화를 걸었다. 그리고 형제에게 하루 동안 무엇을 하는지 솔직히 나눠달라고 했다. 형제는 나를 믿

하나님께서 하나님의 역사를 일으키시는 시간,
영적으로 주님과 더 깊이 교제할 수 있는
소중한 타이밍을 절대 놓치지 말아야 한다.

고 아침부터 저녁까지 무엇을 보고, 무엇을 듣는지, 어디를 가는지 구체적으로 나눠주었다. 그런데 알고 보니 아무도 없는 자취방에서 혼자 하나님께서 기뻐하지 않는 미디어를 주기적으로 본 것이었다.

나는 그 말에서 해답을 찾았다.

"그게 바로 이유가 될 수 있어. 영적 세계에서는 우리가 보는 것을 통해 그 영이 우리 안에 들어오고, 반복적으로 볼수록 그것이 마음속에 들어와 자리를 잡게 되거든. 그래서 보는 것부터 절제하고 분별해야 해. 새가 머리 위로 날아가는 것은 막을 수 없어도, 머리에 둥지를 트는 것은 막을 수 있으니까."

형제는 자신이 아무리 말씀을 보고 기도를 해도 좀처럼 나아지지 않는 이유를 찾아냈다며 감사하다고 몇 번이고 말해주었다. 그리고 좋지 않은 미디어를 끊고, 그와 동시에 하나님의 거룩한 자녀임을 자주 말하고 인식해보는 새로운 숙제를 받게 되었다.

우리는 하나님으로부터 오지 않은 좋지 않은 미디어에 많이 노출되는 시대를 살고 있다. 물론 미디어의 순기능도 분명히 있을 것이다. 하지만 좋지 않은 것들을 끊지 못하고 계속 보게 되면 사탄의 공격에 속수무책으로 당할 수밖에 없다.

여름밤에 캠핑을 갔는데 모기가 텐트 안으로 들어오는 것을 막는다고 아무리 모기향을 피워놓아도, 정작 텐트 출입문을 끝까지 닫지 않으면 그 틈새로 모기가 들어올 수밖에 없다. 한 뼘도 안 되는 지퍼 틈으로 텐트 안의 불빛을 보고 모기가 들어오는 것이다.

또 황사가 심할 때 문을 다 열어놓으면 우리가 쌓인 먼지를 아무리 청소한다고 해도 우리 옷에 자꾸 먼지가 쌓이게 될 것이다. 영적 세계도 이와 같다. 아무리 찬양과 말씀과 기도를 통해 은혜를 공급받아도 하나님이 원하지 않으시는 것을 지속해서 보면 밑 빠진 독에 물 붓기밖에 되지 않는다. 보고 듣는 것을 통해 악한 영에게 계속 문을 열어주게 되어, 받은 은혜가 다 새어나가기 때문이다.

결국은 내가 눈으로 보는 것, 귀로 듣는 것, 생각하는 것들을 계속해서 하나님의 것으로 정렬시키는 연습을 해야 한다. 말씀은 우리가 세상의 빛이라고 분명하게 말씀하셨다. 하나님의 자녀의 정체성은 하나님이 하나님의 관점으로 보시는 나의 모습이다. 그러므로 내가 그리스도로 옷 입은 자라면 내 본질이 세상에 빛을 내는 존재라는 것을 반복적으로 인식하는 것이 중요하다.

물론 처음에는 그것이 잘 되지 않을 수 있다. 그래서 우리의 연약함을 도우시는 성령님께 도움을 구해야 한다. 그분께 성령

충만함을 간구하며 나아갈 때 확실한 승리를 얻게 될 것이다.

사탄의 두 가지 유혹

하나님이 처음 인간을 창조하셨을 때, 인간은 하나님만 바라보는 존재였다. 그런데 어느 날 사탄이 하와에게 찾아와 "동산 중앙에 있는 과실을 먹으면 눈이 밝아져서 하나님과 같이 된다"라고 말했다. 여기서 사탄의 여러 가지 속성을 발견할 수 있는데, 그중에 하나가 바로 "보는 것"이다.

선악과는 늘 동산 중앙에 있었다. 그런데 사탄의 이야기를 들으니 하와의 눈에는 그날따라 선악과가 더 먹음직하고 보암직하며 탐스럽게 보였다. 사탄으로부터 온 욕망이 하와에게 들어가자 예전부터 봐왔던 선악과인데도 느낌이 달라졌다. 이전에는 '하나님께서 어떻게 이렇게 아름다운 과실들을 창조하셨을까? 너무 아름답다' 이렇게 생각했다면, 선악과를 먹으면 하나님과 같이 된다고 하니까 욕망이 작용하면서 하나님이 원치 않는 마음을 품고 과실을 바라보게 된 것이다.

선악과 사건을 통해 발견할 수 있는 또 한 가지 사탄의 속성은 "듣는 것"이다. 듣는 것 때문에 보는 것 자체가 달라진다. 더 정확히 말하면 보는 것에 대한 방향이 달라지는 것이다. 사탄은 같은 말도 교묘히 바꾸어 오해를 불러일으킨다. 사탄의 말을 들은 하와는 '내가 아는 하나님은 나와 함께 산보도 하시고, 교제도 하기 원하시는 분인 줄 알았는데…. 하나님이 나와 거리를 두시는 건가? 그렇게 생각하니 좀 서운하네?' 이런 생각을 했을 수 있다. 사탄의 말 한마디 때문에 하나님과 사람 사이에 오해가 생긴 것이다.

사탄은 사람 사이에도 이와 같은 오해로 이간질시키고 분열시킬 때가 많다. 따라서 누군가와 대화를 나눈 후 내 마음이 어느 방향으로 가는지가 매우 중요하다. 하나님께서 기뻐하시는 방향으로 가는지, 아니면 마음이 굳어지는 방향으로 가는지 잘 판단하고 분별해야 한다. 그래야 하나님의 형상으로 지음 받은 우리가 영의 정체성을 든든히 붙잡고 나아갈 수 있게 된다.

예수님께서 40일 동안 광야에서 금식하며 기도하실 때, 사탄은 예수님에게 천하만국과 그 영광을 보여주며 만약 자신에게 절하면 그것이 다 네 것이 된다고 말한다(눅 4:5-7). 여기서도 사탄은 보는 것을 나의 욕심, 나의 위치와 연결해 하나님으로부터 멀어지게 하려고 한다. 사탄의 고도화된 전략이다. 예수님은 거기에 대해서 반응하지 않으셨다. 다만 하나님의 말씀으로 대적하신다.

> 예수께서 대답하여 이르시되 기록된 바 주 너의 하나님께 경배하고 다만 그를 섬기라 하였으니라 눅 4:8

이처럼 마귀는 보는 것으로 우리를 많이 미혹하기 때문에, 살면서 눈으로 보는 것을 매우 중요하게 여겨야 한다.

오직 하나님만 바라보는 존재

한편 보는 것에 끊임없이 깨어 경각심을 가져야 하지만, 반대로 하나님께서 기뻐하시는 것을 보았을 때 일어나는 긍정적인 면도 있다. 내가 선교사로 헌신하게 된 결정적인 계기 중 하나가 바로 청년 때 간 아프리카 단기선교 때문이었다. 두 번 정도 선교를 다녀왔는데, 한 번 갈 때마다 아프리카에서 한 달 정도씩 선교하고 돌아왔던 경험이 있다. 한 달간 그곳의 원주민 아이들과 함께 먹고 자고 복음도 전하면서 그들과 시간을 보냈다. 며칠은 아예 소똥 집 근처에서 지내며 그들과 살을 맞대고 살기도 했다.

그렇게 한 달 정도 살고 돌아왔는데 내 안에 그들을 향한 사랑이 싹트고 있다는 것을 깨달았다. 고작 한 달 정도 그 삶을 체험해본 것이지만, 마음속에 하나님의 마음이 부어지는 것을 경험했다. 그 마음은 한국에 돌아와서도 줄어들지 않고 계속 내 안에 하나님의 사랑을 깨우는 것 같았다. 하나님께서 얼마나 그들의 영혼을 소중히 여기시는지 알게 하시고, 기도만 하면 영혼들을 향한 열정과 사랑을 부어주셨다. 그 마음이 주체할 수 없이 커졌고, 이것이 선교사로 헌신하는 결정적인 계기가 됐다. 그들을 보기만 했는데도 그것이 내 마음에 들어와 하나님 앞에 선교사로 헌신하게 된 것이다.

이와 같이 우리가 무엇을 보느냐 하는 것은 삶이 변하고 미래가 달라질 만큼 대단히 중요하다. 그래서 복 있는 하나님의 자녀는 하나님이 기뻐하시는 것을 보는 훈련을 해야 한다. 또 하나님이 기뻐하지 않는 것은 과감히 끊어내야 한다. 무분별하게 받아들이거나 '다른 사람들도 다 보는 건데'라고 생각해서는 안 된다.

하나님이 우리를 창조하셨을 때 우리는 다른 것을 바라보지 않고 오직 하나님만 바라보고 하나님이 창조하신 세계를 바라보도록 창조되었다. 그때에는 하나님과 산보도 하고 하나님만으로 만족하는 삶이었다. 그런데 사탄이 아담과 하와를 유혹하여 선악과를 따먹게 했다.

사탄의 목표는 결국 '하나님만 바라보지 말고 선악과도 좀 바라봐라', '선악과에 더 만족스러운 것이 있다'고 하는 것이다. 하나님 외에 다른 것들도 다양하게 볼 것을 요구한 것이다. 그 결과 인간은 죄를 짓고 에덴동산에서 쫓겨나게 되었다.

우리는 하나님의 자녀인 동시에 신부의 정체성을 가지고 있다. 신부가 신랑만 바라보고 사는 것은 지극히 당연한 일이다. 그런데 만약 신부가 신랑도 바라보고, 동시에 타인도 바라보고 사랑한다면, 신랑과 신부의 유일한 사랑의 관계는 결국 깨지게 된다. 마찬가지로 하나님으로부터 지음 받은 사람은 오직 하나님만 바라보아야 한다. 그럴 때 하나님으로부터 오는 은혜와 축복이 풍성하게 되는 것이다.

복 있는 사람의 특징

복 있는 사람은 악인들의 꾀를 따르지 아니하며 죄인들의 길에 서지 아니하며 오만한 자들의 자리에 앉지 아니하고 시 1:1

시편 1편 1절에는 복 있는 사람의 정의가 나온다. 여기서 '꾀'라는 것은 "조언", "충고"를 말한다. 악인들의 꾀를 따르지 않는다는 것은 악인의 말을 따르지 않는 것이다. 다윗이 밧세

바를 범하는 죄를 지었을 때 회개하고 하나님과의 관계를 회복할 수 있었던 것은 결정적으로 나단 선지자의 조언을 따르고 악인의 말을 따르지 않았기 때문이다.

또한 악인의 말을 따르지도 말고 죄인의 길에 서지도 말고 오만한 자들의 자리에 앉지도 말라는 말씀은 결국 말을 듣기 전에 그 자리에 머물지 말라는 뜻이다.

가끔 스스로 분별할 수 있기 때문에 그런 이야기를 들어도 괜찮다는 사람들이 있다. '악인의 이야기를 들어도 아무 문제 없어. 나는 흔들리지 않을 자신이 있어. 끄떡없어!' 그러나 이는 영적으로 잘못된 것이다. 그 누구도 오만한 자들의 자리에 앉아 '나는 괜찮아, 난 안 넘어져'라고 자신할 수 없다. 영적 세계는 듣는 것에 따라 넘어지기도, 죄를 짓기도 하기 때문이다.

그래서 우리는 항상 영적으로 깨어 있어야 하고, 주야로 율법을 묵상하며 기도로 깨어 분별해야 하는 것이다. 결국 신앙생활이라는 것은 구원의 확신이 있다고 해서 마음대로 살아도 되는 것이 아니다. 진정한 신앙생활은 과정이 중요하다. 하나님은 그 걸어가는 과정, 생활 방식도 중요하게 보신다.

이처럼 눈으로 보는 것이 마음에 들어와 우리의 생각과 행동을 좌우한다. 그런데 반대로 마음에 있는 것이 보는 것을 결정짓기도 한다. 다시 말해서 마음에 없으면 우리가 무엇을 봐도 그것이 잘 보이지 않는다. 마음에 있기 때문에 유독 그것을 보게 되는 것이다.

마음에 있다는 것은 거기에 대한 욕심이 있을 수도 있고, 관심이 있을 수 있고, 호기심이 있을 수도 있다. 그래서 남들은 못 보고 그냥 지나치는 것도 굳이 시선이 머무르게 된다. 따라서 '내가 그것을 마음에 품지 말아야지', '생각하지 말아야지' 하며 자꾸 율법적으로 하지 않으려고 하기보다는, 먼저 하나님을 바라보는 것으로 배부르면 다른 것들이 보이지 않게 된다. 그러면 다른 것에 마음을 주지 않게 된다.

어느 날 혼자 라면을 끓여 먹었다. 그날따라 배가 너무 고파서 라면에 계란도 넣고, 햄도 넣고, 많은 것들을 다 넣고 끓여서 먹었더니 배가 잔뜩 불렀다. 맛도 좋고 포만감도 들어 만족스럽게 식사를 마치고 뒷정리를 하는데 아내가 돌아왔다. 그런데 한 쪽 손에 웬 도시락 같은 것이 들려 있었다. 알고 보니 1년에 한 번 정도 먹을까 말까 한, 고급 스시를 받아온 것이었다. 게다가 유명한 맛집의 치즈 케이크까지 선물로 받았다고 가져왔다. 평소 같으면 맛있게 먹었을 텐데, 이미 잔뜩 배가 부른 상태에서 보니 케이크도, 스시도 다 느끼해 보이기만 했다.

우리가 하나님으로 배부르고, 하나님의 말씀으로 배부르면 세속적인 것을 끊는 것이 그다지 어렵지 않다. 어떤 중독이나 좋지 않은 것들을 끊어버리고 싶다면 무작정 참기보다 하나님의 영적 가치로 나를 채우는 것이 효과적이다. 사탄이 천하만국의 영광을 보여줬는데도 불구하고 예수님이 거기에 아무 반응을 하지 않으신 것은 예수님 마음이 이미 하나님으로 가득 차 있었기 때문이다.

영적인 것들로 채우는 방법에는 여러 가지가 있다. 사소하게는 길을 걸으며 좋아하는 찬양을 듣거나 흥얼거리기만 해도 좋다. 영성일기를 쓰거나 소리내서 선포하는 것, 또는 말씀을 읽거나 제자 훈련을 받는 것도 좋은 방법이다.

그렇게 하나님이 기뻐하시는 방향으로 마음을 쏟다보면 하나님의 것이 내 안에서 활성화되고 풍성해진다. 영적인 세계에서 강한 하나님의 말씀들이 상대적으로 약한 세속적인 것들을 물리치게 되는 것이다. 더 이상 유혹이 유혹으로 느껴지지 않고, 자연스럽게 재미가 없어져서 멀어지는 것이다. 이길 힘이 생기는 것을 발견하게 될 것이다.

영적 미니멀라이프

CCM 가수 한웅재 님의 '가볍게 여행하기'라는 찬양이 있다.

> 꼭 필요한 것은 뭔지 다시 한번 생각해
> 한 번뿐인 내 삶 가볍게 여행하기
> 짐을 줄이고 가볍게 떠나라

가사를 보면 내 삶 속에서 꼭 필요한 것이 무엇인지 다시 한 번 생각해보게 된다. '미니멀 라이프' 또는 '미니멀리즘'이라는 단어를 들어보았을 것이다. 현대인들의 라이프스타일을 가리키는 이 단어는 불필요한 소비를 줄이고 꼭 필요한 것들만 가지고 살아가는 것을 뜻한다. 물건뿐 아니라 인생을 보는 관점도 동일하게 적용되는데, 시간이나 에너지를 여기저기 분산하지 않고 중요한 것, 꼭 필요한 가치만 선택하여 살아가는 것이다.

우리는 이 땅에 발을 딛고 살지만, 하나님나라에 갈 천국 백성이다. 이 천국 백성의 정체성을 인식하면 영적 미니멀 라이프를 살아가게 된다. 하나님나라에 소망을 두고 살아가는 자녀이기 때문에, 진짜 중요한 것만 남기고 그렇지 않은 것은 과감히 버릴 수 있게 된다. 중요하지 않은 것에 집착하지 않게 되고, 마음이 정돈되어 여유가 생긴다.

만약 다음 달에 새집으로 이사한다고 상상해보자. 그러면 새로 이사 가는 집 크기에 맞게 가구를 구매할 것이다. 새로운 집에 어울리는 물건을 사고 인테리어도 그 집에 맞게 구상할 것이다. 곧 떠날 집인데 굳이 예전 집에 필요한 가구를 사지는 않을 것이다. 캠핑을 갔는데 텐트에서 자는 것이 불편하다고 낙심하거나 좌절하는 경우는 없다. 어차피 돌아올 집이 따로 있기 때문이다.

아브라함은 자신의 인생이 곧 떠날, 텐트와 같은 것임을 알고 있었다. 그리고 다시 돌아갈 본향이 있는 천국 백성의 정체성을 확고히 가지고 있었다. 당장은 장막을 치고 살지만 하나님나라의 소망을 바라보며 살았기 때문에 하나님의 뜻에 집중하는 영적 미니멀 라이프의 삶을 살 수 있었던 것이다.

만약 일주일 뒤에 예수님이 오신다면 지금 나의 일과에서 무덤덤하게 보냈던 모든 시간, 아무렇지 않게 버렸던 시간을 바꾸지 않겠는가? 하나님이 좋아하지 않는 것들은 내 삶에서 제거할 것이다. 또 나도 모르게 그냥 지나갔던 시간도 정리될 것이다. 일주일 뒤에 오실 예수님을 생각하면 내 삶을 바라보는 큰 그림이 바뀔 것이기 때문이다.

하나님께서 나를 창조하신 근본적인 목적은 나의 육신을 기쁘게 하기 위함이 아닌 하나님을 기쁘시게 하는 것이었다. 하나님이 기쁘시면 나의 영도 기쁘고 창조의 원형 모습 그대로 하나님만 바라보며 살 수 있게 된다.

지금 한번 책상 앞에 조그마한 탁상거울을 놓고 얼굴을 들여다보자. 그러면서 "지금 내가 하고 있는 것, 그거 꼭 필요한 거니?"라고 스스로에게 물어보자. 한 세 번 정도 물어보면 내면에서 깨달아지는 답이 있을 것이다. 그것이 나에게 진짜 중요한 것이다.

중요한 것은 결국 하나님의 말씀이다. 이것이 바로 본질적인 정체성을 찾아가고 창조 원형의 모습을 찾아가는 중요한 영적 원리이다. 우리에게 진짜 중요한 것이 무엇인가를 자꾸 생각하다 보면 중요하지 않은 것들은 제거해 나갈 수 있고 과감하게 버릴 수 있다.

인간관계도 마찬가지이다. 인간관계도 모든 사람과 관계를 유지하려고 하기보다 인생에 있어서 하나님이 기뻐하지 않는 인간관계가 있다면 정리되어야 한다. 만날수록 내 신앙이 점점 약해지고, 주님을 향한 마음이 점점 약화되는 관계가 있다면 그 관계를 정리할 때 나의 영적 생활에 도움이 될 것이다.

또한 누구에게나 똑같이 주어진 시간을 어디에 쓰는지도 중요하다.

오직 여호와의 율법을 즐거워하여 그의 율법을 주야로 묵상하는도다

시 1:2

성경은 주야로 하나님의 말씀을 묵상하라고 한다. 또 침상에서도 주님을 기억하고 새벽에는 주의 말씀을 읊조리라고 나와 있다. 많은 시간을 주님과 교제하는 데 쓰라고 말한다. 그런데 왜 우리는 하나님과 교제하는 데 많은 시간을 드리지 못할까? 우리의 시간을 빼앗아가려고 하는 수많은 노이즈(noise)가 있기 때문이다. 대표적인 것이 미디어다. 우리가 멍한 상태로 보는 TV나 유튜브, 휴대폰 등은 나에게 주어진 시간을 너무나 자연스럽게 사탄에게 빼앗겨버리는 통로가 된다.

그러한 세상의 소음을 잠시 꺼보자. 그리고 잠잠한 중에 하나님을 바라보고, 조용한 시간에 주님을 깊이 묵상하는 시간을 사수하자. 우리의 시간을 하나님의 것으로 채우면 하나님의 은혜와 하나님의 충만으로 나도 충만하게 될 수 있다. 그런 영적 미니멀 라이프로 내 삶을 예수님의 하루로 만들어보자.

궁극적으로 우리는 하나님나라로 이사 갈 하나님의 자녀이

다. 그 나라에서 영원히 살 하나님의 자녀이다. 이사를 앞두고 있다면 쓸데없는 물건들, 별로 필요하지 않은 물건들은 과감하게 버릴 것이다. 평소에는 집안에 있는 물건들을 잘 못 버리던 사람들도 이사할 때는 과감하게 버릴 수 있다. 왜냐하면 새로운 집으로 간다는 시각과 관점이 있기 때문이다. 그렇게 물건을 정리하다보면 '아, 내가 이런 것들도 끼고 살았네, 이런 건 별로 필요 없는데' 하면서 추려지는 것들이 얼마나 많은지 모른다.

시각의 변화가 필요하다. 하나님의 시각으로, 주님의 시각으로 우리의 삶을 바라보면, 하루를 살아도 이 땅에서 정말 중요한 것만 품고 이 땅을 여행할 수 있을 것이다. 그렇게 우리의 하루가 성령님의 하루가 되면, 내 안에 성령님이 계시므로 성령님이 기뻐하는 사람을 만날 것이고, 성령님이 기뻐하는 일을 하게 되고, 성령님이 기뻐하는 시간을 보내게 될 것이고, 세상의 수많은 것들 가운데 나의 기준은 오직 내 안에 계신 성령님의 음성이 될 것이다. 이것이 바로 예수님의 하루, 성령님의 하루를 살아가는 방법이다.

정체성 선포 레시피

정체성이 튼튼하게 뿌리를 내리려면 먼저 일상의 삶에서 정체성이 반복적으로 연습되고 인식되어야 한다. 그것이 루틴으로 자리 잡게 될 때 비로소 체질화가 되는 것이다.

내가 목회하는 교회에는 조금 특별한 계단이 있다. 이름하여 '정체성 계단'이다. 층계마다 말씀에 기록된 정체성을 적어두었고 계단을 오를 때마다 적혀 있는 정체성 말씀을 소리 내어 읽도록 하는 것이다. 재미를 더하기 위해 계단 옆에 칼로리도 작은 글씨로 적어놓았다.

"나는 빛입니다!"

"나는 소금입니다!"

"나는 주님이 기뻐하시는 자입니다!"

성도님들은 계단을 오를 때마다 말씀에 근거한 정체성을 선포한다. 말씀은 천국 열쇠이기 때문에 선포할 때마다 영의 세계를 움직이고 문제를 푸는 키(key)가 된다고 믿는다. 계단을 오를 때마다 선포하면 영혼에 유익이 되고, 계단을 오르니까 육신의 건강에도 도움이 된다.

말씀 선포는 교회에서뿐만 아니라 가정에서도 루틴을 세워 연습할 수 있다. 기도하며 많은 방법을 시도해본 끝에 만들어진 것이 바로 '선포 캘린더'이다. 선포 캘린더란 말 그대로 캘린더 형식의 종이에 날짜별로 하나하나 정체성 선포문을 만들고, 해당하는 날짜에 선포문을 10번씩 발성기관 밖으로 소리 내어서 말하는 것이다. 삶 속에서 이러한 선포를 반복하게 되면 필연적으로 내 영에 영향을 미치게 된다. 결국 내 영혼이 잘 되고, 범사가 잘 되며, 변하지 않을 것 같았던 성격, 성품이 완전히 바뀌는 것이다.

처음에는 '이게 과연 가능할까?' 하는 마음도 있겠지만 이후 가정과 교회의 분위기가 점차 바뀌는 것을 보며 규칙적인 선포가 얼마나 큰 능력이 있는지를 실감하게 되었다. 또 선포 캘린더가 익숙하지 않은 어린아이들을 위해 빙고 게임 형식으로 바꾸어 아이들의 흥미와 관심을 유도하고 효과를 높일 수도 있다.

선포 캘린더는 '정체성 캘린더', '감사 캘린더', '사랑 캘린더' 등 주제별로 다양하게 만들 수 있다. 삶 속에서 감사의 고백이 풍성하게 되면, 삶의 영역에서 실제로 감사할 제목이 더 풍성해지는 은혜를 누리게 된다. 연령대별로, 또 지역적 상황과 현장에 맞게 각기 다른 선포문을 만들어 배포하고 성도들이 기쁨으로 순종할 때 교회 전체의 영적인 분위기가 바뀌고 빛의 영성으로 변화되는 은혜를 경험하게 되었다.

또 '21일 감사 팔찌', '선포 팔찌'를 시행하면서 좋은 효과를 만들어갔다. 단, 선포에 대한 말씀의 정체성, 선포할 때 이루어질 수밖에 없는 하나님의 정체성으로 무장한 상태에서 시행해야만 한다. 그것이 바로 하나님과 나와의 관계가 연결되어 하나님의 역사, 영적 효과가 내게 부어지기 때문이다. 말씀에 대한 인식과 깨달음이 선행되어야 이것이 효과를 볼 수 있다. 인식되고 기억되는 것, 그 믿음이 있어야 한다는 것이다.

다니엘의 21일 작정기도(단 10:2-3)를 모델로 삼아 21일간 선포 루틴을 만들어보기로 했다. 실제로 특정 습관이 우리 몸에 배기까지 최소 21일의 시간이 걸린다는 글을 읽어본 적도 있다. 경건에도 반드시 연습이 필요하듯이(딤전 4:7) 감사 팔찌, 선포 팔찌를 끼고 매일 10번씩 선포하는 연습을 하였다. 일상생활을 하면서 부정적인 말이나 불평을 할 때마다 그 팔찌를 다른 팔로 옮기면서 자각하는 것이다. 무의식중에 얼마나 많은 부정적인 말을 했는지 인식하고 돌아보는 좋은 계기가 되었다. 성도들은 자신이 이렇게 불평이 많은 사람인 줄 몰랐다며 스스로 놀라기도 하고, 스스로 언어를 교정해갔다. 그리고 무엇보다도 중요한 것은 같은 믿음의 공동체에서 서로가 팔찌를 보며 응원하고 격려해주는 분위기가 큰 역할을 한다. 영적 시너지 효과이다.

함께 보듬고 격려하며 연습하면 할수록 내 안의 불평과 불만은 줄어들게 되고, 내 성품이 점점 부드러워지는 것을 스스로 발견하게 되고 다른 사람에게서도 발견하게 된다. 물론 중간중간 수많은 실패를 경험하기도 한다. 그럼에도 팔찌를 보며 내 삶의 순간순간마다 말씀을 인식하고 기억하면서 살아가면 나도 모르게 내 안의 생각, 성품, 언어 모든 영역이 말씀에 점점 녹아 들어가게 된다. 이스라엘 백성들이 말씀을 손목에 매고 상기시키며 묵상했던 것처럼 말씀을 기억할 때 그 능력이 우리 삶 속에 풀어지는 것이다(신 11:18).

몇 번 선포해보고 '내가 바뀌었나?', '응답되었나?' 하고 즉시 그 결과를 확인하려 하지 말아야 한다. 때와 방법은 하나님께 온전히 맡기고 결과 확인보다 순종에 초점을 맞추어 믿음으로 선포해보자. 그러면 하나님의 때에 반드시 선포로 인한 열매를 보게 되며, 내면적으로도 신앙의 놀라운 성장을 가져오게 될 것이다. 먼저 성도 개개인의 루틴이 만들어지면 그것이 가정 공동체, 교회 공동체로 확산되어 놀라운 영적 부흥을 일으키는 것이다.

결국 신앙은 꾸준함과 지속성이 관건이라고 생각한다. 직장생활도 동일한 시간에 꾸준히 출퇴근하고, 학교도 동일한 시간에 꾸준히 등교하는 것처럼 꾸준함과 지속성이 있어야 견고

함을 만들 수 있고, 견고함이 안정화될 때 내 삶에서 체질화되어 하나님의 형상이 삶의 영역에 드러나게 된다.

포기하지 않고, 중간 결산하지 않고, 날마다 꾸준히 선포를 반복해보자. 어느새 나도 모르게 선포 캘린더에 쓰여 있는 정체성이 내 삶에 녹아들고, 내 삶 전체를 움직이고 있다는 것을 발견하게 될 것이다.

요약문

○ 말씀을 선포하며 하루를 시작하면, 그 말씀이 수시로 떠올라 하나님의 뜻대로 사는 것이 더 수월해진다.

○ 어디로부터 와서 어디로 가는지에 대한 정체성을 분명히 알면 멀리 보는 시야가 생기고, 작은 일에 연연하지 않게 된다.

○ 무엇을 보고 듣느냐에 따라 삶이 변하고 미래가 달라진다. 하나님의 자녀는 하나님이 기뻐하시는 것만을 보고 들으며, 기뻐하시지 않는 것은 과감히 끊어내야 한다.

○ 하나님의 것으로 충만하면 세상의 것들을 끊는 것이 어렵지 않게 된다. 하나님으로 채우는 것, 곧 영적 가치로 배불리는 방법에는 찬양 부르거나 듣기, 성경을 읽거나 선포하는 등 여러 방법이 있다.

○ 성령님의 하루를 산다는 것은 내 안의 성령님께서 기뻐하시는 만남을 갖고, 기뻐하시는 시간을 보내고, 기뻐하시는 일을 하게 되는 것이다.

○ 말씀을 반복하여 말하는 것은 영의 정체성을 활동력 있게 만들어주는 힘이 된다. 꾸준하고 지속적인 선포가 체질화될 때 하나님의 형상이 삶 속에 풍성히 드러나게 된다.

선포문

○ 나는 천국행 열차를 타고 있는 하나님의 자녀입니다. 그렇기에 비본질적인 것에 연연하지 않습니다.

○ 나는 하나님이 기뻐하시는 자녀입니다. 하나님이 원치 않는 것을 보거나 하나님이 원치 않는 것을 듣는 자리에서 떠나 복의 자리에만 거하겠습니다.

○ 우리는 하나님의 유일한 사랑의 대상인 신부입니다. 오직 하나님만 바라볼 때 은혜와 축복이 풍성해지고 유혹과 악한 것은 자연히 떨어져 나감을 믿습니다.

기도문 하나님 아버지, 습관에 따라 기도하신 예수님의 영적 루틴을 본받아, 촘촘히 말씀을 묵상하고 꾸준히 선포하게 하옵소서. 그리하여 내 안에 하나님의 형상이 날마다 더욱 풍성히 드러나기를 원합니다. 하나님께서 기뻐하시는 것을 취하고, 그렇지 않은 것들은 과감히 끊어내는 자녀 될 수 있도록 성령님, 다스려주옵소서. 나의 시간이 점점 하나님의 것들로 채워져, 은혜와 충만으로 가득하게 하옵소서. 예수님의 이름으로 기도합니다. 아멘.

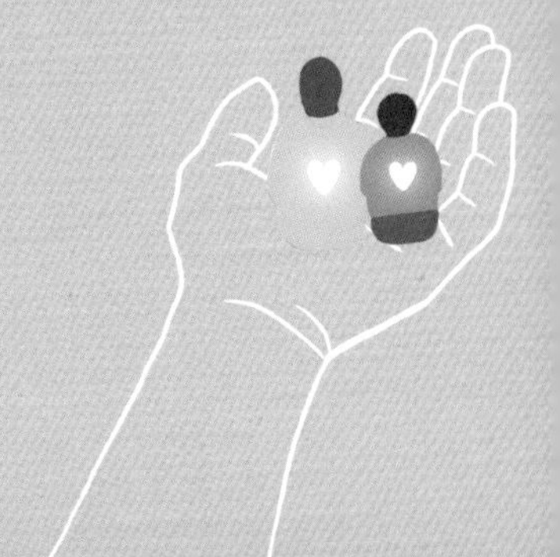

에필로그

승리할 수밖에 없는 파도에 믿음으로 올라타라

말씀을 전하기 위해 강단에 서면, 한 영혼 한 영혼이 빛들로 보인다. 예수님의 보혈의 은혜를 묵상하면 예배의 자리에 그리스도로 옷 입은 주의 백성들이 앉아 있는 것 자체로 심장이 뛴다. 이것이 그리스도의 심장이 아닐까 싶다. 예수님의 십자가의 은혜로 구원받은 귀한 존재임을 인식한 상태에서 말씀을 전할 때 위로부터 부어지는 감격은 말로 표현할 수 없다.

미국의 어느 교회에서는 성찬식을 시작하기 전에 목사님이 참석한 성도들의 이름을 한 명씩 부른다고 한다. 그리고 명단을 다 읽은 후 목사님은 성도들을 향해 이렇게 말씀하신다.

"여러분, 지금 제가 읽은 이 명단은 예수님의 보혈의 은혜로 구원받은 성도들의 명단이며, 앞으로 천국에 들어갈 자들의 명단입니다. 그러니 여러분들이 얼마나 행복하고 귀한 사람들입니까."

어디서나 자랑스러운 일에 내 이름이 호명되는 것은 참으로 영광스러운 순간이다. 만약 우리가 예배드리기 전에도 이런 명단을 부른다면 어떨까?

"지금 부르는 이름은 예수님과 맞바꾼 사람들입니다. 예수님의 피의 대가로 예배드리는 예배자의 명단입니다."

그 어떤 어려운 시험을 통과한 사람보다도, 세상 어떤 가치로도 비할 수 없는 대단하고 소중한 명단인 것이다. 하나님께서는 이 명단에 오른 이름의 가치와 능력을 성도들이 알기를 원하신다. 그것이 바로 내 안에 숨겨진 하나님의 정체성, 하나님의 DNA를 아는 것이다.

이러한 우리의 정체성을 매일 인식하다보면 우리가 누구이며, 어떤 능력이 있는지 알게 되며 하루하루의 삶이 존귀해진다. 더 나아가 어떤 일에 시간을 투자할지, 어떤 방향으로 나아갈지, 무엇에 마음을 두고 누구에게 기쁨이 되어야 할지 분명히 알게 된다. 또한 정체성을 인식하고, 말씀의 권세를 믿고 선포하며, 말씀에 정렬하여 순종하면 그 정체성이 내 삶 속에서 풀어지고 방향이 선명해진다. 이것이 하나님께서 우리에게 알려주고 싶으셨던 우리의 정체성이다.

책을 마무리하면서 내 마음에 주시는 가장 큰 소원은, 이 글을 읽는 모든 이들이 하나님의 형상, 하나님의 DNA가 이미 내 안에 내재되어 있음을 분명히 인식하고 순종하기를 간절히 바라는 마음이었다. 그리하면 어떤 상황에서도 마음이 무너지지 않고 주님을 바라는 믿음이 강력해지기 때문이다. 이미 책에서 여러 번 밝혔듯이 내 안에 하나님의 성품, 하나님의 능력, 하나님의 권세가 내재되어 있기 때문에 믿음에 결부시켜 활성화시키기만 하면 내 삶 속에 놀라운 하나님의 역사를 목도하게 될 것이다. 그 인식을 현실에 활성화하려면 나의 모든 언어를 말씀에 정렬하여 선포해야 하며, 하나님의 말씀에 내 생각과 마음과 행동을 정렬해 나가야 한다.

'하나님의 DNA'를 계속 깊이 묵상해보았다. DNA의 사전적인 의미를 찾아보니 과학 용어라 전공자가 아닌 입장에서는 이해하기 어려웠다. 그러다가 DNA를 뚫어져라 보며 묵상하는데 놀라운 생각 하나가 떠오르면서 전율을 느꼈다. 할렐루야!

Declare N Align (선포와 정렬, DNA)

내 안에 이미 하나님의 DNA가 있다. 이를 풀어내는 방법은 'Declare'(선포), 즉 하나님의 말씀을 선포하고 말하는 것이며, 'Align'(정렬), 즉 하나님 말씀에 정렬해 나가는 것이다. DNA라는 단순한 약자에서도 신기할 정도로 깨달음을 주는 의미를 발견하게 되어 놀랍고 감사했다. 꾸준히 선포하고 정렬하는 것을 반복할 때 내 안에 있는 하나님의 형상은 더 풍성해지고 더 활성화된다.

계속 하나님의 정체성을 선포하고 기도하라

도저히 변할 것 같지 않은 사람도 하나님의 정체성을 내 것으로 꾸준히 인식하고 격려하고 순종하면, 신기하게 변화되었다. 이것이 '기도는 사라지지 않는다'는 원리와 함께 나의 목회를 세워주는 엄청난 힘이었다.

목회를 하면서 내가 구하고 있는 어떤 부분에 있어서 아직 결과가 나타나지 않은 것도 있다. 그러나 나는 중간결산을 하지 않고 꾸준하게 정체성을 선포하며 나아가고 있다. 물론 알 수 없는 하나님의 때를 기다리는 것이 답답하게 느껴질 수도 있지만, 괜찮다. 하나님은 선하시고 인자하시며, 하나님의 사랑은 아들을 내어주신 사랑이기에 가장 좋은 것을 주신다고 믿는다. 이에 대한 사랑과 신뢰가 있으면 낙심하지 않을 수 있다. 계속 선포하고 기도할 힘이 생긴다. 혹시 현실에 부딪혀 낙심이 찾아올 때면 연약함을 도우시는 성령님께 구하면 된다.

우리는 이미 하나님의 형상으로 만들어졌다. 그러므로 하나님의 DNA가 장착되었음을 믿고 말씀들을 반복적으로 순종하자. 그리하면 내 삶의 현장에서 하나님이 말씀해주신 정체성이 이루어지는 역사를 경험하게 될 것이다. 이제 승리할 수밖에 없는 파도 위에 함께 믿음으로 올라타자.

하나님의 DNA

초판 1쇄 발행 2024년 7월 30일
초판 9쇄 발행 2025년 5월 9일

지은이 최상훈

펴낸이 여진구
책임편집 안수경 김도연
편집 이영주 박소영 최현수 김아진 정아혜
책임디자인 노지현 마영애 | 조은혜 정은혜 남은진
홍보 · 외서 진효지
마케팅 김상순 강성민
제작 조영석 허병용
마케팅지원 최영배 정나영
경영지원 김혜경 김경희

303비전성경암송학교 유니게 과정
이슬비전도학교 / 303비전성경암송학교 / 303비전꿈나무장학회

펴낸곳 규장

주소 06770 서울시 서초구 매헌로 16길 20(양재2동) 규장선교센터
전화 02)578-0003 팩스 02)578-7332
이메일 kyujang0691@gmail.com
홈페이지 www.kyujang.com
페이스북 facebook.com/kyujangbook
인스타그램 instagram.com/kyujang_com
카카오스토리 story.kakao.com/kyujangbook
등록번호 1922-2461
since 1978.08.14

책값 뒤표지에 있습니다.
ISBN 979-11-6504-543-2 03230

규 | 장 | 수 | 칙

1. 기도로 기획하고 기도로 제작한다.
2. 오직 그리스도의 성품을 사모하는 독자가 원하고 필요로 하는 책만을 출판한다.
3. 한 활자 한 문장에 온 정성을 쏟는다.
4. 성실과 정확을 생명으로 삼고 일한다.
5. 긍정적이며 적극적인 신앙과 신행일치에의 안내자의 사명을 다한다.
6. 충고와 조언을 항상 감사로 경청한다.
7. 지상목표는 문서선교에 있다.

하나님을 사랑하는 자 곧 그의 뜻대로 부르심을 입은 자들에게는 모든 것이 合力하여 善을 이루느니라(롬 8:28)

규장은 문서를 통해 복음전파와 신앙교육에 주력하는 국제적 출판사들의 협의체인 복음주의출판협회(E.C.P.A:Evangelical Christian Publishers Association)의 출판정신에 동참하는 회원(Associate Member)입니다.